KB261636

모차르트가
흐르는 강

모차르트가 흐르는 강

글쓴이 정종성
펴낸이 정애주

편집 이현주 한미영 한수경 김혜수 최강미 김기민 신지은
미술 권진숙 서재은 조은애 문정인
제작 홍순홍 윤태웅
영업 오민택 국효숙 이재원 김경아 이진영
관리 이남진 박승기 안기현
총무 정희자 마명진 김은오

펴낸날 2008. 2. 27. 초판 발행
　　　　2008. 3. 14. 2쇄 발행

펴낸곳 주식회사 홍성사
1977. 8. 1. 등록 / 제 1-499호
121-883 서울시 마포구 합정동 196-1
TEL. 02) 333-5161 FAX. 02) 333-5165
http://www.hsbooks.com E-mail: hsbooks@hsbooks.com

ISBN 978-89-365-0773-2
값 13,000원　※잘못된 책은 바꿔 드립니다.

모차르트가 흐르는 강

정종성 지음

홍성사

나에게 사랑을 가르쳐 주신 고마운 아버지와 어머니께

Contents

들어가기 전에 _6

1 서둘러 떠난 여행, **레퀴엠** _9

2 전갈처럼 몸부림치는 자, **아마데우스** _79

3 생명과 죽음의 소용돌이, **돈 조반니** _133

4 대지 최고의 언어, **피가로의 결혼과 마술피리** _199

5 대지로 돌아오는 신들의 여행, **후궁탈출** _283

글을 맺으면서 _356

인용 및 참고 자료 _366

들어가기 전에

음악을 본격적으로 공부해 본 적이 없는 아마추어로서 모차르트의 음악 세계를 감상하고, 그것을 적절히 이야기 세계에 배치하는 일이 다소 겸연쩍다. 삼라만상은 스스로 서로가 통한다고 하지만, 그래도 코에 걸 것을 귀에다 걸어 둔 것은 아닌지 여전히 조심스럽기만 하다. 음악을 좋아하는 것과 소설로 표현하는 일 사이에 적절한 다리를 놓아 연결하는 작업은 문학적 감각과 더불어 더욱 섬세한 예술적 감성이 필요하기 때문이다. 그러나 가 보지 않은 길이기에 그것은 언제나 호기심이 발동하는 온갖 가능성의 정글이다. 내 발로 직접 한 걸음씩 옮기면서 겪는 설렘과 창조적 혼란은 언제나 더 풍부하고 아름다운 상상을 불러온다.

글을 쓰는 일은 삶의 본능과 직관을 통하여 좀더 가치 있는 세계를 꿈꾸며 창조하는 과정이다. 특히 용서하지 못하는 나 자신의 거짓 경험을 용기 있게 주목하면서, 동시에 사회가 만들어 놓은 위험과 안전, 성공과 실패의 경계선과 장벽에 도전하는 긴 투쟁이었다.

그 창조적 투쟁 속에서 지금 나는 삶의 평범한 이치를 발견한다. 행복한 삶이란 옳고 그름이나 판가름의 법칙에 따라 사는 삶이 아니라는 것, 그것은 오직 선택에 관한 문제라는 것이다. 십인십색(十人十色)의 서로 다른 얼굴이 존재하는 것처럼, 대부분의 선택은 선과 악, 의와 불의의 문제가 아니라, 자신의 나침반에 따라 아름다운 선택을 할 것인가 아니면 추한 선택을 할 것인가의 문제다.

《모차르트가 흐르는 강》은 끊임없는 진리에 대한 물음에서 벗어나, 용서라는 아름다운 선택을 통하여 모든 인간이 행복해지는 가능성을 꿈꾸는 글이다. 우리가 손잡고 더불어 사는 모듬살이의 가치를 최우선으로 할 때, 우리의 미숙함과 실수마저 낙오와 도태의 구실이 아니라 더 나은 행복을 위해 서로 머리를 맞대도록 하는 귀중한 선물이 된다.

신학, 문학, 음악의 연계를 통한 나의 해석학적 이야기들은 이 시대와의 아름다운 소통을 꿈꾸는 대안적 상상이다. 같은 꿈을 꾸고 있는 홍성사의 모든 식구들에게 감사를 전한다. 이분들은 등불을 켜서 등경 위에 두는 자들이며, 피리 소리를 듣고 일어나 춤추는 자들이다. 광야에서 주의 길을 예비하는 자들이다.

사랑과 꿈이 있는 어느 저녁
정종성

1 　서둘러 떠난 여행, 레퀴엠

내가 산 삶이 바로 회칙이나 달달 외면서 오는 세월이나 맞고 보내는 삶이었다.

나는 세계가 피와 광기의 폭풍 속으로 깊이 깊이 가라앉는데도

나 자신에게 질문을 던지지 못했다. 움베르토 에코

한줄기 빛처럼 그렇게 떠나신 어머니

어머니! 천 번을 입맞춤하던 가슴이 무너져 내린 날, 하늘은 검은 옷을 입고, 태양은 울며 바다에 빠졌습니다. 눈을 감은 대지는 차갑게 얼어붙어 더 이상 숨을 쉬지 않고, 강물은 흘러도 흐르지 않습니다. 한줄기 빛처럼 서둘러 떠나신 새벽에 온 우주의 목소리는 그렇게 잠겨 버리고 말았습니다. 아, 이날은 내 생애에서 가장 슬픈 날입니다.

어머니! 가장 연약한 자로서 어머니는 태양보다 더 강한 사랑을 지닌 대왕이었습니다. 아무것도 없는 가난한 자로서 어머니는 어떤 권세가보다 더 진실한 예언자였습니다. 소외된 자로서 어머니는 대지의 모든 신들에게 기적을 일으키는, 우주의 중심에 우뚝 선 성소(聖所)였습니다.

우리의 대왕, 우리의 예언자를 대신하는 사랑과 진실은 우리의 손과 발이 닿는 곳 어디에서도 본 적이 없습니다. 우리의 살과 피로써 어머니의 성소보다 더 거룩한 기적을 경험한 날이 없습니다. 만물의 혼은 모두 어머니의 성소 안에서 빚어졌고 어머니의 성소에서 깨어날 것이기 때문입니다.

어머니! 다른 사랑, 다른 진실, 다른 기적이 존재한다면, 우리 자식들이 오랜 세월 느끼고 감동한 어머니의 모습이 전부 거짓이란 말인가요? 산과 강을 폭포수처럼 달리는 우리의 손과 발은 어머니의 사랑이 빚어 낸 기적이 아니었습니까? 들녘에 누워 하늘을 끌어안는 우리의 꿈과 정신은 어머니의 힘이 단련시킨 기적이 아니었습니까? 삶이 아름다운 이유는 얼굴에 흐르는 땀과 눈물 때문이라는 어머니의 가르침이 진실이 아니었습니까? 생명과 죽음의 소용돌이 속에서 오직 어머니는 우리의 사랑이었습니다.

어머니! 대지의 비와 이슬로 빚어진 당신의 가슴에서 우리의 영혼은 잉태되었습니다. 어머니의 가슴에 뿌리내린 우리는 영원히 잎사귀가 마르지 않는 나무가 되었습니다. 어머니의 가슴에서 자란 우리의 작은 손과 발, 입술과 눈망울은 빛과 어두움의 온갖 기적을 맛보았습니다. 어머니의 가슴에 새겨진 법전(法典)을 읽으면서 우리는 삶의 아름다움과 추함을 깨달았습니다. 어머니의 가슴에서 연주되는 음악을 들으면서 우리는 살아 있는 것이 얼마나 큰 행복인지 알아차렸습니다. 어머니의 가슴에서 우리의 눈물마저 에덴의 장미처럼 향기를 뿜어내기 때문입니다.

그러나 어머니, 푸른 가나안을 꿈꾸며 거친 광야를 달리던 여신은 스스로 황무지가 되고 붉은 물줄기로 흘렀습니다. 그 불모지의 절벽 끝에 매달린 여신은 깜깜한 바다 위로 자신을 던져 한 송이 장미꽃을 피웠습니다. 눈부신 머리털로 어린 자식들을 어루만지던 장미의 여신은 무덤 사이에 누웠습니다. 그리고 온갖 변명으로 뻣뻣해진 자식들의 이마를 씻어 주는 검은 이슬이 되었습니다. 아, 어머니는 우리의 수치와 한숨마저 웃음 되어 흐르는 대지 최고의 언어입니다.

붉은 강물, 검은 대지에서 태어나 보리밭 출렁이는 허리를 맴돌며 장미와 태양을 먹고 자란 우리들, 이 아름다운 생의 마당에서 비와 이슬이 되어 흐르고 광야를 개척할 힘찬 물줄기가 될 것입니다. 여기 패역 무도한 자식들, 임의 아름다움을 닮아 사랑과 용서의 강물이 되어 흐를 것입니다.

비록 모가 났지만 때가 될 때까지 조용히 기다려 주고, 아직은 향기로운 과실이 열리지 않았지만 좀더 인내하며 위로해 주고, 비록 인생의 가시로 큰 상처를 입고 있지만 어느 누구도 버림치가 되지 않고 서로 품어 주며, 모두가 한 대지 위에서 자신을 성취하는 신들의 여행임을 기억할 것입니다.

눈물을 쏟으며 낭독된 조사(弔辭)는 음력 정월의 쌀쌀한 산골짜기를 타고 조객들의 눈시울 속에 메아리로 울려 퍼졌다. 골짜기에서 다시 산허리로 올라간 메아리는 구드러진 삭정이가 힘없이 떨고 있는 소나무 숲을 맴돌다가, 이내 좁고 긴 고인의 땅 속 공간에서 뜨거운 눈물로 떨어졌다.

하관식의 집례를 맡은 오 목사는 김현준의 조사를 마디마디 더듬으면서, 멀리 고향에서 외롭게 사시는 늙은 부모의 손마디를 어루만지려는 듯 손수건을 이리저리 돌리면서 연신 깊은 한숨을 내쉬었다.

김현준의 아내 서우림은 안경 너머 작은 눈동자 속에 토끼 눈처럼 빨간 무덤을 만들며, 어머니 어머니를 토해 내듯 중얼거렸다. 부담스럽고 어쩔 수 없었던 며느리로서가 아니라 한 인간으로서 함께 고통스런 삶을 나눈 그녀였다. 땀과 눈물을 함께 먹고 마셔 왔기에 그녀의 흐느낌은 가장 뜨거운 입김으로 차가운 시신을 달래 줄 수 있었다. 마치 자신의 부족한 봉양을 질책하며 진정한 안식의 나라로 환송하듯 평화스런 안식의 여행을 간절히 기원하는 눈물을 조용히 쓸어 내렸다.

그러나 조사를 읽으며 김현준의 감정이 점점 격해지자, 동생 김현석은 고개를 돌려 옆에 수북이 쌓여 있던 하얀 횟가루더미에 침을 퉤 하고 뱉었다. 그는 하얀 완장을 손아귀에 움켜쥐고서 여전히 고인의 손과 발을 단단히 묶고 있었다. 집례자가 힐끗 쳐다보자, 김현석은 겸연쩍은 듯 침을 구둣발로 얼른 뭉개 버렸다. 그 순간 한줌의 흰 가루가 그의 발을 타고 무릎까지 올라갔다. 여러 번 구둣발로 문질러진 흰 가루 더미에는 또 하나의 깊은 구덩이가 만들어졌다.

김현준은 그것이 고인의 광중처럼 자신의 가슴에 패인 또 하나의 길쭉하고 서글픈 발자국처럼 느껴졌다. 바로 그 작은 구덩이에 아래 마을 쪽 어느 농가에서 올라온 라디오의 구성진 민요 가락이 흘러들어 와 엉겨지는 모습을 보았다. 동생의 바지에 기어 오르던 하얀 가루들이 노래 장단에 맞춰 너울너울 춤을 추며 다시 동생의 구덩이로 내려앉았다. 동생의 하얀 구덩이에 어머니 이순애의 발목이 빠져 버린 것처럼 그것은 형에게 몹시 언짢은 일이었다. 그러나 김현준은 하관식의 눈물과 흙더미의 침이, 두 개의 구덩이에 나누어진, 고인의 한 몸에서 만들어진 동일한 성분의 것이리라 믿고 싶었다.

차가운 골짜기 바람이 뜨겁게 훑고 지나간다.

유등천
柳等川

초등학교 시절 무더운 여름철, 김현준은 친구들과 어울려 마을 북쪽 언저리를 흐르는 유등천에 자주 목욕을 하러 갔다. 어린 시절 구마니 냇물로 불렸던 버드내 유등천은 물이 맑고 항상 벌창한 금강 제2지류의 하천으로서, 마을 북쪽 호남선 철도를 따라 더 멀리 북쪽으로 길게 흘렀다. 유등천은 대보화강암(大寶花崗岩) 위에 형성된 거대한 대전 분지를 흐르는 강으로, 비가 오지 않을 때에도 인공으로 만들어진 수중보 덕분에 늘 풍부한 수량을 유지하고 있어 동네 어른들뿐만 아니라 개구쟁이들의 놀이터가 되어 주었다. 누구든지 남녀노소를 막론하고 마을 우물가의 당산나무 아래에 없으면 유등천 그 어느 곳에서는 만날 수 있었다.

그곳에서 한나절의 신나는 물놀이와 함께, 삘룩이(갈매기 같은 하얀 새)가 낳은 알을 주워 먹기도 하고, 하천에 서식하고 있는 피라미, 간다리, 쏘가리, 모래무지를 잡으며 놀았다. 그리고 산성동의 버드내 다리 부근에서는 종종 납자루, 참마자, 돌마자, 끄리, 밀어 같은 보호어종을 관찰할 수 있었다.

최근에는 유등천에 감돌고기와 미호종개가 서식하고 있는 것으로 밝혀졌는데, 특히 미호종개(Iksookimia choii)는 한국 과학자의 이름을 따라 명명된 미꾸리과의 금강(錦江) 고유종으로서, 충북의 미호천(美湖川)에서 1984년에 처음 발견된 이후 멸종위기에 처해 있는 천연기념물이다. 몸이 길고 담황색이며 다른 민물고기와 달리 머리와 함께 옆으로 납작한 미호종개는 입 좌우에는 의젓하게 세 쌍의 짧은 수염이 나 있으며, 몸 옆면 중앙에는 원형 또는 삼각형의 암갈색 세로 반점 열일곱 개가 보석처럼 촘촘히 박혀 있어, 마치 귀족의 준수한 이미지를 연상케 한다.

주로 약간의 유속이 있는 1급수 지역의 거친 모래가 깔린 얕은 여울에 서식하며 규조류를 먹고 사는데, 학계에서는 미호천이 오염되면서 1992년 이후 그 존재가 확인되지 않아 조바심을 내고 있던 중 1997년 유등천 하류 부근의 갑천에서 비교적 많은 개체의 미호종개 서식처를 발견했던 것이다.

아이들은 하천 여기저기 조그맣게 쌓인 모래언덕에 맹꽁이 터널을 만들어 놓고, 검정 고무신을 뒤집어 만든 제무시 트럭이나(GMC 트럭을 어릴 때는 이렇게 불렀다) 한쪽 고무신 코를 움푹 눌러 두 개를 서로 이어 붙여 만든 기차를 가지고 놀이를 하면서 한나절을 보낼 수 있었다. 그렇게 놀다가 피곤하면, 강을 따라 길게 늘어서 있는 늘어진 수양버들 아래서 시원한 강바람을 맞으며, 검게 탄 아랫배를 덜렁 내놓고 한 시간 이상 잠을 즐길 수도 있었다.

그런데 여름철에 동네 아이들이 특히 유등천으로 몰려드는 이유는, 하천 좌우 제방을 따라 넓은 버덩에 재배되고 있는 땅콩과 수박 등 각종 여름 과일의 쏠쏠한 서리 때문이었다. 원두막에서 망을 보던 주인이 종종 대나무 작대기를 들고 뒤쫓아 왔지만 아이들은 언제나 물 찬 제비처럼 순식간에 시야에서 사라져 버렸다. 특히 수영 후 길가의 푸서리에서 발견하는 개똥참외 맛은 개똥이 묻었거나 말거나 전혀 상관없을 만큼 그저 달기만 했다. 때로는 철 지난 딸기를 신발 두 개에 수북하게 따낼 수 있었다.

어린이들의 천국이었던 그 유등천, 갈맷빛 버드나무가 아름답고 물이 항상 풍부했던 하천을 생각하며, 대전의 향토 시인 최병연은 어린 시절을 이렇게 노래한다.

유등천

버드나무 가지가 내를 적시는 동안

고기를 잡고 미역을 감느라

정신을 잃은 채 하루 해가 꼴가닥

넘어가다 서산에 걸리었다.

물이 맑아 마음대로 고기 잡고
낚시질하던 강태공들 놀이터
커다란 자라 잡아 등에 타고
용궁님께 놀러 가자 괴롭히던
까까머리 중학 시절 까마득히 떠올라
흐르는 물소리에 장단을 맞춘다.

먼 길 오느라 더럽혀지긴 했지만
새까맣게 몰려드는 물고기 떼에
들어갈 엄두를 내지 못하는 것은
마음까지 더럽혀진 탓일까
물위를 신나게 달리고 싶다.

비라도 와 쌓인 찌꺼기를
깨끗이 씻어 주어야 할 텐데
숨이 가쁜지 은빛 배를 드러내며
뛰어오르는 물고기를 쫓아다니는
하얀 백로들만 신이 났다.

그토록 아름다웠던 유등천이 그 언제부터인가 죽음의 계곡으로 돌변
한 것을 김현준은 도무지 믿을 수가 없었다. 그것이 꼭 농축산 분뇨나 생
활하수 등으로 인한 유기물 유입 때문만은 아니었다. 골재 채취로 인하

여 모래가 제거된 후 쌓인 토양 미립자 등으로 인한 수질오염 때문만도 아니었다.

아파트 건축 붐이 일면서, 모래와 자갈의 질이 좋다고 유등천 바닥을 포클레인으로 계속 퍼낸 결과, 물속에 여기저기 커다란 웅덩이가 생겨났고 어른들이 그것을 그대로 방치해 둔 데 원인이 있었다.

그 구덩이들은 고무신 덤프트럭으로 파낸 웅덩이나 고무신 기차놀이를 위해 뚫은 맹꽁이 터널이 아니었다. 그것은 아이들의 발목을 붙들고 늘어지는 위험스런 새 문명의 구덩이였다. 편리한 문명이 아이들의 행복과 목숨을 앗아간 것이다. 자라 등을 타고 용궁님께 놀러 가자며 아무 생각 없이 물속에 텀벙 자맥질하던 아이들이 깊어진 강 밑바닥으로 순식간에 빨려 들어갔다.

김현준도 아무리 발을 제겨디디려고 해도 발가락 끝이 닿지 않는 깊은 물속에 빠져들어 간 경우가 한두 번이 아니었다. 그 웅덩이 밑바닥에는 물귀신이 산다고도 했는데, 큰 구덩이에서 발목을 붙잡고 있는 물귀신은 문명이나 편리함이라는 고상한 이름 아래 감추어진 거짓과 속임수였다.

여름철에 조금만 물이 불어도 어떤 때는 서너 명의 동네 아이들이 그 구덩이에서 하얀 백로들의 먹잇감으로 사라졌다. 사실 서식지를 잃은 미호종개, 감돌고기, 밀어, 참마자도 그렇게 사라졌을 것이다. 물살이 너무 세어서 아이들의 시신이 멀리 아래까지 떠내려갔는가 해도, 나중에 보면 대부분 그 시커먼 구덩이 바닥에 웅크리고 있는 모습으로 발견되었다. 그 이후로, 김현준은 유등천의 웅덩이 밑바닥에 사람 발목을 잡아당기는 물귀신이 산다는 생각으로 더욱 몸을 떨었다.

그날도 김현준은 유등천에 수영하러 갔다가, 가장 깊이 팬 물웅덩이에서 익사한 6학년짜리 동네 여자아이의 시신을 보았다. 온통 부풀어 오른 배를 드러낸 채 눈을 하얗게 뜨고 있는 아이는 마치 백로에게 쫓기던 물고기처럼 불안하고 창백한 표정을 하고 있었다.

소식을 듣고 달려온 부모는 대성통곡을 하며, 아이고 이년아 며칠 전부터 물이 많아 위험하니 가지 말라고 했는데도 고집 피우더니 그렇게 되었잖아, 라고 몇 시간을 넋을 놓고 울부짖었다. 그 울음소리는 심장이 터져 피가 쏟아질 만큼 깊고 어두웠다. 온 하늘이 검은 웅덩이가 되어 쏟아지듯 처량하고 서러웠다.

그 아이는 동네에서 가장 예쁘고 공부를 잘하여, 남자 아이들의 입에 항상 오르내렸다. 남자 아이들이 붙여 준 꺽다리라는 별명은 따돌리고 조롱하려는 의도에서가 아니라 오히려 가까이하기 힘들어 생긴 부러움과 애정의 표시에서 비롯된 것이었다.

물론 김현준에게도 예외가 아니었다. 동네 놀이터에서, 학교 운동회 때, 꺽다리가 나타나거나 가까이 오기만 해도 온몸이 얼음장처럼 굳어지고 심장은 제멋대로 뛰었다. 어느 점심 포크댄스 시간에 꺽다리가 김현준의 손을 한 번 잡아 준 그날 밤, 김현준은 꺽다리와 신혼여행을 떠나는 꿈을 꾸었고 생애 처음으로 몽정을 하였다. 그런데 그렇게 대단한 꺽다리를 순식간에 잃어버리다니!

김현준은 시신을 둘러업고 달려가는 꺽다리 아버지의 뒤를 따라, 다른 아이들과 함께 철길을 건넜다. 그 철길은 유등천과 앞산을 가르는 살피였다. 그날따라 그 살피는 왠지 이승과 저승을 가르는 요단강으로 보였다.

꺽다리의 집은 산길을 따라 가면 바로 산 너머 반대편 중턱에 서 있는 아파트였다. 검은 머리채가 덜렁거리는 시신을 따라가며, 김현준의 입술도 점점 검푸르게 변해 갔다. 마치 꺽다리의 검은 머리카락이 김현준의 목을 죄어 질식할 것만 같았다.

어스름하고 휘휘한 산길로 접어들며 다복솔이 깔린 산등성이 길을 들어섰을 때, 김현준은 오른쪽 산비탈 기슭에 큰 구덩이가 어지럽게 파헤쳐 있는 것을 보았다. 소름이 바짝 끼쳐 왔다. 분명 그것은 묘 자리였는데, 시신을 묻기 위해 파 놓은 것인지 아니면 이장하느라 파 놓은 것인지 알 수 없었다. 그러나 그 구덩이는 김현준에게서 꺽다리를 앗아간 유등천의 깊고 검은 웅덩이처럼 외롭고 무서웠다. 하천 밑바닥에서 꺽다리가 웅크리고 있던 그런 음산한 구덩이였다. 무덤가의 하얀 가루는 여기저기 덩어리진 것도 있었다. 어둠 속에서 하얗게 빛나던 그 덩어리들은 꺽다리의 얼굴이 되어 소리 없이 울고 있었다.

그날 밤 김현준은 잠을 못 이루고 밤새 떨었다. 자신의 육체가 멍석에 둘둘 말려지고, 아무도 없는 깜깜하고 추운 구덩이에 버려졌다. 그렇게 던져진 몸은 추운 겨울 하얀 구덩이 속에서 상상할 수 없을 만큼 단단하게 얼어붙어, 모두 하얀 가루가 되어 버렸다. 그것은 아무도 머무르지 않고, 그 무엇도 남아 있지 않은 말라빠진 가루였다. 가족들의 손길이 닿을 수 없을 만큼 먼 곳에 버려진 외로운 가루였다.

모든 것이 사라져 버린 우주는 공포를 느낄 정도로 메마르고 고독했다. 김현준은 필사적으로 도망했다. 아무것도 보이지 않는 우주에 누군가의 통곡소리가 메아리 치고 있었다. 김현준은 신발 모양의 구덩이에서 벌써 하얀 가루로 부서져 가는 자신의 모습에 소스라치게 놀라면서, 뜬눈으로 새벽을 맞았다.

입양入養 여행

이른 새벽에 눈을 뜬 갓난아이들은 그칠 줄 모르고 울어 댔다. 특히 비행기가 오르고 내릴 때, 그리고 주변 환경이 조금만 달라지면, 깜짝깜짝 놀라면서 쉴 새 없이 보챘다.

앵, 하고 누구든 첫 울음을 터뜨리면 김현준은 지체 없이 우유병 뚜껑을 열고, 젖꼭지를 아이 입에다 들이밀었다. 한두 번 쪽쪽 빨다가 이내 얼굴을 옆으로 휙 돌리더니 다시 거칠게 울음을 터뜨린다.

아이는 깊은 배냇냄새를 풍겼다. 무덤같이 열린 작은 입에서는 찢어지는 울음소리와 함께 알 수 없는 하얀 조각들을 토해 냈다. 그것들은 오래전 유등천에서 희생된 꺽다리의 하얀 가루처럼 죽음이 짙게 배인 육질(肉

質)이었다. 죽음의 가루처럼 하얗게 떨어져 나온 울음소리는 아이들의 것인지 김현준 자신의 것인지 분간할 수 없을 만큼 아득했다.

'출산 때 어머니의 자궁의 갑작스런 출렁거림으로 느꼈을 나의 최초의 경험도 이런 두려움과 공포가 아니었을까. 어머니로부터 끊어진 운명.'

김현준의 복잡한 고민에는 아랑곳하지 않고, 아이들은 계속 울었다. 좌우에 앉아 있던 승객들의 위로하는 듯한 눈길 이면에는 무더위와 소음에 짜증스러워하는 고통스러운 표정들이 역력했다. 그 부담스러운 눈길을 피해, 김현준은 가장 사랑스런 표정을 지으며 아이들의 기저귀를 열어 본다. 그러나 하릴없이 열어 본 아이의 아랫도리는 여전히 보송보송하다.

마침 승무원이 김현준에게 비즈니스 칸 바로 뒤의 넓은 좌석을 배당해 주었지만, 그곳도 무릎을 제대로 움직일 수 없기는 마찬가지였다. 허둥대고 있던 김현준의 몸에서는 이미 땀이 비 오듯 하고 있었기 때문에, 두 아이는 열전도체가 되어 김현준의 답답함과 짜증을 온몸으로 전달받고 있었다.

'아이는 샤워가 필요 없는 어머니의 시원한 안식 공간을 그리워하는 것인가. 혹시 포클레인처럼 가슴에 무시무시한 웅덩이를 만드는 아메리카를 미리 본 것일까.'

김현준은 도무지 헤아릴 수 없었다. 둘 중에서 큰아이는 정신지체아인데(김현준은 그 사실을 나중에야 알게 되었다), 아예 시선을 김현준의 얼굴에 고정시켜 놓고, 설면하다는 듯이 계속 바라봤다. 그러곤 불안감을 참지 못하는지 울음을 터뜨렸다.

1990년 7월 무더운 여름, 유학을 떠나는 김현준의 양팔에는 무지개 꿈 상자 대신, 해외로 입양되어 가는 생후 5개월과 11개월 되는 두 아이가 들려 있었다. 항공료를 덜 내는 조건으로 입양기관을 대행한 것이었다. 에멜무지로 모든 항공사와 큰 무역업체들을 확인해 보았다. 무료로 혹은 아르바이트로 할 수 있는 여러 가능성들을 두루 살펴보았지만 허탕이었다. 잡지나 광고에 적힌, 무료로 비행기를 타고 갔다는 이야기들은 김현준에게는 한낱 먼 전설처럼 들렸다. 김현준이 찾아낸 가장 좋은 조건이라는 것은 400달러의 기부금을 내고서 입양아 둘을 데리고 가는 소위 아동 에스코트뿐이었다. 그동안 일을 해서 모은 돈의 십분지 일에 해당하는 액수였다. 하지만 항공료를 절반이나 절약할 수 있는 유일한 방법이었기에 머뭇거릴 수가 없었다. 환송 나온 가족들은 아이 둘을 앞뒤로 둘러매고 출국하는 김현준의 모습에 깜짝 놀랐다.

"아니, 유학을 떠난다더니 혹시 감춰 놓은 아이들을 데리고 도망가는 거 아니야?"

그런 농담에 대답할 기운도 없이, 김현준은 처음부터 절절 매며 비지땀을 뒤집어썼다.

'누가 이 심정을 알아주랴.'

김현준은 서둘러 출국자 대기선을 넘어, 미지의 공간으로 지친 몸을 밀어 넣었다. 그곳은 껑다리가 검은 머리채를 흔들며 건너간 철길 건너편이었다.

외국 항공사의 여객기는 단번에 목적지로 가는 것이 아니었다. 일본 나리타로 갔다가, 다시 미국으로 넘어가 국내선을 두 번이나 더 갈아타게 했다. 공항 대합실에서 짧게는 두 시간 길게는 대여섯 시간을 기다리면서, 김현준은 거의 24시간을 갓난아이들과 보냈다. 꼬박 하루가 걸린 에스코트는 천년이 아니라 만년의 시간이었다. 기저귀 가방과 분유 박스를 들고, 울어 대는 두 아이를 앞뒤에 업거나 양팔에 안고 허둥대면서, 계단과 에스컬레이터를 수없이 오르내렸다. 400달러의 대가를 톡톡히 치르는 한여름의 지옥훈련이었다.

김현준은 비행기를 갈아탈 때마다 이제까지 치렀던 모든 고통을 처음부터 그대로 반복해야 했다. 모자를 집어 던지는 큰아이의 하얀 모자를 다시 아래턱에 묶어 주고, 둘째 아이를 일으켜 세워 기저귀를 확인하고 바지 버튼을 채웠다. 그리고 작은아이를 먼저 등에 올려놓고 어깨 위까지 든든하게 묶은 다음, 계속 칭얼거리는 큰아이를 가슴 앞으로 매달아 묶었다. 기저귀 가방과 비상약품 가방과 분유 박스는 양손 엄지와 검지로 들었다. 그리고 책가방 두 개는 양손 새끼손가락으로 들었다. 아니 차라리 걸쳤다고 해야 맞을 것이다. 몇 십 미터 이동할 때마다 손에 들었던 모든 짐들을 바닥에 내려놓고 얼굴과 목에 흐르는 땀을 훔쳐 내었다. 이미 가슴팍에는 장마철 신작로 하수구로 물이 몰려 흐르듯 굵은 땀줄기가 쉬지 않고 흘러내렸다.

몇 분 동안 땀을 대충 닦은 뒤에는 흐트러진 짐들을 다시 정리하여, 손과 손가락에 걸고 새로운 여정에 올랐다. 그렇게 무장하고 일어서는 김현준의 모습은 마치 로시난테를 타고 적군을 향해 풍차를 겨누며 달려드는 돈키호테와 같았다.

　김현준은 입양 여행이 꺽다리의 구덩이로 돌진해 들어가는 돈키호테 체험인 것을 결코 알지 못했다. 그러나 이러한 돈키호테의 체험을 통하여 역(逆)으로 그의 기계론적 사고방식이 해체된 것은 한참 후의 일이었다.

　비행기를 타고 내리면서 버둥거리는 아이들을 풀었다가 다시 업는 경우에는 김현준의 상황은 완전 죽음이었다. 그때마다 아이들은 얼굴이 누렇게 뜰 만큼 악을 쓰며 완강히 저항했고, 김현준은 낭떠러지에서 떨어지지 않기 위해 벼랑 끝에서 사투를 벌이며 저항하는 또 다른 어린아이였다. 아이들의 울음소리는 유등천의 철길을 폭주하는 기관차처럼 김현준의 영혼을 끊임없이 혼미하게 만들었다.

　비행기가 머무는 현지의 기온은 조금씩 달랐지만, 한여름 무더위의 후텁지근한 불쾌지수는 어디에서나 공통적이었다. 온몸에 비 오듯 하는 땀을 흘리며 비행기 트랩을 오르내리는 김현준은, 꺽다리가 누워 있던 웅덩이나 석회덩어리가 널브러져 있던 앞산의 깊은 구덩이로 걸어 들어가고 있었다. 탑승구의 한 계단 한 계단은 큰 입을 딱 벌리고 있는 아귀(餓鬼)의 뱃속으로 김현준을 끌고 들어가는 자동 컨베이어 벨트였다. 아이들의 잦은 울음소리는 김현준의 지친 몸을 구덩이에 밀어 떨어뜨리는 기계 소리였다.

　설상가상으로, 부모와 조국에게 외면당하여 부득이 타지로 떠나야 하는 아이들의 장래가 어찌될까 하는 생각에, 김현준은 계속 아이들처럼 목이 메었다. (김현준은 아이들이 입양업자들의 농간에 따라 팔려가는 것이라고 종종 생각했다.)

　'허연 배를 드러낸 채, 백로의 먹잇감으로 사라져 가는 삭막한 유등천

의 물고기들.'

김현준의 육체도 꺽다리의 구덩이 밑바닥에서 몸을 잔뜩 웅크린 채 허연 배를 드러내고 있었다.

김현준은 울었다. 때로는 소리 없이, 때로는 콧구멍에 뜨거운 바람을 느낄 수 있을 만큼 처절하게 울었다. 창문 너머 양탄자처럼 펼쳐진 하얀 구름을 바라보며, 구름 초장 위에서 평화롭게 몽실거리는 양떼가 될 수 없는 이 아이들이 서러워서 울었고, 하얀 구름처럼 정처 없는 자신의 모습이 서러워서 울었다. 아이들을 양놈들에게 팔아 넘겨야 먹고 사는 눈 멀고 양아치 같은 조국이 미워서 울었고, 그 아이들에 기생해서 입에 풀칠을 해야만 하는 자신의 기가 막힌 모습에 울었다.

'울부짖는 물고기들을 낚아채는 백로들.'

버림받은 아이들의 흐르는 눈물에는 정신 차리지 못하는 두 백로들에 대한 분노가 서려 있었다. 동시에 자신도 어머니에게서 버림받았다고 생각한 김현준의 가슴에는 어머니 이순애에 대한 분노와 좌절감이 마그마처럼 부글거렸다.

그동안의 모든 것은 허깨비였다. 도망가듯이 아니 쫓겨 가듯이 그렇게 황급히 떠나게 된 김현준의 심적 충격은 아이들의 울음소리 같은 도화선을 타고 자신의 육체를 폭파시킬 것 같은 강력한 에너지가 되었다. 이제 세상은 뒤집혔다고 김현준은 생각했다. 모든 것은 끝났다.

김현준의 유학 여정은, 비행기 안에서의 생생한 죽음체험으로 그렇게 시작되었다. 1990년도의 비행기 체험은 지난 세월 김현준이 보고 배운 어머니의 모습을 완전히 땅에 묻는 계기가 되었다.

아이들을 얼굴도 모르는 양부모에게 하나씩 넘기면서, 그는 단호하게 어머니 이순애도 넘겨 버렸다. 아이들의 어머니뿐만 아니라 자신의 어머니도 미련 없이 넘겨 버렸다. 아메리카라는 검은 구덩이에 모든 것을 묻어 버렸다.

김현준은 모든 것을 잃었다. 모든 것이 분명해졌다. 외국으로 떠난 후 그의 10년 세월은 그렇게 흘러갔다. 김현준은 부글거리는 분노와 원한을 더욱 날카롭게 다듬으면서, 모든 것을 전혀 새로운 방식으로 보려고 했다.

그러나 이순애가 죽긴 후 장례가 진행되면서, 오래전에 있었던 비행기 안에서의 죽음체험은 김현준에게 전혀 새로운 현실로 살아났다. 그는 그 죽음 속에서, 아니 이순애의 주검 앞에서 다시 솟아오르는 어머니의 새로운 얼굴을 보았다. 김현준은 장례의 검은 구덩이에서 기어 나와 이순애의 아들로 입양되는 긴 여행을 시작한 것이다.

사랑과 미움의
교차로

‘자식, 대기업 과장이면 다야? 이제는 거만해질 대로 거만해져서. 형한 테 상의하는 일도 없고, 언제 아버지 산소에 벌초하러 갈 수 있다는 말도 없어. 도대체 나를 어떻게 생각하고 있는 거야.’

김현준은 동생 김현석이 언제나 못마땅했다. 다른 가족들과는 가깝게 지내면서도 유달리 김현석에 대해서만큼은 편하게 대하지 못했다. 특히 이순애의 태도가 완전히 달라졌다고 판단하고, 김현석과 비교되는 자리 를 의도적으로 피했다. 김현석은 매월 20일이 되면 30만 원씩의 용돈을 정확하게 이순애의 은행계좌로 입금했다. 그리고 명절 때마다 한복과 구 두 같은 것들을 수시로 선물했다. 이순애는 김현석 내외가 완벽한 커플이라며 늘 치켜세웠고, 동네 친구들을 만날 때마다 은근히 김현석 자랑을 늘어놓았다. 그러면서 경로당에 소문이 떠돌았는데, 이순애가 사람들 앞에서 김현준 내외를 은근히 비난한다는 것이었다.

'그 자식이 그렇게 속을 썩이고 말썽을 피웠던 과거의 모든 사건들은 그저 흘러간 추억일 뿐인가.'

김현준은 소문을 듣고, 동생을 끼고 도는 어머니를 못마땅하게 생각했다. 더욱이 언제부터인가 큰며느리인 자기 아내를 대하는 어머니의 태도가 그전 같지 않다는 생각이 들었다. 밥상에서 아내를 질책하는 어머니의 화난 목소리를 여러 번 들었기 때문이다.

최근 들어 김현준에게 아주 불쾌한 일이 있었다. 팔순 잔치 때에 이순애는 작은아들이 주문해 온 국내 최고급 한복을 입었다면서 몸을 이리저리 돌리며 손님들에게 자랑을 했다.

'내가 보기에는 어머니하고 그리 어울리지도 않는데. 속이 다 들여다 보이잖아.'

김현준은 마음이 불편했다. 한술 더 떠서 작은며느리가 해 온 거라며 굽이 높은 하얀 구두를 신고 뒤뚱거리는 이순애의 모습은 가히 가관이었다. 김현준은 참다못해 식탁을 박차고 일어나 밖으로 나와 버렸다. 영문을 모르는 손님들은 김현준의 뒤통수만을 물끄러미 지켜볼 뿐이었다.

김현준은 10년간 외국 유학생활을 하면서 동생과의 사이가 더 버스러져, 그의 기억으로는 단 한 번도 동생과 전화통화나 왕래를 한 적이 없었다. 김현석은 성격이 활달하고 융통성이 있어서인지 친구들을 잘 사귀었고, 직장에서 쉽게 인정도 받았다. 그리고 고졸의 학력으로 쟁쟁한 대졸

자들을 물리치고 어엿한 과장으로 승진했다. 그것은 주위에서 말하듯이 현대판 불가사의였다. 그러나 김현준과는 처음부터 끝까지 모든 것이 틀어져 있었다.

김현석은 사내 결혼을 하여 그때부터 착실히 돈을 모았다. 두 사람이 억척스럽게 모으더니 어느새 아파트를 사고 대형 평수로 늘려 갔다. 초등학생 시절이나 중고등학생 시절의 모습과는 완전 딴판이었다. 명절에는 으레 식구들에게 선물을 한 아름씩 안겨 주었다. 그러다 보니 동생의 인기는 하늘 위로 치솟았다. 그러나 동생에 대한 김현준의 분노는 갈수록 증폭되었다.

'자식, 언제부터 그렇게 잘살았다고…….'

동생을 미워하는 김현준에게는 그럴 만한 이유가 있었다. 김현준의 아버지 김하종은 김해 김씨 시조인 태조 왕의 51세손인 만희 좌정승공파의 22세손으로서, 일제시대에 명문 대학을 졸업한 자타가 공인하는 거물이었다. 문중 일은 항상 김하종이 진두지휘하였고, 재실 일도 실질적으로는 김현준의 아버지가 모든 경영을 간섭하였다. 김하종은 문중 어른들을 설득하여 주요 문중 재산을 모두 등기하였고, 당시 1억 원 규모의 대단한 재단을 설립했다. 더욱이 문중 장학재단을 만들어 그때로는 상상도 할 수 없는 장학사업을 시작했다. 지금도 유학생을 포함하여 1천여 명의 김해 김씨 자손들이 40억 원의 장학금 혜택을 누리고 있었다. 초창기 김하종에게 장학금을 받았던 종친들이 김하종이 굿긴 후 수십 년이 지난 오늘날도 김현준에게 종종 연락을 할 정도로 김하종은 존경을 받았다.

김현준의 아버지는 제이공사 관리부장을 지냈기에 집안 살림은 그렇게 어렵지 않았다. 그렇다고 풍족했던 것은 아니었다. 김현준의 가정이 그런대로 화목했던 것은 아버지가 자상하게 자녀들과 어울리기를 좋아했기 때문이었다.

한번은 김현준이 말타기를 하던 중 방바닥에 떨어져 왼쪽 중지가 부러졌다. 그때 김하종은 아들을 둘러업고 10리 길을 달려서 시내 병원 응급실로 갔다. 내일 아침에 가도 될 텐데, 하면서 이순애는 남편이 너무 큰아이만 편애한다고 언짢아할 정도였다. 김현준은 그때 일로 왼손으로 땅을 잘 짚지 못한다. 시간이 그토록 지났건만 왼쪽 손가락을 바라볼 때마다 도무지 동생을 용서할 수 없었다.

김현준은 아버지의 특별한 사랑 때문에 다양한 분야에 관심을 가지게 되었다. 미술을 좋아해서 학교 내외의 사생대회나 조각대회에서 여러 번 수상을 하였고, 그때마다 아버지가 기뻐하는 모습으로 가슴 뿌듯했다.

어떻게 보면 김현준은 오로지 아버지에게 보여 주고 싶어 모든 것을 열심히 했다. 아버지가 좋아하는 일이라면 곧 김현준에게 가장 중요한 우선순위가 되었다. 그의 가슴 한가운데는 항상 아버지가 자리하고 있었다.

아버지의 마지막 여행

비교적 화목하던 가정에 먹구름이 끼기 시작한 것은 김하종의 예기치 않은 병 때문이었다. 김하종은 자주 심한 기침을 했고, 어떤 때는 밤늦게까지 기침하다가 숨이 차다고 한밤중에 벌떡 일어나기도 했다. 집안이 발칵 뒤집혔다.

회사에서 돌아오면 목이 뻐근하다고 해서 자식들이, 특히 김현준이 도맡아서 안마를 하였고, 김하종은, 우리 아들 때문에 피곤이 다 도망갔네, 라고 가볍게 웃어넘기던 일들이 전부였는데, 김하종의 기침이 점점 심해지더니 급기야 온몸이 붓기 시작했다. 손과 발은 물론 얼굴과 다리 그리고 발등까지, 전신이 마치 살가죽을 다시 입힌 것같이 퉁퉁 부어올랐다.

김현준의 할아버지도 기침이 그렇게 심했었기에 처음엔 대수롭지 않게 생각했는데, 김하종의 증세는 급속도로 진행되었다. 뒤늦게 시내 병원에 입원한 김하종은 폐수종이라는 진단을 받았다. 그러나 요즘은 약이 좋아서 크게 걱정하지 않아도 된다고 했다.

이순애는 남편이 너무 몸을 안 아끼고 청년같이 몸을 부리더니 그렇게 되었다고 핀잔을 했다. 혈압이 높은 것을 단순히 나이 탓으로만 돌려 무관심했던 것이 병을 키웠다고 했다. 그러나 김현준은 그렇게 생각하지 않았다. 아버지의 병은 순전히 동생 김현석 때문이라고 믿었다.

김현석이 중학교 때의 일이었다. 같은 반 친구들하고 고기 잡으러 간다고 유등천에 몰려갔다. 너무 늦은 시간이니까 냇가에 가지 말라는 어머니의 말씀을 안 듣고 몰래 냇가로 갔다. 전기 낚시를 한다는 것이었다. 몇몇 친구들이 어디서 자동차 배터리를 구해 가지고 왔다. 물에다 양극과 음극의 두 전극을 대기만 하면 찌지직, 하고 큰 소리를 내면서 손바닥만한 고기들이 여기저기서 배를 허옇게 드러내고 수면 위로 떠올랐다. 전기로 쇼크를 주어 고기를 기절시키는 것이었다. 그러니 나머지 사람들은 그냥 바구니에 담기만 하면 그만이었다. 그러나 비교적 고전압을 사용하기에 항상 위험이 따랐다. 위험이 뒤따르는 만큼 짜릿한 재미도 항상 더했다.

그날따라 아이들이 두어 시간이 지나도 돌아오지 않았다. 워낙 일을 벌이기 좋아하고 한번 시작하면 중단할 줄을 몰랐던 아들의 성격을 잘 알기에, 회사에서 막 돌아온 김하종은 유등천으로 아들 일행을 찾아 나섰다. 이미 사방이 어둑어둑해진 터라 앞이 잘 보이지 않았다. 아이들이 종종 몰려가는 하류 지역의 비교적 물목이 좁고 얕은 곳으로 갔다. 그러나 아이들은 없었다. 수중보가 있던 상류 쪽에는 물이 깊기 때문에 그 쪽으로 갈 리는 없어 보였다. 그래서 하류 쪽을 따라 내려갔다.

얼마쯤 내려갔을 때 아이들의 떠드는 소리가 들렸다. 아직도 한창 고기잡이에 열을 올리고 있었다. 김현석이 배터리를 등에 짊어지고 철사가 달린 긴 대나무 장대를 이리저리 물에다 대고 있었고, 아이들은 박수를 치며 고기를 주워 담았다.

그때 사건이 터졌다. 아버지가 가까이 오는 줄도 모르고 열중하던 김현석은 모래밭 가운데 있던 웅덩이에 긴 장대 두 개를 동시에 집어넣었고, 비교적 멀리에 있었는데도 김하종은 그대로 감전되어 물속으로 픽 하고 쓰러졌다. 배터리 전기는 위험하기는 했어도 그렇게 치명적이지는 않았다. 김하종이 잠시 정신을 잃어 물속에 잠겨 있기는 했지만, 아이들이 발견하여 바로 부축했기에 큰일은 아니었다.

그러나 그 일로 김하종의 몸이 충격을 받은 것만은 분명해 보였다. 그 유등천 사건으로 김하종의 혈압에 적신호가 왔다. 혈압 자체가 문제가 아니라, 폐에 물이 고인다는 것이었다. 김현준은 아버지의 폐에 유등천 물이 스며들어 그것이 문제를 일으켰다고 생각했다. 배터리의 전기로 정신을 잃었고 유등천 물속에 한참을 잠겨 있는 동안 물이 폐로 들어가서 결국 자신의 아버지가 사망했다고 믿었다.

'말 그대로 아버지의 병이 폐수종(肺水腫)이 아닌가.'

김현석이 말썽을 피운 것은 이전에도 다반사였다. 초등학교 2학년 어느 체육시간에는 아이들이 모두 운동장에 나가서 체육활동을 하는 동안 교실에 남아 같은 반 여학생의 크레파스를 몰래 훔쳤다. 다음이 미술시간이었는데, 화첩만 가져오고 크레파스를 집에서 안 가져갔던 것이다. 마침 외국에서 친척이 선물한 고급 크레파스를 자랑하던 여학생의 가방을 뒤져, 제 가방에 몰래 숨겨 놓았다. 미술시간이 되어 그 여자아이가 울음을 터뜨렸고, 교실은 발칵 뒤집혔다. 누가 도둑인지 담임교사가 한 명씩 일제 점검을 했다. 그런데 김현석의 가방에서 문제의 물건이 발견되었다. 그 일로 이순애가 학교에 불려 갔고, 다행히 주의조치로 끝났다.

그 후유증이 채 가시기도 전에 좀더 심각한 일이 발생했다. 식구들이 다니던 교회의 전도사가 엄청나게 화가 나서 이순애를 교회로 불렀다. 김현석이 친구들하고 놀다가, 헌금 주머니를 뒤져 헌금을 훔쳤다는 것이다. 일요일도 아닌데 헌금을 훔칠 수 있느냐고 따졌더니, 미처 수거하지 못해 남은 천 원짜리 지폐 한 장을 헌금 주머니에서 빼내어 도망쳤다는 것이다. 같이 놀던 한 친구가 불만을 품고, 교회 전도사에게 고자질을 해서 들통이 났던 것이다.

교회 집사였던 이순애의 얼굴은 말이 아니었다. 그 사건으로 김현석은 어머니 이순애에게 끌려가 엄청나게 매를 맞았다. 김현준은 그렇게 매서운 어머니의 모습을 처음 보았다. 이순애는 울면서 아들의 종아리를 쳤다. 그러나 학교나 교회에서의 사건뿐만 아니라, 집에서도 김현준의 소유물이 수시로 없어졌다. 그때마다 동생이 후무린 짓이라고 생각했지만, 증거를 찾지 못해 주먹다짐만 하는 정도였다. 어머니가 워낙 엄격했기에 함부로 동생에게 손을 댈 수는 없었다. 그러던 중 큰일이 두 번 연속 터졌고, 그 일들로 김현준은 동생을 아예 쳐다보지도 않게 되었다.

이순애는 생활비를 항상 경대(鏡臺) 아래쪽 가장 왼쪽 서랍에 보관했다. 동전은 물론이고 지폐가 그 서랍에 늘 가득했다. 매월 교회에 내는 십일조도 거기에 있었다. 돈이 그곳에 있음을 모든 식구들이 다 알았지만 누구도 마음대로 그 돈에 손을 대지 않았다. 쓸 일이 있으면 반드시 어머니의 허락을 받고 얼마를 꺼내 갔다. 원래 이순애는 돈을 그렇게 두어서는 안 된다고 했지만, 김하종의 방침에 따라, 아이들의 자유로운 판단에 맡기도록 했던 것이다. 노트를 사고 자습서를 사는 데에 몇 백 원이 필요하다고 말하면, 이순애는 그 서랍에서 그만큼 꺼내 가도록 했다. 소풍 갈 때 용돈을 달라고 하면 이순애는 그 서랍에서 필요한 만큼 알아서 가져가라고 했다. 큰돈을 제외한 사소한 잡비들은 대부분 그렇게 집행되었던 것이다. 김현준은 자식들의 자율성을 존중하며 지나치게 돈에 얽매이지 않도록 하려는 아버지의 특별한 배려로 인해서 아버지를 더욱 깊이 신뢰하게 되었다.

그런데 어느 날 사건이 터졌다. 경대 안에 있던 돈이 모두 없어진 것이다. 당연히 김현석의 짓이었다. 동전만 조금 남기고 당시 한 달 생활비였던 5만 원을 들고 튀었다. 중고등학교 한 분기 납부금이 5천 원이었으니 5만 원은 거액의 돈이었다.

김현석은 친구 몇 명과 가출을 하여 무려 2주일 동안이나 집에 돌아오지 않았다. 동네가 발칵 뒤집혔다. 김현석을 따라간 동네 친구들의 부모들도 파출소에 신고를 해 놓고, 감이 잡히는 모든 곳을 뒤졌다. 그런데 1주일 뒤에야 밝혀진 바로는 김현석이 친구들과 무인도 탐험을 한다면서, 대전에서 군산까지 내려가 거기서 배를 타고 선유도(仙遊島)까지 갔다는 것이다. 김현석은 그 섬에서 자기들끼리 뗏목을 만들어 주변의 작은 섬을 탐사한다는 계획이었다. 이번 탐사에서 경험을 얻어 남태평양의 한 무인도로 간다는 계획도 가지고 있었다.

김현석은 이미 한 달 전에 아버지에게도 돈을 달라고 했었다. 다니엘 디포우의 《로빈슨 크루소》를 즐겨 읽으면서 늘 그런 탐험 생각을 늘어놓고는 하였다. 김하종이 아들의 상황을 대충 짐작하고 찾아 나선 뒤 열흘이 지나서야 김현석 일행을 데리고 왔다. 김하종은 약해진 몸을 가눌 수 없을 정도로 엄청나게 지치고 화가 나 있었다. 그러나 일체 입을 열지 않았다. 그 일이 있고 난 후 김하종의 건강은 급속도로 악화되었고 결국 자리에 누웠다. 기침은 더 심해지고 심지어 붉은색 가래를 토해 내기도 했다. 마치 폐병환자 같았다. 아무리 약을 먹고 병원치료를 해도 별 차도가 없었다.

김하종은 자다가 숨이 막혀 벌떡 일어나는 일도 잦아졌고, 호흡이 종전보다 무척 더 거칠어지고 쌕쌕 소리를 냈다. 온몸이 붓고 입술과 손톱이 말할 수 없이 창백해졌다. 그리고 소변양이 급속히 줄어들면서 소변보는 일을 힘들어했다.

김현준은 폐수종이란 병에 대하여 담당의사의 설명을 들었다. 심장의 혈압이 상승하면서 폐혈관에 피가 모이게 되고, 적혈구는 빨리 산소를 달라고 아우성이지만 폐의 능력이 이를 따라 주지 못하여 결국 피가 뭉치기 시작하는 병이라고 했다. 김하종은 겨우 내내 시난고난 앓더니 폐수종이 악화되어 결국 자리에서 일어나지 못했다. 김현준은 아버지와의 여행을 그렇게 아쉽게 끝낼 수밖에 없었다.

김현준은 울고 또 울었다. 온 우주가 멍석처럼 둘둘 말려 물구덩이 속으로 한꺼번에 무너져 내렸다. 유등천의 물귀신이 꺽다리를 삼키고 이제 또 아버지를 삼킨 것이다. 아니 이번에는 동생 김현석이 유등천의 삘록이처럼 아버지를 먹잇감으로 삼켜 버린 것이었다. 아버지를 빼앗아 감으로 곧 자신을 망가뜨렸다고 김현준은 생각했다.

삶의 희망은 홍수처럼 순식간에 씻겨 내려갔다.

아버지를 따르는 비행 飛行

김하종이 굳긴 후, 김현준은 앞이 캄캄했다. 무엇보다 더 이상 공부에 집중하기가 싫었다. 김하종의 투병생활로 인한 병원비 때문에 집을 팔아야 했고 빚을 지기 시작했다. 이순애는 집안 경제사정이 점점 어려워지고 가세가 기울면서 성격이 한층 더 예민해졌다. 이때부터 가족들 사이에는 온갖 다툼이 일기 시작했다. 아니, 그동안 잠재되었던 감정들이 서서히 고개를 들기 시작했다고 표현해야 옳을 것이다. 학교 공납금을 내기도 어려워질 만큼 가계가 악화되면서, 김현준은 고등학교 졸업 후 공무원 시험을 치를까를 고민하기 시작했다.

이순애의 위기 대처법은 한 가지뿐이었다. 이순애는 식구들을 다잡아 매일 아침 꼭두새벽같이 예배를 드리자고 했다. 그러나 이제까지의 성장 과정에서 아버지가 워낙 큰 의미를 차지했기 때문에, 김현준의 마음에 어머니가 차지하는 비중은 미미했다. 하지만 집안이 기울면서 어머니의 엄격해진 교육방침에 누구든 따를 수밖에 없었다. 특히 김하종이 궂긴 후 이순애는 김현준을 자주 나무랐다. 그러면서 수시로 동생 김현석을 치켜세워 주었다.

김현준이 결정적으로 김현석에게서 멀어지게 된 사건이 일어난 것은 김하종 사망 1년 후였다. 김현석은 여느 때처럼 교회 간다고 나가다가, 여동생 김현주를 데리고 친구들과 같이 공군 비행장으로 놀러 갔다. 지금은 야산이 모두 주택가로 변하고 그 비행장도 흔적 없이 사라져 경남 사천으로 이전을 했지만, 그때만 해도 여러 구릉의 야산과 과수원 그리고 논과 밭이 있었고, 늘 훈련 비행기들이 뜨고 내리는 모습을 볼 수 있었다.

특히 이곳의 비행기들은 제트기가 아니라 잠자리같이 천천히 날아다니는 T-33이나 T-37 그리고 T-41 같은 훈련용 혹은 정찰용 연습기였기에 처음 날갯짓을 배우는 것처럼 앙증맞았다. 김현준은 초등학생 시절 여러 차례 소풍을 갔었기에, 그곳에서의 비행기 이착륙 장면은 어디에서도 볼 수 없는 신기한 매력이 있음을 잘 알았다.

'어떻게 저렇게 덩치 큰 기계 덩어리가 공중으로 날아오를 수 있을까?'

넋을 잃고 한참을 바라보기도 했다. 자연시간에 배운 베르누이의 정리라고 해서, 좁은 관(管)을 지나는 유체(流體)는 속도가 빨라지고 압력은 반비례로 낮아지는 원리를 기억했다. 즉 비행기 날개 위를 더 빨리 흐르는 공기가 아래를 지나는 바람보다 압력이 낮아지면서, 비행기의 중력보다 더 큰 양력(揚力)을 일으켜 비행기가 위로 뜬다는 것이다. 그러나 실제 비행기가 떠오르는 그 장관에 대한 감동과 수만 가지 호기심이 단순한 과학적 원리 몇 가지로는 결코 만족될 수 없었다. 김현준은 동생이 그 채울 수 없는 호기심의 덫에 걸렸다고 생각했다.

김현석 일행은 비행장에 쳐 놓은 철조망을 넘어 활주로 근처까지 다가갔다. 그날은 비행훈련이 없어서 비행기가 뜨고 내리지는 않았다. 그들은 격납고로 들어갔다. 마침 군인들이 비행기를 정비하고 있었는데, 웬 아이들이 부대 안까지 들어왔다고 처음에는 호통을 쳤지만, 이내 그들을 옆으로 불러 비행기 부품들을 자세히 볼 수 있게 해 주었다. 아이스크림의 얇은 꼬챙이 같은 프로펠러도 보고, 복잡하게 얽힌 고기 지느러미 같은 엔진도 가까이서 보았다.

좌측의 격납고 바깥쪽에서는 정비사가 여름 매미 우는 소리를 내며 비행기 타이어에 바람을 넣고 있었다. 검은 타이어에 바람이 들어가는 모습을 신기하게 바라보던 김현석 일행은 정비사에게, 무거운 비행기 무게를 어떻게 이 조그만 타이어가 터지지 않고 지탱할 수 있느냐고 물었다. 정비사는, 이 녀석 걱정도 팔자지, 라며 웃었다. 아이들은 신기한 듯 탱탱하게 부풀어 오른 타이어를 손으로 만져 보았다.

그때였다. 째깍거리던 시한폭탄이 시간을 정확하게 맞추어 터지듯 꽝하는 폭음을 내면서 비행기 타이어가 터져 버렸다. 그 순간 아이들은 혼비백산하여 뒤로 넘어졌고, 타이어 공기 주입구의 집게손가락만 한 금속이 튕겨 나와, 유독 가까이에서 구경하고 있던 김현주의 턱을 관통했다. 그 금속은 정확하게 턱 아래 목 부분에서 시작하여 아래턱 뼈를 둘로 쪼

개면서, 아랫니와 윗니 열 개를 뽑았고, 코뼈 바로 아래쪽에서 밖으로 빠져 나갔다. 엄청난 피를 쏟은 김현주는 죽은 듯이 기절했다. 군 당국은 즉시 아이를 병원으로 후송하고 이순애에게 알렸다. 다행히 목숨은 건졌지만, 턱이 돌출하여 얼굴이 기형적으로 일그러지게 되었고, 충격으로 뇌에 큰 손상을 입어 정신지체아같이 되었다.

엄청난 충격을 받은 이순애는 아들을 혼내지도 못하고 울기만 했다. 모두 자식 단속을 제대로 하지 못한 본인 탓이라고만 했다. 그리고 교회에서 철야 기도하는 횟수가 더 빈번해졌다. 가세는 더욱 급격히 기울었다. 그 일이 있고 난 뒤, 김현준은 동생을 대할 때마다 분노가 끓어올랐다.

'너는 재수 없는 놈이야. 너는 집안을 폐허로 만든 놈이야.'

아버지를 빼앗아 가고, 여동생을 그 지경으로 만든 장본인이었던 것이다.

김현석은 그 뒤에도 방 안에서 무슨 실험을 한다고 뜨거운 물을 들고 왔다 갔다 하더니 또 큰 사고를 냈다. 방문을 열고 불쑥 마루로 달려가는 바람에 뜨거운 물을 엎질러, 어머니 이순애의 허벅지에 2도 화상을 입힌 것이다. 허벅지의 피부가 모두 벗겨지고 누런 피고름이 계속 흐르더니 온통 피부가 붉게 변했고, 나중에는 살이 군데군데 튀어 올라 보기에 너무 좋지 않은 흉터가 생겼다.

김현석의 공포스런 행동이 드디어 어머니 이순애의 몸까지 영향을 미친 것이다. 김현준은 동생이 나타나는 곳에는 언제나 검은 웅덩이가 만들어진다고 생각했다. 김현석은 웅덩이 속에 살고 있는 물귀신이라고, 그렇게 믿을 수밖에 없었다. 그러나 이순애는 아무 말이 없었다. 그래서인지 아무리 엄청난 일이 벌어져도, 김현석은 여느 때와 마찬가지로 아무 일 없었다는 듯 눈을 몇 번 슴벅거리면서 태연하게 일상으로 돌아갔다.

김현준은 동생의 유년 시절이 그렇게 온통 난맥상이었고, 모든 식구들은 언걸을 입어 크고 작은 상처를 뒤집어쓴 희생제물로 전락했다고 생각했다.

가정의 모든 것을 온통 뒤흔들어 놓았던 김현석이었지만, 이순애는 남편이 궂긴 이후 김현석을 더욱 끔찍이 사랑했고, 김현석은 갈수록 기가 살아서 날뛰었다. 김현준은 한층 불안했다. 또 어디서 무슨 일이 터질지 마치 폭탄을 안고 사는 것처럼 마음이 항상 조릿조릿했다.

이순애는 친정을 이전보다 더 자주 다녀왔다. 그때마다 평상시에 먹어 보기 힘든 과일들, 오렌지나 바나나(바나나는 그 당시 쉽게 구할 수 있는 과일이 아니었다) 그리고 물이 하얗게 오른 복숭아는 물론 각종 먹을거리를 한 바구니씩 가지고 왔다.

한번은 이순애가 친정에서 매우 비싼 전자 게임기를 가져와서는 그것을 김현석에게 주었다. 마침 학교에서 돌아온 김현준은 손가락으로 탁구를 치는 것과 같은 게임기가 너무나 신기했다.

'아니, 어머니가 나를 두고 동생에게 더 좋은 선물을 주다니.'

김현준은 그것이 단순한 게임기인 줄 알면서도 멋진 선물이 자신이 아니라 혐오의 대상인 동생에게 주어졌다는 점 때문에 어머니를 이해할 수 없었다. 김현준이 게임기를 발로 툭 찼다. 방바닥을 미끄러져 가더니 벽에 탁 하고 부닥쳐 앞면 뚜껑이 깨졌다. 김현석이 씩씩거리더니, 김현준이 갖고 있던 필통을 발로 꽉 밟아 버렸다. 은빛 나던 양철 뚜껑이 푹 찌그러졌다. 김현준은 화가 머리끝까지 치밀었다. 발로 동생의 가슴팍을 휙 걷어찼다. 저만큼 나가떨어진 김현석은 머리를 벽에다 쿵 하고 부딪혔다. 코피가 툭 터졌다. 피를 본 김현석은 죽겠다고 기를 쓰며 울었다. 어머니가 뛰어 들어올 때까지 울었다.

"엄마, 형이―."

이순애는 하얀 치마 조각을 북 찢어서 아들의 코피를 막았다. 그리고 김현석의 머리를 감싸더니 김현준을 노려보았다.

"석이가 내 필통을 밟아서 찌그러뜨렸잖아."

"필통 때문에 동생을 피투성이로 만들었단 말이야?"

이순애는 고함을 쳤다. 그러더니 필통을 마당에다 던져 버렸다. 이순애는 거친 숨을 몰아쉬며 큰아들에게 다그쳤다.

"이놈아, 니 아버지가 너만을 치살려 주고 오냐오냐 해 놓아서, 니가 세상 높은 줄 모르고 동생들을 함부로 하는데, 도대체 너는 너 하나밖에 모르지?"

김현준은 수시로 아버지의 편애를 거론하며 자신을 못마땅하게 여기는 어머니를 이해할 수 없었다. 아버지의 특별한 사랑을 받는 자신에 대하여 부담스러워하는 어머니의 태도는 물론, 끊임없이 동생을 무시하지 말라고 호통 치는 소리가 못마땅했다. 마치 동생이 아버지의 사랑을 받지 못한 것이 김현준 때문이었다는 듯한 어감이었다.

'아버지가 나를 더 사랑했던 것은 동생이 워낙 천둥벌거숭이처럼 아버

지의 마음을 들쑤셔 놓았기 때문이 아니었나.'

김현준은 아버지 궂긴 이래로 어머니가 완전히 동생만을 싸고돈다고 생각했다. 집안의 기둥뿌리를 뒤흔들 정도로 분대가 심했던 동생의 무시무시한 과거를 기억하지 않는 것 같았다. 어머니가 무슨 생각을 하고 있는지 답답하기만 했다.

'겉은 함치르르하지만 속에는 물귀신이 가득 들어 있는 놈이라서 언제 다시 그 정체를 드러낼지 모르는데.'

김현준은 김현석이 고등학교를 졸업하고 에스그룹에 입사한 뒤로 어머니가 현저히 동생을 두둔하고, 공개적으로 동생의 입장을 싸고돈다고 생각했다. 김현준이 뭐라 해도 어머니는 곧이들으려 하지 않았다. 김현준은 어머니의 편애에 마음이 더욱 뜨악해지고, 이제는 도저히 견딜 수 없는 지경까지 왔다는 결론에 이르렀다.

김현준은 얼른 어머니를 떠나야겠다고 마음먹었다. 온통 되통스럽고 빙퉁그러진 동생도 결코 받아들일 수 없었다.

'그래 떠나자. 떠 버리자.'

김현준은 떠나는 것만이 아버지의 뜻을 지키는 길이라고 생각했다. 그래서 그의 유학은 아버지의 뜻을 받들기 위해 어머니와 김현석을 떠날 수밖에 없었던 해외 망명이 되어 버렸다.

위암 말기의 유령들

이순애는 여든둘이 될 때까지 대단히 건강했다. 혈압이 조금 높기는 했지만, 어떤 음식이라도 소화를 잘해 큰 탈이 없었다. 특히 젊을 때의 치아를 여태껏 단 한 개도 상하지 않고 그대로 건강하게 지켰다. 수시로 이순애는 치아를 자랑하며 식사만 잘하면 건강은 문제없다고 했다. 그러더니 작년 여름부터 설사를 시작했다. 나이가 들어서 장(腸)이 약해 그런가 보다 하고 약을 복용했다. 그러나 어떤 때는 배가 너무 아프다고 마룻바닥에 주저앉아 고통스러워했다.

김현준은 동네 내과 병원으로 어머니를 모시고 가서 종합진찰을 받게 했다. 의사는 신경성 장염인데 보통 노인들에게 오는 증세라고 하면서 약을 처방해 주었다. 그러나 약을 복용했지만, 이순애의 병은 더치어 갔고 통증은 가라앉지 않았다. 엑스레이를 찍어 봐도 특별한 증세는 발견되지 않았다. 그렇게 옥신각신하면서 서너 달이 지났다. 김현준은 아무래도 큰 병원에서 정밀진단을 받아 봐야겠다는 생각이 들었다. 아버지의 선례가 생각나서 부랴사랴 진단의뢰서를 받아 종합병원으로 갔다.

의사는 진단을 하자마자 정밀검사를 해야겠다면서 엑스레이는 물론 조형촬영과 초음파검사를 했다. 검사 결과 이순애는 이미 위암 3기 중 후기에 와 있었다. 집안이 발칵 뒤집혔다.

'아니, 그동안 식사도 잘하고 건강에 그렇게 큰 어려움이 없으셨는데……. 최근 들어 배가 아프고 설사를 하시기도 했지만 불과 두세 달 아니었던가.'

그동안 외국에서 돌아온 김현준 부부는 어머니를 모시면서 특별히 잘한 것은 없지만, 그래도 싫은 내색 없이 큰아들로서의 도리를 다해 왔다. 이순애도 손자손녀들을 사랑하며 큰 문제없이 잘 지내 왔었다. 그러나 병원으로 몰아닥친 식구들은 모두들 땅을 치고 통곡을 하며, 그 책임의 화살을 김현준 부부에게 돌렸다. 어머니를 어떻게 모셨기에 그렇게 건강하던 어머니가 이 지경이 되었냐는 것이다.

특히 김현준의 큰누이 김현자와 동생 김현석 부부의 항의와 반발은 극에 달했다. 위암 말기가 되도록 이렇게 방치한 자식이 도대체 인간이냐고 병원을 난리통으로 만들었다. 김현자는 김현준의 아내를 쥐 잡듯 하면서 대놓고 면박을 주었다. 소란이 커지자 의사와 간호사들이 찾아와 사정을 하며 진정시킬 정도였다.

김현준과 그의 아내는 할 말이 없었다. 유학 기간을 제외하고도 오랫동안 나름대로 한다고 하면서 어머니를 모셔 왔는데, 이제 와서 이런 덤터기를 쓸 줄은 정말 몰랐다며 탄식을 했다. 김현준은 섭섭하기도 하고 괘씸하기도 했다.

'자기들은 단 한 달도 모시지 않은 주제에 어디서 그런 버릇없는 말들을 하고 있어. 명절이나 되어야 겨우 유령처럼 나타나 잠깐 들여다보는 주제에.'

그날 밤 가족회의가 열렸고, 김현준은 의사의 권고대로 둘 중 하나를 택해야 한다는 사실을 토의에 붙였다. 어머니의 경우 위 상부에 구멍이 나서 음식이 밖으로 흘러가는 상태가 시작되었고, 이미 암세포 전이가 상당히 진행되어 주변 기관으로 확장되었을 가능성이 높다고 했다. 수술을 하려면 즉시 해야 하는데, 수술을 해도 6개월 이상 생명 연장은 장담할 수 없는 상태라는 것이다. 문제는 수술 후에도 코에다 박은 튜브를 통해서만 음식을 섭취해야 하기 때문에, 그 불편과 고통은 이루 말할 수 없다고 했다. 그러나 수술을 하지 않고 그대로 두면, 앞으로 길어야 2개월이라고 했다.

식구들의 의견이 둘로 팽팽히 나뉘었다. 김현석과 김현자는 이제 와서 수술이 무슨 소용이 있느냐며, 괜히 어머니에게 더 큰 고통만 주고 돈만 버리는 일을 하지 말자고 했다. 그러나 김현준과 김현주는 그래도 마지막까지 최선을 다해야 하지 않느냐며 수술을 주장했다. 그렇게 서너 시간을 옥신각신 다투었다. 식구들이야말로 위암 말기 증세를 오르내렸다. 기다리다 지친 담당의사는 퇴근했다. 내일 아침까지 대답해 달라는 한마디를 남기고.

김현준은 아버지가 그리웠다. 이 엄청난 소용돌이에서 어떻게 해야 좋을지 아버지의 도움을 빌었다. 죽음의 음산한 그림자가 이제 결국 어머니에게까지 그 손길을 뻗치고 있는 것이다.

새벽 3시가 되어 마음을 가라앉히고, 남은 식구들을 다시 모았다. 그리고 큰누이 김현자의 의견에 따라 수술을 하지 않기로 최종 결정을 내렸다. 큰누이가 지극 정성으로 남은 시간 간호하면서 어머니의 임종을 편안히 맞도록 하겠다는 것이다. 김현준도 누이의 의견에 따라, 어머니의 극적 회생보다는 남은 생애를 좀더 편안하게 지내다가 마지막을 맞이하도록 하는 데 초점을 맞추기로 했다.

집으로 돌아온 어머니는 최대한 안정을 취하면서 1개월을 지냈다. 상태가 호전되지는 않았지만 크게 악화되지도 않았다. 서우림은 소화하기 쉬운 영양식 전복죽이나 대합죽 등으로 어머니의 식사를 준비하였다.

남편은 어머니에게 물소뿔로 만든 작은 주걱으로 문지르는 꽈샤라는 마사지를 여러 차례 받게 했다. 그러나 통증 때문에 더 이상 치료를 안 받겠다고 호소하는 바람에, 효과를 보지 못하고 중단할 수밖에 없었다. 그것이 어떤 효능이 있을지는 모르지만, 어머니가 그런 요법을 워낙 싫어하기 때문에 계속할 필요가 있겠느냐고 남편을 만류했다. 이마와 손등을 문지르는 마사지를 하면서 한 시간을 보냈는데, 마사지사가 출장 올 때마다 몇 십만 원을 줘야 했다.

보름 정도가 지나니 적절한 식이요법만으로도 어머니 얼굴에 화색이 돌아오고 기운을 다시 회복하는 듯했다. 그러나 며칠이 못 되어 어머니는 다시 이전 상태로 돌아갔다. 이 기간 동안 큰시누는 서우림의 집에 상주하면서 정성껏 어머니를 간호했다. 워낙 기승스럽고 다혈질인 시누의 성격을 잘 아는 서우림과, 딸의 변덕을 수없이 보아 왔던 어머니는, 그렇게 지극 정성을 다하는 갑작스런 효도를 미덥지 않게 생각하고 처음에는 많이 경계했었다.

시동생과 동서는 일주에 한 번씩 어머니를 찾아오면서 역시 성의를 다했다. 멀리 부산에서 네 시간씩 운전하며 문병을 왔다. 일주에 한 번 만나는 젊은 부부가 만사를 제치고 어머니에게 달려오게 되니 더욱 안쓰러워 보였다.

서우림은 남편과 함께 긴 외국생활을 마치고 돌아온 뒤, 수원에 터전을 잡고 살아왔다. 아무것도 없는 빈손이었지만, 불행인지 다행인지 외환위기 때 집값이 바닥으로 떨어져 남편 직장에서 2천만 원을 빌리고 은행 융자를 얻어 아주 변두리에 있는 빌라 한 채를 샀다. 그 돈으로는 전세도 마련할 수가 없었기에, 울며 겨자 먹기 식으로 구입할 수밖에 없었다. 이자로 나가는 돈이 만만치 않았지만 대식구가 들어갈 전세방 구하기는 불가능했다. 다섯 식구가 살려면 방 세 칸이 필요했는데, 우선 먹기가 곶감이 달다고 빌라만 한 것이 없었다.

부부가 방 한 칸을 쓰고, 어머니에게 방 한 칸을 드리고, 다른 한 칸은

딸에게 주었다. 딸아이는 너무 예민해서 할머니와 방을 함께 쓰는 것을 죽기보다 더 싫어했다. 고 1이 된 아들은 남편의 명령에 따라 거실에서 자고 공부했다. 아들은 한창 공부에 바쁜 청소년기를 보내면서 꼭 제 방이 필요했으나, 현 상황으로서는 어쩔 도리가 없었다. 그래서인지 종종 울먹거리기도 하고 많은 스트레스가 있어 보였다. 다행히 시어머니는 종손이라고 떡을 사다 주기도 하고 끔찍이 손자를 챙겼다. 어떤 때는 너무 티가 나게 손자를 챙기는 것 같아 서우림이 걱정할 정도였다.

언제인가 시장에서 따끈한 붕어빵을 사 왔는데, 아들에게 네 개를 주고 할머니 방 안에 들어가서 혼자 먹고 나오라고 했다. 딸에게는 한 개만 주고, 절대 오빠 것 얻어먹을 생각 하지 말고 밖에 나가라고 했다. 할머니의 차별대우에 외국에서 자란 딸아이는 분통을 터뜨리며 할머니 크레이지, 라면서 문을 꽝 닫고 나가 버렸다. 서우림은 아이들 사이를 그렇게 차별하지 말라고 어머니에게 부탁했으나, 그 이후에도 그런 사건들이 빈번하였다. 한편 어머니는 본인이 독방을 차지해 손자가 거실에서 지내는 것에 대한 미안한 마음을 그렇게 표현하는 것 같기도 했다.

본격적인 투병생활이 시작되면서, 어머니는 특히 일주일마다 찾아오는 시동생 부부를 기다렸는데, 그들이 올 때마다 어머니에 대한 사랑표현이 역겨울 정도로 지나쳤다. 그러나 서우림은 어머니 건강을 위해 좋다면 그런 모습일지라도 굳이 나쁠 것은 없다고 생각했다. 어머니의 눈치도 있고 해서, 시동생 부부가 올라올 때마다 딸을 부부 방으로 불러들이고, 시동생 내외를 딸아이 방에서 쉬도록 했다. 그러니 이들 부부가 올라오는 것을 가장 고통스러워하는 사람은 당연 딸아이였다.

어머니를 집에서 간호한 지 3주가 지나고 한 달로 접어들면서, 큰시누는 물론이고 서우림 자신도 육체적 한계를 느끼기 시작했다. 큰시누는 어머니가 돌아가실 때까지 본인이 책임지고 간호한다며 장담했지만, 극도로 지친 몸을 가지고 이 상태로 계속한다는 것은 불가능했다. 이를 눈치 챈 남편은 못이기는 척하고 큰시누에게 일주간 휴식을 취하라고 집으로 돌려보냈다. 그러나 문제는 서우림 자신이었다.

큰시누가 집으로 돌아간 이후, 그녀가 하던 그 몫만큼 고스란히 자신에게 돌아왔다. 그렇다고 남편이 직장을 팽개치고 간호에 뛰어들 처지도 아니었다. 서우림은 어머니에 대한 본격적인 병간호가 시작되면서, 다니던 직장에 사표를 냈다. 남편은 서우림의 그러한 결단에 대단히 고마워했다. 남편은 어머니 간병은 자식들이 돌아가며 해야 하지만, 그래도 별도의 전문 간병인을 두어야 한다고 가족회의 때 제안했었다. 그러나 뭐하러 이중 돈을 쓰느냐, 어떻게 어머니의 마지막 순간을 다른 사람에게 맡길 수 있느냐며 큰시누가 결사반대를 했는데, 집에서 쉬어야겠다며 뒤도 안 돌아보고 가는 냉정한 큰시누가 서우림은 몹시 섭섭했다.

평상시에도 큰시누는 서우림을 대할 때마다 무엇인가 늘 못마땅하게 여겼다. 드러내놓고 무시하거나 무안을 주기 일쑤였다. 남남이 만나 시누-올케 관계가 되었지만, 생각하지 못했던 희한한 행동을 거리낌 없이 하는 시누가 때로는 불쌍하게 보이기도 했다.

특히 자기 큰누이가 서우림에게 안하무인격으로 함부로 대하는 광경을 여러 차례 목격한 남편은 그때마다 분노의 불길이 이글거렸다. 언젠가는 누이를 번쩍 들어 옥상에서 집어 던지고 싶다는 말까지 내뱉었다.

어머니가 들을까 당혹스러워, 뭐 그런 욕까지 할 필요가 있어, 라고 만류하면서도 남편의 그런 말 한마디가 서우림의 꽉 막힌 체증을 쑥 내려가게 해 주었다.

어느 날, 잠자리에 들면서 남편에게 눈물을 보이고 말았다. 서우림은 남편에게 자신의 형편을 솔직히 털어놓았다. 어머니에게 음식을 차려 주고 때를 맞춰 여러 종류의 약을 준비해 주고, 수시로 목욕을 시키고 자질구레한 수발들을 하고 있지만, 그런 일들은 오히려 힘들지 않았다. 서우림을 힘들게 하는 것은 문병을 위해 수시로 드나드는 식구들의 밥상을 차리고 교통비를 지급하는 등 오가는 사람들 뒷바라지해 주는 일이었다. 더욱이 앞에다 대놓고 수시로 무안을 주는 식구들의 한마디는 참으로 감당하기 힘들었다.

"왜 어머니가 이렇게 되었어요? 엊그제도 안 그랬는데, 도대체 무얼 드렸기에 힘이 하나도 없어 보여요?"

"올케는 간호를 어떻게 하기에 어머니 등에 이렇게 물집이 생겼어? 어머니 간호한다면서 잠잘 것 다 자고 무얼 어쩌자는 거야?"

남편은, 또 왜 그래, 라면서 그런 말들을 예사로 넘겨들었지만, 서우림은 그런 억울한 소리들을 가장 견딜 수 없었다. 무엇보다 서우림을 힘들게 하는 것은, 일주에 한 번씩 시동생 부부까지 올라오면 주말에는 그들에 대한 어머니의 '특별 주문'까지 더해져 정신적 육체적 부담이 폭발적으로 증가했다. 모든 식구들이 모이면서 집 안은 활기를 더했지만, 서우림은 그만큼 더 힘들어졌다.

남편은 서우림의 말을 듣더니, 도대체 이런 아이러니가 지구상에 또 어디 있을까, 깊은 탄식을 했다. 자기 아내의 상황을 그렇게도 모르고 있었던 것이다. 지난 3주간의 어머니 간병과 몰려오는 식구들 뒷바라지로 서우림의 인내는 이미 한계선을 넘었다. 어른부터 아이까지 단 한 사람도 예외 없이 모든 식구들은 서우림의 간병을 필요로 하는 환자들이었다.

4주가 지나면서 24시간 간호를 맡아 왔던 서우림은 완전 지쳐 버렸다. 이 상황을 눈치 챈 남편은 서우림을 도와 수시로 갈마들면서 밤을 지새워 어머니의 침상을 지켰다. 그렇다고 남편이 전설의 고향에 나오는 그런 특출한 효자는 아니었다. 그러나 오랜 세월 어머니에게서 많은 상처를 받았음에도 불구하고, 박사학위를 받고 귀국한 이후 작은 일부터 큰일에 이르기까지 모든 일에 어머니가 소외되지 않도록 각별히 신경을 썼다.

어머니는 종종 따뜻한 물을 마시고 싶다며 물을 데워 오도록 했다. 남편은 보온병에 따뜻한 물을 담아 조금씩 따라 주었지만, 두세 시간만 지나도 물이 많이 식어 다시 물을 데워야 했다. 게다가 시간이 흐르면서 어머니는 몸을 뒤집어 달라고 하기 시작했다. 그전에는 스스로 몸을 움직였지만 점점 기운이 떨어져 몸을 뒤집거나 일으켜 달라고 재촉했다. 그런 일이 30분, 20분, 10분, 5분마다 계속 반복되면서, 남편과 서우림은 모두 탈진 직전에 이르렀다. 그러던 어느 날 밤 남편은 어머니에게 해서는 안 될 소리를 했다.

"어머니, 이제 어서 가세요."

밤새 5분마다 반복되는 어머니 요구에 견디다 못한 남편이 호소하듯 내뱉은 말이었다. 물론 진심은 아니었다. 남편의 짜증은 서우림을 너무

달달 볶지 말라는 일종의 하소연이라고 이해했다. 손만 뻗으면 마실 수 있는 물을 5분마다 사람을 불러 먹여 달라고 재촉하기 때문이었다. 앞뒤 정황을 잘라 낸 남편의 그 말 한마디는 온 가족들에게 퍼져 일파만파가 되었다. 남편은 그렇든 말든 어머니의 마지막 순간이니 끝까지 참아 보자고 했지만, 남편도 그 다짐을 끝까지 지킬 수 없음을 잘 알고 있었다.

김현준의 숲에 덮인
안개

'어떻게 했으면 좋겠어요, 아버지. 지금 어머니가 너무 힘들어해요. 그런데 아버지가 보다시피 제 아내도 너무 힘들어합니다. 아버지 아내도 죽겠다고 저러지만, 지금 제 아내도 죽을 지경입니다. 아버지가 사랑하는 아내를 돌보다가 제 아내 잡겠어요.'

김현준은 작고한 아버지를 생각하며, 이런 기도를 다 했다.

김현준은 어머니의 마지막 순간에 아내와 좋은 관계를 만들어 주고 싶었다. 어머니는 평소 며느리 서우림을 곱게 보아 주지 않았다. 어머니의 도끼눈을 볼 때마다 김현준은 제발 그러지 말라고 사정을 했다.

어머니의 깊은 신앙심을 늘 자랑스럽게 생각하고 있는 아들이었지만,

며느리와의 관계만큼은 그렇지 못한 어머니를 도무지 이해할 수 없었다. 아내 서우림에게 너무 동이 닿지 않는 행동을 해 어머니의 부당함을 강력하게 따진 적도 있었다.

나이가 들어 가면서 김현준은 아내를 어머니에게 그렇게 방치해서는 안 된다는 일종의 위기감을 느꼈다. 아내를 지키는 것이 가정을 지키는 일이며 자신은 물론 어머니도 지켜 드리는 일이라고 생각했다. 이순애는, 저놈이 장가가더니 계집 편만 든다며 펄펄 뛰었다. 부부가 다른 식구들 눈 밖에 난 것은 물론이었다.

김현준은 어머니가 야밤 간호를 하던 며느리에게 듣기도 민망한 욕지거리를 마구 쏟아 내는 것을 보고 참을 수가 없었다. 마지막 정을 떼려고 저러는 것인가, 이해해 보려고 노력했지만, 반복되는 욕설에 김현준은 어머니에게 신신당부를 해야 했다.

"어머니 딸이라면 그렇게 하실 수 있어요? 어머니는 며느리 노릇 안 해 보셨어요? 같은 여자로서 해도 너무한 것 아니에요?"

그러자 이순애는 아들이 너무 많이 변했다며 큰딸에게 하소연을 했다. 자신이 인생 마지막에 있다는 이유로 며느리에게 필요 이상의 굴욕적인 요구를 한 적이 없다며 언짢아했다. 행동이 너무 느리고, 집안 꼴이 엉망진창이라서 이것저것 가르쳤을 뿐이라는 것.

"남의 집에 시집을 왔으면 그 집 법도를 따르고, 모르는 것이 있으면 열심히 배워야 할 것 아니냐. 어디 결혼이 지들 둘만의 문제냐. 그렇게 하다가는 집안 꼴이 죽도 밥도 안 돼."

무엇보다, 시어미가 무엇을 원하는지 도대체 물어보지도 않고, 무엇을 잘 잊어버린다고 했다. 마음이 착한 줄은 알지만, 지금 세상에 착하기만 해서 어떻게 남매 키워 내고, 남편 뒷바라지 제대로 해낼 수 있느냐하는 것이었다.

"객지에서 혼자 고생만 하고 자라서, 라면만 끓여 먹을 줄 알았지, 도무지 제대로 따뜻한 밥 해서 식구들에게 먹이려고 생각지를 않아."

언젠가는, 아침 해가 벌써 다락같이 올라갔는데 아직도 잠을 자고 있다며 소리를 치며 냄비 뚜껑을 거실 문에다 집어 던지기도 했다. 김현준의 숲에는 맑은 햇살이 뚫고 들어올 수 없는 짙은 안개로 자욱했다.

김현준은 어머니와 아내 사이의 불협화음을 더 이상 견딜 수가 없었다.

'이건 아니다. 어머니가 천국을 가든 지옥을 가든, 이런 비인간적인 행동을 더 이상 방치하는 것은 범죄다. 이렇게 중요한 마지막 순간에, 어머니와 며느리의 관계가 더 악화되는 것은 옳지 않아.'

김현준은 인터넷을 통해 수도권 지역에 있는 특수시설과 호스피스를 자세히 알아 봤다. 마침 대학 친구의 귀띔을 얻어 한국에서는 유일한 어느 호스피스 선교회 재단을 알게 되었다.

그곳은 가정과 교회 그리고 병원이 융합된 가장 이상적인 호스피스인데, 호스피스의 원형을 회복한 형태라고 했다. 특히 아침저녁으로 모두 함께 모여 예배도 드리고 전문의사가 상주하며 환자들을 돌보며, 식사나 세탁 같은 크고 작은 일들은 모두 서울 경기 지역의 자원봉사자들이 담당한다는 데 관심이 갔다. 그래서인지 대기자가 항상 300명이 넘는다고 했다. 암 공화국인 대한민국에 특수시설을 필요로 하는 말기환자들이 수십만 명이나 되고, 해마다 5만 명 이상이 암으로 죽어 간다고 생각하니 김현준은 새삼 호스피스 재단에 깊은 고마움을 느꼈다.

김현준은 여러 사람이 가정 같은 공간에서 공동으로 생활한다는 것이 마음에 들었다. 어머니에게 좀더 많은 사람들과 접촉하게 해 주고 싶었고, 그런 교제를 통해서 좀더 아름다운 인간관계의 추억을 가지고 삶을 마치게 해 주고 싶었다. 그러면서 아내를 보는 눈도 새로워지고 아내와의 관계도 많이 회복되리라는 기대가 있었다.

김현석의 웅덩이에서 맴도는
렉스 트렘멘데

"어머니를 꼭 이런 데로 모셔야 돼요? 어머니가 이 지경이 된 것은 형과 형수가 어머니에게 너무 무관심했기 때문 아닌가요? 형이 잘났으면 뭘 하고, 부부 사이가 그렇게 좋으면 뭐해요. 어머니가 아무리 힘든 요구를 해도 그렇지, 어떻게 어머니에게 일찍 가시라고 말할 수가 있어요? 그게 할 소리입니까?

위암 3기가 되도록 어머니가 얼마나 고통을 받고 마음고생 하셨겠어요. 오죽했으면 배 아프다고, 약 좀 지어 달라는 소리도 못했겠어요. 형은 공부나 할 줄 알았지, 도대체가 세상 돌아가는 물정을 몰라도 너무 몰라요."

형에 대한 불만을 끝도 없이 털어놓는 시동생의 넋두리를 서우림은 묵묵히 듣고 있었다. 자기도 형에게 큰 관심 없었지만, 도무지 형이라고 동생 일에 신경 써 주는 경우가 없다고 했다. 형에 대한 불만이 하늘을 찔렀다.

"유학도 그래요. 아버지 돌아가시고 어머니 혼자 우리들 돌보며 간신히 살아가는데, 유학은 무슨 유학이며, 또 어머니하고 우리들을 팽개치듯 버리고서 어떻게 그렇게 마음 편할 수 있어요."

그리고 말은 안 했지만 자신이 어릴 때 형에게 받은 상처는 평생 잊혀지지 않는다고 했다. 어릴 적 좀 실수를 해서 실험재료를 어머니 다리에 쏟아 화상을 입힌 적이 있는데, 어머니는 그냥 됐다고 지나갔는데도 형이 불러내어 야구 방망이로 엄청나게 때렸다, 아버지도 손찌검을 안 했고 어머니도 매를 든 적이 없는데, 형이 도대체 뭐 대단한 존재라고 엎드려뻗쳐를 시켜 놓고 사정없이 동생 엉덩이를 갈겨 댈 수 있는지 이해할 수 없다고 했다. 어머니에게 죄송하기는 하지만 큰 사고도 아니었고, 그런 실수는 누구나 할 수 있는 것이 아니냐, 어머니 생명에 큰 지장을 준 것도 아닌데 왜 그렇게 유독 대한민국의 효도는 다하는 체하느냐, 그 매질이 평생 얼마나 마음속 깊이 상처가 된 줄 아느냐, 형이 무서워서, 형이 야구 방망이를 들고 자기 머리통을 쳐서 까무러치는 꿈을 여러 번 꾸었다고 했다.

공부 좀 잘한다고 해서 아버지를 자기 혼자 독차지하듯이 하고, 도대체 누이나 동생들을 벌레 보듯 너무 무시하고 깔본다, 무슨 일이든 자기 마음대로 하고, 어머니가 결정을 해도 자기 마음대로 파임을 낸다고 했다.

그리고 군대 3년간 전방에서 그렇게 외롭게 지냈어도 한 번도 면회 온 적이 없었음은 물론이거니와, 전화 한 통 편지 한 통도 없었다, 아무리 외국에 가 있다 해도, 자기에 대해 그렇게 철저히 외면하고 무관심할 수가 있느냐며 시동생은 섭섭함이 이루 말할 수가 없다고 했다.

더 참을 수 없는 것은, 매월 30만 원씩 어머니에게 송금해 드리고 명절 때마다 용돈도 따로 드리는데, 지금 그 돈이 다 어디 갔느냐, 어머니가 편안히 용돈을 쓰고 계신 줄 알았는데 형 식구들이 그 용돈을 다 빼앗아 갔다, 어머니에게 용돈을 더 드리지는 못할망정 어떻게 그럴 수가 있느냐며 울분을 토했다.

서우림은 기가 막혔다. 그러나 김현석은 거기서 그치지 않았다.

"좀 편하게 해 드린다고 호스피스 병동으로 옮기자고 했지만 솔직히 말해 보세요? 집에서 겨우 한 달 간호하더니, 이제 식구들 돈 모아 그 돈으로 해결해 보려는 꼼수 아녜요? 그런 특수시설에 들어간다고 달라질 게 뭐가 있어요? 오히려 돈만 더 들지 않겠어요? 어머니 말씀을 들어 보면, 어머니는 어디에도 가기를 원치 않고 그냥 당신 방에서 조용히 지내다가 돌아가시기를 원한다고 했어요. 호스피스로 어머니를 모시면, 주말에 올라와 뵙기가 한 시간은 더 걸려요. 일주일에 한 번 만나는 우리 부부 생각은 손톱만큼도 안 하시나요?"

시동생은 호스피스에 어머니 모시는 것을 결사반대했다.

김현석의 긴 개정을 듣고 난 서우림은 그저 묵묵히 지는 해를 바라보았다. 해가 짧아져 벌써 황혼이 서쪽 하늘을 붉게 물들이고 있었다. 레퀴엠의 '렉스 트렘멘데'(지엄하신 대왕)를 연달아 외치는 서우림의 한숨이 붉은 눈물을 검은 가슴속으로 쓸어 담으며 울먹이고 있다. '나도 함께 구해 달라'(살바 메)는 영혼의 합창이 점차 잦아들면서, 간절히 도움을 바라는 서우림의 떨림은 정점에 도달했다. 마른 가지들이 긴 한숨을 쉬고 있는 골짜기에는 벌써 움푹 팬 웅덩이가 생겼고, 짙은 어둠 속에서 잠잘 준비를 하고 있었다.

호스피스가 필요한
순례자들

이순애 여사는 호스피스 시설이 생각보다 편안하고 아늑하여 새로운 환경에 쉽게 적응하였다. 호스피스 병동에는 수많은 사람들이 입원하고 있었는데, 입원이라기보다는 모두들 평안하게 나름대로 자기 생활을 해나가고 있었다. 작은아들이 이쪽으로 옮기는 것을 극구 반대해서 처음에는, 뭔가 반대할 만한 이유가 있겠지, 하고 입실 자체를 꺼리기도 했지만, 작은아들이 걱정한 것만큼 무슨 문제가 있어 보이지는 않았다.

바깥이 아무리 추워도 일정하게 따뜻한 온도를 유지하고 있어서, 추위 걱정은 할 필요가 없었다. 주변 공기도 아주 좋아서 식사 후에는 얼마든지 산책을 할 수 있었고, 텔레비전도 설치되어 있어 연속극이나 뉴스를 자유롭게 볼 수 있었다. 매일 아침마다 예배를 드리는 것은 물론, 의사가 상주하여 수시로 환자 상태를 점검했다. 자원봉사자들이 시간마다 방문하여 온몸을 주물러 주고, 심지어 항문으로 손을 집어넣고 관장을 해 오랫동안 막힌 대변까지 긁어 내 주었다. 환자의 가족들도 쉽게 할 수 없는 엄청난 사랑의 봉사였다.

특히 이순애의 침상은 양지바른 창문가에 위치해 있어서, 하루 종일 방 안에 있어도 결코 지루하지 않았다. 인생의 마지막이 될 이 기간에 집을 떠난다는 것이 썩 내키는 일은 아니었지만, 답답한 집에 있는 것보다 이곳으로 옮기기를 잘했다는 생각이 들었다.

더군다나 한 방에서 다른 두 명의 할머니 환자들과 함께 생활했기에, 재미 삼아 서로 이런저런 얘기를 할 수 있어 좋게 느껴졌다. 한 할머니는 이순애와 나이도 같고, 교회 권사라는 공통점이 있어서인지, 처음부터 마음이 편했다. 그러나 그 할머니는 하루 종일 통 말이 없었다. 2-3일마다 친딸이 찾아와 말동무가 되어 주기도 하고, 여러 가지 일에 대해 얘기해 주면, 고개만 끄덕일 뿐이었다. 머릿속에 종양이 있다고 했는데, 다른 암보다 훨씬 고통이 크다고 했다. 그런데도 다른 사람들을 생각해서인지 짜증을 내거나 소리를 지르지 않았다.

이순애와 마주하고 누워 있는 어느 할머니도 위암 말기였는데, 몸이 엄청나게 야위었고, 눈은 동굴처럼 깊이 들어가 있었다. 워낙 오랜 세월 가족들과 떨어져 독거노인처럼 살면서 영양 공급이 잘 안 된 탓인지, 하루 음식 섭취량도 극히 적었고 신경이 몹시 예민했다. 이순애는 특히 그 할머니와 이야기하기를 좋아했는데, 각자 가슴에 담고 있는 얘기와 가족들의 상황을 서로 나누면서 두 사람은 매우 친숙해졌다.

주로 이순애가 자기 살아온 인생에 대한 신앙적인 이야기를 하였고, 수시로 찾아오는 자식들 자랑을 끊임없이 늘어놓았다. 특히 에스그룹 과장이 된 작은아들에 대한 자랑으로 침이 마를 날이 없었고, 틈만 있으면 작은아들 이야기를 끌러 놓았다.

그러면 그 할머니는 대기업 전무로 있다가 퇴직한 아들 이야기와 가뭄에 콩 나듯 가끔 찾아오는 며느리 이야기를 했다. 할머니는 이순애의 자녀들이 항상 방을 가득 메우고 웅성거리는 것을 부러워하며 공치사를 늘어놓았다.

"할머니는 정말 복 받았어. 최고로 행복한 사람이야."

이순애는 호스피스 시설에 들어와 새로운 생활을 하면서 오히려 대단히 행복했다. 김현준이, 어머니가 원하시면 언제든지 집으로 돌아가요, 라고 했지만 그럴 필요는 없다고 했다. 이곳이 자기 삶의 마지막임을 잘 알고 있었다. 그러나 이순애가 호스피스 시설에 들어오면서 한 가지 문제가 터져 복잡하게 꼬여 가고 있었다.

호스피스 시설에 이순애가 들어가면서 서우림의 가정에는 큰 변화가 생겼다. 먼저 가정이 조용해졌고 집에 시어머니 혹은 할머니라는 어른이 없어졌다. 이제까지 어른을 모시고 생활해 왔던 서우림과 두 남매는 전혀 딴 세상을 사는 기분이었다. 일어나면서부터 잠자리에 들기까지 처음부터 끝까지 삶의 양식에 혁명이라도 불어온 것 같았다.

이전에는 두 아이들이 아침에 일어나 학교 갈 준비를 할 때면, 집은 언제나 벌집 쑤셔 놓은 것 같았다. 거의 동시에 화장실을 써야 했기에 두 아이 사이에 다툼도 많았고, 특히 아침에 일찍 눈을 뜬 할머니가 화장실 차지하기에 합세하는 날이면 전쟁이 일어났다. 이순애는 학교 갈 준비고 뭐고 간에 손자손녀가 화장실에 오래 있는 것을 용납하지 않았다. 문을 계속 두드리면서, 할머니가 급하니까 빨리 나와, 라고 재촉했다. 반대로 할머니가 먼저 화장실에 들어가 15분이고 20분이고 안 나오면 아이들은 완전 죽음이었다. 그러면 아이들은 수건을 집어 던지면서, 아침도 안 먹고 등교해 버렸다. 그때마다 서우림은 아이들에게 주의를 주고, 아침시간에는 아이들 사정을 좀 봐 주라고 어머니에게 사정을 했다.

식탁도 할머니 중심에서 아이들 입맛을 고려한 식단으로 급격한 변화가 일어났다. 맵고 짠 음식을 특히 싫어했던 아이들은 김치나 된장찌개 같은 전통음식보다는 간단한 샐러드나 계란 프라이와 식빵 등을 먹었다.

가장 큰 변화는 큰아이에게 방이 생겼다는 것이다. 이순애는 항상 새벽기도를 다녔기 때문에 새벽 3시면 일어나 세수하고 준비를 했는데, 그때마다 거실에 불을 환히 밝히면서 거실에서 잠자고 있던 손자를 깨우고 화장실을 이용해야만 했다. 그것은 간신히 잠든 아이에게 이루 말할 수 없는 고문이었다.

두 남매는 대략 새벽 1시가 넘어야 숙제를 끝내고 잠자리에 들었고, 아침 6시가 되면 일어났다. 그러니 서로 시간대가 다른 두 문화의 충돌과 고통이 그동안 이만저만이 아니었다.

김현준의 아들은 그렇게 몇 년을 거실에서 살아 왔던 것이다. 아이가 할머니 이순애에게 엄청난 불만을 가질 수도 있는 상황이었지만, 김현준과 서우림이 사정하듯 타일렀고, 또 할머니는 너를 사랑하잖아, 라는 적극적인 할머니 홍보 덕에 그동안 큰 마찰은 없었다.

그러다 보니 아들은 자기 방을 갖게 되자 눈물을 흘렸다. 그것이 할머니에 대한 고마움의 눈물인지 아니면 지난 세월에 대한 회한의 눈물이었는지 그것은 알 수 없었다. 아무튼 호스피스라는 새로운 문명은 이순애뿐만 아니라, 서우림의 온 식구들에게도 커다란 변화를 몰고 왔다.

자기 방을 갖게 된 아들보다 사실 더 큰 변화는 서우림에게 찾아왔다. 서우림은 결혼 이후 유학생활을 제외하고는 처음으로 어머니 없는 가정에서 잠을 자는 것이었다.

물론 대부분의 시간은 호스피스에서 어머니와 함께 시간을 보냈지만, 가끔 큰시누에게 맡기고 집으로 돌아올 때면 그렇게 자유로울 수가 없었다. 집에서 조용히 쉴 수 있다는 것이 그렇게 큰 행복이었다. 그래서 호스피스에 머물러 어머니 이순애를 간호할 때도 그전보다 훨씬 활기차고 명랑해졌다.

서우림은 그전에 전혀 볼 수 없었던 옷차림으로 꾸미기도 하고, 주변 할머니들이나 이순애에게 쾌활한 농담도 주고받았다. 그리고 어머니를 대하는 태도가 전혀 상상도 할 수 없을 만큼 자신감에 넘쳐 있었다.

그런 변화가 너무 두드러져 한번은 김현준이 무슨 일 있었느냐고 서우림에게 묻기도 했다. 서우림은 돌아가 쉴 집이 있고 자기만의 공간이 있어서 행복하다고 했다. 그러나 바로 거기에서 예기치 않은 불똥이 튀기 시작했다.

호스피스에서 서우림의 간병이 활기를 띠면서, 큰시누 김현자와 마찰이 생기기 시작했다. 김현자는 어머니의 임종 때까지 본인이 모든 일을 돌보겠다고 하면서, 간병기간 중에 생기는 여러 가지 중요한 일들에 대하여 꺽지게 처리했다. 추후에 남동생들에게 알려 주기는 했지만, 오지랖이 넓은 큰시누의 성격이 이곳에서 그대로 드러났다.

그러나 서우림이 적극적으로 나서면서 여러 가지 사무적인 일이나 의료관계 일들에 김현자가 소외되자, 신경전이 벌어지고 급기야 말다툼이 일어났다. 더욱이 두 사람이 호스피스에 항상 같이 있게 되면서, 김현자는 마치 자기 영역 침범에 위협을 느끼는 들고양이같이 대단히 날카로워졌다.

김현준이 둘 사이의 말다툼을 우연히 듣고는 둘의 감정이 이미 예사 수준이 아님을 직감했다. 김현자의 카랑카랑한 목소리는 언제나 한 옥타브 높았고, 늘 서우림을 호통 치는 자세였다. 서우림은 목이 메어 울먹이는, 그러면서 따지는 목소리였다.

문제는 어머니 이순애의 태도였다. 호스피스로 옮기면서부터 행동이 크게 달라진 서우림에 대하여, 이순애는 은근히 불만을 털어놓았다.

"너는 뭐가 그리 좋아서 호들갑이냐? 내가 여기 오니까 그렇게들 좋더냐? 내가 빨리 죽어야지 원, 눈이 시어서 못 봐 주겠네."

아내에게 그 소리를 전해 들은 김현준은 깜짝 놀랐다. 특히 어머니의 서운한 감정은 김현자의 입술을 타고 온 식구들에게 퍼졌다. 시동생 김현석의 반응은 상상을 초월했다.

"형, 그래서 어머니를 호스피스로 모시자고 한 거였어요? 어머니가 살면 얼마나 사신다고, 형수 좀 편하게 하자고 이렇게 한 거예요? 형이 도대체 인간이에요? 어머니 용돈은 있는 대로 다 빼앗아 가고, 이제 필요 없으니 이런 특수시설로 버려 버리겠다 이거예요? 형수는 왜 또 누나 신경을 건드려요. 그렇지 않아도 마음 상한 누나의 마음을 돌리느라고 얼마나 애먹었는지 아세요? 도대체 형과 형수는 자기 새끼밖에 모르고, 어머니 형편은 눈곱만큼도 생각하지 않는 후레자식들 아녜요?"

막말을 하면서 되알지게 쏘아붙이는 동생에 대하여, 김현준은 핏대가 머리끝까지 올랐다.

"뭐가 어째, 이 자식이. 네가 과장 되더니 눈에 보이는 게 없냐? 어머니에게 효도한다고 온갖 간살은 다 부리고. 너 어머니 한번 모셔 봐. 어머니가 얼마나 까다로운 양반인지. 너는 순전히 제 생각만 하고 그동안 어머니 모신 형수 생각은 안 하지? 누나에게 잘하는 것이 뭐 그리 대수냐? 네가 정말 어머니를 생각한다면, 어머니를 모시고 있는 형수에게 잘해야 하는 것 아니야? 며칠 반짝 와서 온갖 애교를 떠는 누나한테 그래 그렇게 잘해 주고 싶으냐? 뭘 몰라도 한참 모르는 이 등신아."

김현준은 그동안에 쌓인 감정이 끓어오르는 것 같았다. 순간 식탁을 박차고 벌떡 일어나 식탁 위에 있던 물주전자를 동생의 머리로 내던졌다. 식구들이 어머니와 함께 먹기 위해 차린 모처럼의 식탁이었다. 음식이 모두 쏟아지고 그릇들이 나뒹굴었다. 병동이 난리가 났다. 원감이 오고 간호사들이 쫓아왔다. 제발 다른 환자들 생각해서 조용히 해 달라는 것이었다. 김현석의 안경 알이 깨졌다. 상처는 나지 않았지만, 그의 양복이 온통 승능을 뒤집어썼다.

이순애는 몸을 일으켜 세우더니 소리쳤다.

"넌 왜 그렇게 동생을 미워하냐. 동생이 나한테 잘하는 것이 그렇게도 눈꼴사납더냐. 니 동생이 그렇게 나한테 잘하면, 오히려 고마워해야 할 놈이 도대체 이런 망신이 어디 있어. 아버지가 안 계시면 너라도 정신을 차리고 집안을 일으킬 생각을 해야지, 매일 제 지집년하고 그렇게 행복하게 살고 싶으냐? 늙바탕에 병이 들어 어차피 나는 죽을 터잉께, 죽는 사람 소원 들어준다 생각하고 니 동생하고 화해해라. 조닐로 내 소원 좀 들어다오, 제발 시기하지 말고. 학벌이 없고 좀 부족해도, 니 동생 마음을 좀 알아줘라. 니 동생이 언제 너한테 큰 요구 하더냐? 그놈은 너한테 한을 품었어.

내가 니 동생 비뚤어질까 봐 얼마나 애를 태웠는지 알아? 그래도 어릴 때 헤살 심하던 짓 다 청산하고, 고등학교밖에 안 나온 것이, 결혼 저렇게 잘하고 큰 회사에서 과장까지 되고. 너는 도대체 동생이 대견스럽지도 않냐? 너는 잘 모를 것이지만, 그 애가 얼마나 좋은 일을 많이 했다고. 저 때문에 아버지가 돌아가셨다고, 그렇게 괴로워하면서 종친회 장학재단에 아주 큰돈을 냈어. 아버지 돌아가신 것이 어디 저 때문인가. 그분이 원래 고혈압이 있어서 도진 것인데, 이제까지 말은 안 했다만, 너 어릴 때 아버지가 너를 업고 10리 밤길을 뛰어 병원에 갔지. 그 일 이후로 아버지는 몸이 말할 수 없이 쇠약해졌어. 니 놈이 그렇게 엄살을 안 부렸어도, 아침에 천천히 가도 되는데 말이다. 그런데 니 동생은 자기 때문에 아버지가 물에 빠져 폐에 물이 차서 죽었다고 얼마나 괴로워했다고. 이놈아, 니가 그렇게 니 동생한테 아버지 죽인 원수라고 몰아붙였다면서?

너는 니 식구들밖에 모르지만, 그 애는 너하고 달라. 제발 니 자존심 좀 버려라. 가진 것은 쥐뿔도 없는 놈이 도대체 목이 그렇게 뻣뻣해 가지고 어떻게 이 세상을 살아가려고……."

이순애는 큰아들을 붙들고 한 시간 이상을 통곡하면서 사정을 했다. 병중에 있던 어머니의 예기치 않은 유언성 선포에 김현준과 서우림이 받은 충격은 이만저만이 아니었다. 구경 왔던 다른 환자 가족들은 슬슬 눈치를 보며 돌아갔다. 김현자는 침대 머리맡에 머리를 처박고 흐느꼈다. 서우림은 어머니 손을 만지작거리며, 어머니 제발 고정하세요, 라며 울먹거리고 있었다.

김현준은 설핏한 산 그림자가 길게 깔리는 넓은 들판을 바라보았다. 벼를 다 베어 내고 군데군데 대충 삶아 놓은 논은 황량하기 이를 데 없었다. 백로 몇 마리가 논바닥을 헤집고 있었다. 어디서 피어난 연기인지, 모락모락 피어나는 연기가 유리창과 벽을 뚫고 김현준의 가슴속까지 깊이 파고 들어왔다.

마지막 숨을 거두기 직전까지 팀파니 소리를 중얼거리며 눈물로 지어 내던 모차르트의 레퀴엠. 3부 시퀸시아(연속된 노래들)의 정점을 이루며 가장 애통한 감정을 읊조리는 D단조의 라크리모사(Lacrimosa)가 연기처럼 김현준의 허파꽈리를 가득 메웠다. 그것은 긴 여행을 떠나야 하는 자신을 위한 진혼의 노래였다.

"눈물의 날, 그날이 오면, 심판받을 죄인들이 먼지에서 일어나리. 신이여, 죄인을 불쌍히 여기소서. 영원한 안식을 베푸소서."

들판을 적시는 김현준의 통곡소리가 백로처럼 하늘 높이 상승했다.

"안식을 베푸소서. 안식을 베푸소서."

검은 논바닥으로부터 마지막 타오르는 창조적 생명의 등불을 쪼아 먹던 백로는 모차르트의 제자 쥐스마이어가 보탠 '아—멘' 소리가 천지를 진동할 때까지 계속 김현준의 입술을 선회하였다.

백로가 토해 내는 연기를 마시며, 김현준은 헛헛증이 나면서 속이 쓰리고 따끔했다. 뱃속의 산이 위를 뚫고 역류하여 온몸에 퍼지는 듯했다. 온몸의 땀구멍을 열어 제치고 강한 열기가 빠져 나가면서 아찔했다. 머리가 핑 돌면서 김현준은 정신을 잃었다.

2 전갈처럼 몸부림치는 자, 아마데우스

땀방울이 뜨거운 땅에서 팔딱거린다. 축축한 하늘은 축구공처럼 팽팽히 긴장하여 숨을 멈춘 채 전혀 움직이질 않는다. 엄청난 시간이 흘렀지만 하늘은 터질 듯한 모습으로 같은 자리에 계속 서 있다. 호흡마저 곤란해진다. 하늘을 두 어깨로 받치고 있던 김현준은 온몸으로부터 엄청난 신물을 쏟아 냈다. 벼락이 떨어졌다. 김현준은 하얀 벼락을 맞으며 땅바닥으로 쓰러졌다. 우르릉 번쩍 하면서 내리치는 한줄기 빛의 섬광이 표창처럼 그의 심장에 꽂혔다. 그의 심장에서 쏟아져 나온 핏물이 강물처럼 불어나, 철길을 넘어 유등천 한가운데로 흘러갔다. 엄청나게 불어난 하천은 핏물을 모두 삼켜 버렸다. 하천 전부가 핏빛으로 물들더니, 검은 웅덩이 한가운데 누워 있던 껑다리가 살려 달라고 아우성을 쳤다. 껑다리의 발목에는 하얀 완장이 묶여 있었다. 그 하얀 완장이 붉게 핏빛으로 물들더니 김현준의 목을 칭칭 감았다. 김현준은 뒤로 벌렁 넘어지며 철길을 건너려고 죽을힘을 다해 뛰었다. 그러나 아무리 뛰어도 철길을 건널 수 없었다. 두 다리는 계속 허공을 맴돌기만 하였다.

꿈이었다. 주변은 아직 소란스러웠다. 눈을 떠 보니 김현준의 손에는 하얀 완장이 들려 있었다. 동생은 아직 빈소에 도착하지 않았다. 김현준은 일어나지 않고 그대로 눈을 감았다. 수만 가지 생각으로 머리가 어지러웠다. 하얀 완장을 이마에 올려 희미한 빛줄기를 막았다. 다시 하얀 잠이 몰려왔다.

김현준의 눈두덩에 검게 파인 골짜기에는 아버지의 고향마을에서 불어오는 텁텁한 바람이 가득했다. 그 골짜기 바람을 타고 이상하게 사람 썩는 냄새가 온 산에 퍼졌다. 산 중턱의 깊은 구덩이에서 캐낸 하얀 석회 덩어리가 온 산을 뒤덮었다. 껑다리네는 초상집인데도 온갖 매스꺼운 고기냄새와 시끄러운 노랫소리로 떠들썩했다.

껑다리는 김현준의 손을 붙들고 빙글빙글 돌았다. 학교 운동회 때 포크댄스 배우면서 억지로 잡았던 그 껑다리의 손이었다. 껑다리는 김현준의 손에 들려 있던 나뭇가지를 던져 버리고 김현준의 손을 덥석 잡았다. 옆에 둘러 서 있던 동네 어른들이 얼음처럼 차갑고 긴장된 시선으로 날카롭게 날을 세우며, 두 사람의 손잡는 모습을 노려보고 있었다. 껑다리 아버지의 칼날 같은 호통이 김현준의 뺨을 후려쳤다. 엄청나게 큰 손이 그의 목덜미를 움켜쥐었다. 바등대는 김현준의 이마에서 땀 한줄기가 땅으로 떨어졌다. 팔딱거렸다.

"안 돼요. 왜요? 내가 왜 그래야 합니까? 죽어도 나는 그렇게 할 수 없어요. 도대체 지금 무슨 소리를 하시는 거예요? 저는 아무것도 아닌가요? 왜 저에게 이러시는 거예요?"

김현준은 울면서 사정을 했다. 그러나 그의 통곡은 누구에게도 들리지 않았다. 호흡이 곤란해지고 눈이 튀어나올 것 같았다. 손아귀의 힘이 너무 세어 도망칠 수가 없었다. 숨이 막혔다. 내 딸을 살려 내라는 소리가 하얀 호스피스 병동에 계속 울려 퍼졌다.

"내가 어떻게 살려 내요?"

꺽다리는 깊은 구덩이에 누워 큰 눈을 뜨고 있었다. 그녀의 발목은 하얀 완장으로 묶여 있었다. 김현준은 그 구덩이로 뛰어 들어갔다. 발목을 풀어 주려고 여러 번 애를 써 보았다. 그러나 풀 수가 없었다. 너무나 단단하게 묶여 있었다. 김현준은 다시 숨이 막혔다. 누군가 그의 목을 졸랐다. 어머니가 뒤에서 목을 조르고 있었다.

"으악—."

소름 끼치는 꿈이었다. 식은땀이 이마에 맺혀 있었다. 하얀 완장이 축축이 젖었다. 자정이 넘었는데 동생 김현석은 아직 도착하지 않았다. 식구들은 모두 곯아떨어졌다. 서우림만이 안내 의자에 앉아 졸린 눈을 비비고 있다가, 동생 부부가 새벽 두 시쯤 도착한다는 소식을 전해 주었다. 창문 쪽 바닥에는 큰누이 김현자 부부가 곱송그리고 토끼잠을 자고 있었다. 김현준은 다시 자리에 누워 눈을 감았다. 잠이 몰려왔다.

아스라이 노랫소리가 들렸다. 아니 찬송가 소리였는데 그것은 어린 시절부터 부르던 28장 찬송 〈복의 근원〉이었다. 어머니가 삼 남매를 깨웠다. 예배를 드리자고 했다. 그러더니 성경책을 주었다. 김현준에게 읽으라고 했다. 그러자 김현석이 책을 움켜쥐고 제발 자기가 읽게 해 달라고 떼를 썼다. 김현준이 동생의 머리를 한 대 쥐어 갈기고 책을 빼앗았다. 김현석이 떼를 쓸 때마다 김현준은 동생의 밥그릇을 뺏고 밥을 못 먹게 옆으로 밀쳐 냈다. 김현자는 뭐라고 짜증을 내며 김현준을 노려보았다.

어머니가 펼쳐 준 곳은 김현준도 잘 알고 있는 부분이었다. 김현준이 설교 때 몇 번 들었던 누가복음 15장 이야기였다. 김현준이 대충 읽으려고 하는데, 그 글씨들이 책 속에서 수직으로 일어나 비행기처럼 한 줄로 원을 그리듯 선회하더니 김현준의 이마 위로 곤두박질치며 꽂혔다. 이마에서 피가 흘렀다. 피 묻은 붉은 글씨들이 물속으로 빠져들어 갔다. 그 물들이 유등천 웅덩이로 흘러갔다. 김현석이 배터리 낚시를 하고 있었다.

어떤 아버지에게 두 아들이 있었다. 어느 날 둘째 아들이 아버지에게 돈을 요구했다. 여행을 떠나려고 하는데, 자기 몫의 유산을 미리 줄 수 없느냐고 했다. 아버지는 별 말 없이 요구하는 돈을 주었다. 둘째 아들은 그 돈을 받자마자 아주 먼 곳으로 떠나갔다. 거기서 자기가 평소 하고 싶었던 짓들을 다했다. 여러 친구를 만들면서 완전히 방탕한 삶을 살았다. 그리고 얼마 안 되어 가진 돈이 떨어졌다. 그러자 친구들은 다 떠나가고, 하루아침에 거지가 되었다. 하루 한 끼 먹기도 힘들었다. 어느 농가에서 간신히 일자리를 얻었는데, 농장에서 돼지를 사육하는 일이었다. 그는 배가 너무 고파 돼지 구정물에서 찌꺼기를 건져 먹었다. 그러나 그것도 항상 모자라 배가 고팠다.

굶주림에 지쳐 쓰러진 그는 문득 아버지가 생각났다. 통곡했다. 아버지를 외면하고 떠나와 아버지 돈을 다 탕진해 버린 것이 죄송하고 두려웠다. 아버지의 화난 얼굴이 점점 크게 떠올랐다. 무서웠다. 그러나 둘째 아들은 아버지가 자신을 노예로 만들어 버린다 해도 돌아가야 한다고 생각했다. 드디어 일어섰다. 마을 입구가 보이기 시작했다. 그런데 어디에서 나타났는지, 아버지가 그 아들을 알아보고 맨발로 달려왔다. 아들을 끌어안고 아버지는 엉엉 울었다. 너무나 반가워했다. 아버지는 그를 집으로 데리고 들어가 거창한 생일잔치를 베풀어 주었다. 선물도 많이 주었다. 아버지의 체취가 배어 있는 옷을 입혀 주었다. 값비싼 신을 신겨 주었다. 심지어 아버지의 것과 비슷한 반지를 끼워 주었다. 흥겨운 노랫소리가 온 마을에 퍼졌다.

그런데 큰아들이 밭에서 돌아와 보니, 자기 집에서 알 수 없는 풍악소리가 나고 동네잔치가 벌어지고 있었다. 온갖 진귀한 음식들이 잔뜩 차려졌다. 깜짝 놀랐다. 일꾼들 얘기를 들어 보니, 집 나간 동생이 돌아와 아버지가 큰 환영잔치를 베풀었다는 것. 도무지 마음에 마뜩치가 않았다. 큰아들은 대단히 화가 났다.

"도대체 그놈이 어떤 놈인데, 그놈을 다시 집으로 끌어들여요? 돈이 다 썩었지, 어떻게 돈을 들여 이런 큰 잔치를 베풀어요? 아버지의 행동을 이해할 수가 없어요. 아버지에게 망신을 주고 아버지 돈을 탕진해 버린 놈인데, 뭐가 그리 좋으세요? 나는 잔치에 참석하지 않겠어요."

큰아들이 자리를 박차고 밖으로 뛰쳐나왔다. 그러자 아버지는 신발도 신지 않은 채 따라 나왔다. 그리고 큰아들의 어깨와 목덜미를 어루만지며 말했다.

"그 아이는 네 동생 아니냐? 너는 네 동생이 반갑지도 않느냐? 죽었다가 다시 살아 돌아온 아이다. 자, 같이 먹으러 가자."

벽오동 심은 뜻은

아버지의 축축한 손이 자신의 목덜미를 잡아 끌 때, 김현준은, 안 돼요, 라고 큰 소리를 지르며 잠에서 깨었다. 동생 부부가 방금 도착했다고 서우림이 김현준을 흔들어 깨웠다. 모처럼 꿈에서 아버지의 모습을 본 것 같은데 평소의 아버지 같지 않고 표정이 좀 어두워 보였다. 풍성하게 차려진 잔치의 식탁이 아직도 생생했다.

김현준은 목이 마르고 몹시 배가 고팠다. 마치 어머니의 마지막 음성이 다시 꿈으로 살아난 것 같았다.

호스피스 병동에서 어머니답지 않게 엄청나게 흥분하며 김현준에게 충격을 주었던 그날, 어머니도 울다가 정신을 잃었다고 했다.

'무엇이 어머니를 그렇게 오랫동안 괴롭게 만들었나? 동생이 아니고 나였단 말인가? 그건 있을 수 없는 일이다.'

이순애는 그날부터 말이 없더니 음식을 전혀 먹지 못하고, 꼭 14일 후에 운명했다. 김현준의 정신적인 쇼크는 이루 말할 수 없었다.

'집안을 말아먹은 원수, 아버지를 그렇게 빼앗아 가고, 어머니의 속을 썩인 그 망나니 같은 놈과 어떻게 화해를 하라는 것인가? 화해하라는 어머니 말씀은 동생의 잘못을 용서해 주라는 뜻인가, 아니면 동생에겐 잘못이 없으니 서로 따지지 말고 사이좋게 지내라는 뜻인가?'

모든 것이 혼란스러웠다. 김현준은 인생을 처음부터 다시 시작해야 할 것 같은 참담한 기분이었다.

김현준은 자신이야말로 철저한 삶을 살아왔다고 믿었다. 그의 삶은 말 그대로 규범적이었다. 한 번도 사람들 눈에 벗어난 행동을 한 적이 없다고 자부했다. 아버지는 물론 어머니나 동생 그리고 집안의 모든 사람들이 이에 대한 증인이라는 점을 의심해 본 적이 없었다.

김현준은 자기의 모든 삶에서 예외나 실수를 용납하지 않았다. 적어도 아버지와의 관계에서만큼은 철저했다고 확신했다. 언제나 아버지의 명령 이상으로 정도(正道)만 생각했고, 그래서 누구 앞에서든 정정당당했으며, 그것이 이제까지 삶의 원칙이었다. 그러한 생활 철학과 습관은 늘 당당했던 아버지에게서 전수된 것이라고 믿었다.

'현석이가 아무리 돈으로 만든 그럴듯한 마스크를 쓰고 위장한다 해도 결코 그 본색은 감출 수 없어. 그 망나니 같은 못된 성격이 과거에 그랬듯이 앞으로도 수많은 사람들을 다치게 할 거야. 아무리 개과천선(改過遷善)한다 해도 그놈은 근본이 다른 놈이야. 그 뿌리는 결코 달라지지 않아. 그런데 도대체 어머니는 무엇을 보고 동생을 그렇게 감싸는 것일까. 돈 몇 푼 준다고 판단이 흐려진 걸까. 아버지를 닮은 자식이라면, 그는 누구보다도 내가 아니던가. 그래서 아버지의 사랑을 독차지하다시피 한 거고. 용서하라고? 무엇을 용서하란 말인가.'

동생 부부에게 짐이 많다면서, 서우림은 김현준을 일으켜 세웠다. 김현준은 계단을 따라 내려갔다. 침침한 계단 통로를 따라 장례식장 로비로 갔다. 온종일 시끄럽게 붐비던 장례식장도 깊은 어둠과 함께 적막 속에 쉬고 있었다. 그러나 김현준에게 그 깊은 고요함은 안식을 주기보다는 가위눌린 듯한 무거움을 억지로 달래는 불편한 모습이었다. 마치 아이들을 끌어안고 미국 비행기 트랩을 따라 깜깜한 웅덩이로 떨어지는 듯 힘겹고 답답한 상황이었다.

1층 로비로 내려가는 계단 중간에 커다란 병풍 족자가 옆으로 길게 걸려 있었다. 족자에 써 있는 시조 한 수가 시선을 끌었다. 글씨체가 매우 특이했다. 붓글씨치고는 아래로 내리치는 획이 마치 송곳같이 가늘고 그 필봉이 날카로웠다.

벽오동 심은 뜻은 봉황을 보려터니

내 심은 탓인지 기다려도 아니 오고

밤중에 일편명월만 빈 가지에 걸렸에라

김현준은 장례식장에 어울리지 않는 희한한 시조를 걸어 놓았다 싶었다. 뭔가 애절하게 기다리는 심정을 담은 시조인 것 같은데, 봉황을 기다린다는 뜻이 무엇인지, 그리고 빈 가지에 밝은 달만 걸려 있다는 시인의 심정이 무엇을 가리키는지 알 수 없었다.

로비를 가로질러 가는데 김현석 부부가 문을 열고 들어왔다. 먼 길을 운전하고 오느라 매우 피곤해 보였다. 서로 눈인사를 나누고, 함께 빈소로 올라왔다. 김현준과 서우림은 두 개의 큰 보따리를 받아 들어 옆방에 들여놓았다. 필요한 여러 가지 상례 물품을 오면서 사 온 모양이었다. 그런 것들은 김현석 부부가 꼼꼼하게 잘 챙기는 편이었다. 다른 식구들도 모두 잠에서 깨어 멀리 오느라고 수고했다며 인사를 했다. 김현석은 옷을 갈아입고 영정 앞에 헌화를 했다. 그리고 무릎을 꿇고 앉아 한참 눈을 감고 있더니, 부부가 함께 울먹였다.

빈소에는 제법 많은 조화들이 좌우에 늘어서 있었다. 김현석의 회사 사장과 관계 임직원들과 관련 업체 쪽에서 보낸 것들이었다. 김현준과 관련 있는 조화는 한 개뿐이었다.

김현석은 서우림에게 다가가 늦게 도착해 미안하다고, 고속도로가 밀려 7시간이나 걸렸다고 했다. 그리고 두툼한 돈 봉투를 서우림에게 쥐어 줬다. 200만 원인데 경비가 많이 발생할 테니 가지고 쓰라는 것이었다. 서우림은 겸연쩍게 손사래를 하면서, 경비는 서로 나누어서 부담하면 되는데 이럴 필요가 있느냐고 했다. 그러나 김현석은 그냥 그렇게 했으면 좋겠다고 했다. 김현준은, 저놈이 또 돈 떠세를 하며 딴죽 거는구나, 생각했다.

조화를 죽 둘러보면서 김현석은 조화에 달린 조문객들의 이름을 일일이 살펴보았다. 그리고 어머니의 영정을 담은 분향단의 꽃을 만지작거리더니 갑자기 얼굴색이 달라졌다. 혼자 뭐라고 중얼거리더니 김현준을 불렀다.

"형, 이리 와 봐."

꽃에 대하여 묻는 김현석의 얼굴이 일그러졌다.

"형, 이 꽃은 얼마짜리야? 대충 짐작해도 50만 원짜리인데, 맞지? 형이 도대체 정신이 있어 없어? 내가 그랬잖아, 모든 물품은 검소하고 비싸지 않은 것으로 한다고. 10만 원짜리면 아주 괜찮은데, 왜 이걸로 했어? 형이 지금 제정신으로 한 거야? 우리 형편에 지금 꼭 이런 걸로 돈을 물 쓰듯이 낭비해야 되겠어? 돌아가신 어머니가 이 비싼 꽃을 쓰면 살아나신데? 사람들 이목이 그렇게 중요해? 형은 항상 그래. 늘 실속 없이 겉만 번지르르하고. 모든 일에 실속은 없고, 허영심만 꽉 찼어. 이렇게 비싼 거는 나하고 상의하고 해야 할 것 아냐? 왜 매사에 형 마음대로 해? 형이 그렇게 잘났어? 형은 경제관념이 꽝이야. 왜 그걸 인정 못해. 형 자신도 잘 알잖아?"

그러면서 김현석은 모차르트 이야기를 꺼냈다.

"형은 모차르트와 살리에리를 늘 입에 달고 살지. 살리에리가 왜 모차르트를 죽였어? 형은 지금 모차르트를 죽인 살리에리를 그대로 닮아 가고 있잖아. 아직도 그걸 몰라? 아직도 내가 팔푼이 어린애로 보여? 그 잘난 대가리로 생각한 게 고작 이거야."

"뭐 이 새끼, 어쩌고 어째?"

살리에리 같다거나 잘난 대가리란 듣그러운 소리를 김현준은 참을 수 없었다. 순간 김현준의 가슴에서 화산의 마그마가 뿜어 오르듯, 자신도 주체할 수 없는 또 다른 자아가 껍질을 깨고 하늘을 향해 치솟았다. 앞이 보이지 않았다. 더듬고 있는 김현준의 손에 잡힌 것은 분향단 아래에 놓여 있던 국화 항아리였다. 김현준은 하얀 항아리를 집어 폭탄을 투척하듯 동생의 가슴에 던져 버렸다. 항아리는 김현석의 어깻죽지에 맞더니 바닥에 떨어지면서, 꽝 하고 천둥 치는 굉음을 냈다. 산산조각이 났다. 30여 송이의 하얀 국화가 김현석의 얼굴과 양복 그리고 돗자리에 어지럽게 널렸다. 하얀 이파리들이 마치 가루처럼 흩어졌다. 영정 앞에 펴 놓은 성경책에도 하얀 가루가 나무 모양으로 내려앉았고, 물이 분수처럼 쏟아져 책 표면에 여러 갈래의 작은 하천을 만들었다. 펴 놓은 성경은 시편 1편, 시냇가에 심은 나무였다.

김현준은 이성을 완전 잃었다. 괴성을 지르며 달려가더니 주먹으로 동생의 뺨을 후려 갈겼다. 큰누이 김현자는 김현준의 등바닥을 두들기며 소리 질렀다.

"너 도대체 이게 무슨 짓이야?"

바닥에 나동그라진 김현석은 날카로운 사기 조각을 집더니 형에게 던졌다. 김현준의 얼굴에 하얀 사기조각이 박혔다. 붉은 피가 주르르 흘러내렸다. 김현석의 손바닥에서도 피가 뚝뚝 떨어졌다. 김현준과 김현석의 드잡이판이 벌어졌다. 형과 동생은 서로를 움켜쥐고 나뒹굴었다. 두 형제의 검은 양복에는 상대방의 붉은 피가 낭자했다. 증오의 붉은 피였다. 그 피는 한 어머니에게서 물려받은 같은 색깔의 피였다. 그러나 그들의 피는 마치 하나는 검은 피, 하나는 하얀 피인 것처럼 서로 으르렁거리며 팔딱거렸다. 함께 뒤섞인 짙은 피가 어머니 앞에 엎드리기 위해 펼쳐 놓은 하얀 돗자리 위에 어지럽게 후드득 떨어졌다. 어느 피가 누구의 것인지 알 수가 없었다.

순식간의 일이었다. 식구들이 달려들어 두 사람을 뜯어 말리기 시작했다. 옆방에서 칼잠을 자던 사람들도 왁자지껄한 소란에 놀라 달려왔다. 몸으로 서로 밀치면서 하얀 조화 서너 그루가 힘없이 픽 쓰러졌다. 이순애의 영정이 단에서 떨어져 산산조각이 났다. 영정 속의 이순애는 허공을 향하여 무표정한 시선을 던지고 있었다. 유리 조각이 마치 모자이크 초상화처럼 얼굴의 윤곽을 제멋대로 일그러지게 만들었다. 입가의 공허한 미소는 돗자리에 형성된 작은 물웅덩이에 빠져 버렸다. 이순애는 '시냇가에 심은 나무'를 읊조리고 있었다.

봉황과 달

택시가 아스팔트 바닥을 길게 훑고 지나가는 소리에 김현준은 눈을 떴다. 상처 난 얼굴 부위를 병원 응급실에서 몇 바늘 꿰맨 뒤 잠시 침대에 누워 눈을 붙였는데, 그 사이 귀잠이 들었던 것이다. 당직 레지던트들만 간혹 왔다 갔다 했다. 김현준은 몇 시간 전의 흥분이 가시지 않았다.

김현준도 분향단의 꽃을 어떤 걸로 할까 한참 고민했었다. 중국에서 수입한 10만 원짜리 값싼 것부터 종류가 무려 10여 가지나 되었다. 30만 원짜리도 괜찮아 보였다. 그런데 모두 생화를 쓰기 때문인지 김현준이 생각했던 것보다 너무 비싸면서도 꽃이 몇 송이 되지 않았다. 바가지를 쓰는 것 같기도 했다. 그러나 동생의 직장 손님들이 많이 몰려올 것이기 때

문에 빈소를 특실로 잡았는데, 채 열 송이도 안 되어 보이는 이런 꽃으로
는 너무 초라해 보일 것 같았다.

'우리를 어떻게 키우신 어머니인데, 우리가 너무 아까워하는 것은 도
리가 아닐 것이다.'

그래서 김현준은 꽃송이가 제일 촘촘하고 양도 많고 화려한 50만 원짜
리로 정한 것이었다. 물론 평상시 같으면 꽃값으로 50만 원을 쓴다는 것
은 가히 상상도 할 수 없는 선택이겠지만, 어머니를 생각하면 이보다 더
한 것도 결코 아깝지 않다고 생각했다.

'내가 나를 위하자고 그랬던 것인가.'

주먹이 부르르 떨려 왔다. 하얀 거즈 아래의 꿰맨 자리가 심하게 따끔
거렸다.

눈을 감았다. 박살이 난 어머니의 영정이 어른거렸다. 피로 얼룩진 하
얀 돗자리 위에서 하얀 유리 조각들을 뒤집어쓰고서도, 여전히 미소를
짓고 계신 어머니의 모습이었다. 호스피스 병동에서의 어머니의 마지막
울먹임이 선전포고처럼 가슴에 되살아났다.

'어머니가 그토록 호소하던 것이 무엇이었나? 내가 지금 무엇을 하자
는 것인가?'

문득 장례식장에서 보았던 날카로운 글자체의 시조가 어머니의 음성
처럼 가슴에 내려 꽂혔다. "벽오동 심은 뜻은 봉황을 보려터니 내 심은
탓인지 기다려도 아니 오고 밤중에 일편명월만 빈 가지에 걸렸에라."

어머니가 하고 싶은 이야기처럼 그 시조는 뭔가 애절한 호소력을 가지
고 김현준의 머릿속에서 꿈틀거렸다. 순간 시조가 벌떡 일어나는 것 같

았다. '푸른빛이 나는 오동나무를 심으면 봉황이 와서 집을 짓는다고 하기에 심어 놓았는데, 박복한 내가 심어서인지 기다리는 봉황은 오지 않고, 깊은 밤중에 한 조각 밝은 달만이 잎이 다 떨어져 버린 쓸쓸한 가지에 덩그렇게 걸려 있네.'

김현준은 뒤통수를 한 대 얻어맞은 듯 아찔했다. 눈물이 왈칵 쏟아졌다. 봉황과 달, 봉황과 달, 그리고 벽오동나무. 어머니의 애절한 호소가 함성처럼 다시 몰려왔다. 그 함성은 벽오동나무에서 맴돌고 있었다. 시조의 음성은 연약한 여인의 탄식소리가 아니었다. 적군의 포탄소리를 들으며, 아비규환의 온갖 비명 속에 스러져 가는 민족을 구하려는 듯한 엄숙한 명령이었다. 무너져 가는 집안을 일으켜 세우려는 여장부의 호령이었다. 김현준의 눈물이 얼굴을 타고 흘렀다. 하얀 베개를 적시고 하얀 시트를 적셨다. 그것은 어머니의 피눈물이었다. 어머니의 통곡이었다.

"내가 덕망이 있다는 명문 집안에 시집와서 모두들 칭찬하고 자랑스러워하는 똑똑한 아들놈 하나 두었는데, 제 애비 없이 덕 없는 내가 홀로 키웠더니 그토록 기대하고 사모하던 대장부의 호연지기(浩然之氣)는 보이지 않고, 달밤에 가난한 여인네 가슴팍을 후벼 파는 파락호(破落戶)가 되어 찬바람만 일으키네."

엉덩이를 걷어차인
아마데우스

김현준은 계속 목이 탔다. 답답해서 미칠 지경이었다. 새벽에 잠이 깨면 버릇처럼 마시던 자리끼를 벌써 서너 컵 들이켰다. 그런데 하얀 사기 컵에서 이상하게 역한 냄새가 났다.

'나 말고 다른 사람이 사용한 컵인가? 이 냄새는 어머니 입 냄새가 아닌가. 어머니가 왔다 가신 것일까?'

주방에는 식구들이 사용하는 하얀 컵들이 여러 개가 돌아다녔는데, 김현준도 물을 마실 때마다 이상하게 역한 냄새가 나는 것 같아 늘 기분이 좋지 않았다. 어머니는 물을 마시고 컵을 대충 씻은 뒤에 선반 위에 올려놓았다. 김현준은 그런 모습을 여러 차례 목격하고, 어머니에게 제발 그렇게 하지 말고 세제로 깨끗이 씻으라고 여러 번 당부를 했다. 그런데 지금 김현준은 자기만 사용한 컵에서도 똑같은 냄새를 맡았던 것이다.

'이게 어찌된 일이지. 내 입에서도 그런 냄새가 난단 말인가.'

앞이 캄캄했다.

새벽 찬 공기에 몸이 움찔거렸다. 캄캄한 대지의 등에 업혀 긴긴 밤을 울음으로 지새운 하늘이 희미하게 실눈을 뜨고 있었다.

응급실 건너편 어디로부터인가 잠이 덜 깬 창문을 통해 한줄기 음악이 흘러 들어왔다. 귀에 익은 클래식이었다. 산 아래 골짜기에서 잠자고 있다가 겨우 눈곱만 떼고 산으로 기어 올라가는 아침안개와 같이, 음악은 천천히 김현준의 침상을 타고 올라왔다. 그것은 김현준이 아침저녁으로 운전하며 출퇴근할 때, 사무실에서 밤늦게까지 일할 때, 집에서 쉴 때, 그리고 잠을 이루지 못하고 뒤척일 때, 심한 고독으로 눈물을 흘릴 때 수백 번 아니 수천 번을 들었던 모차르트 피아노 협주곡 KV 466 2악장이었다. 때로는 그에게 말할 수 없는 감동과 환상을 선물했다가, 때로는 온통 눈물바다로 끌고 다니며 영혼의 깊은 상처를 어루만져 주었던 바로 그 음악. 특히 블라디미르 아슈케나지의 피아노 연주는 전체적인 박력과 스피드가 떨어지지만 그렇기 때문에 더욱 서정적이고 세밀하며 부드러웠다.

침상으로 올라온 선율이 희미한 달 조각을 들고 왔다. 그리고 머리맡에 서 있는 벽오동나무의 텅 빈 가지에 어머니의 달을 걸어 놓더니, 입술자국이 선명한 물컵의 깊은 웅덩이에 발목을 담근 채 메아리를 만들었다. 김현준은 여전히 그 동심원의 한가운데에 갇혀 있다. 달 조각처럼 잔잔하게 부서져 내리는 그 메아리가 김현준의 머리끝부터 발가락 끝까지 모든 세포 안에서 공명을 일으키며, 몸 전체를 피아노의 울림판으로 만들었다. 현을 때리는 솜털 해머처럼 김현준의 온몸을 두드리며 두 날개를 펼친다.

"솔 미솔미솔 라솔파미 미 솔미도도 솔솔도 레미레미파 솔⋯⋯."

벽오동 가지에서 비둘기 한 마리가 살며시 내려왔다. 너무나 조심스럽다. 비둘기는 자기 자신에 귀를 기울이듯 처음의 날갯짓을 여러 차례 반복한다. 수많은 '솔'들이 조용히 하강하고 있다.

비둘기의 속삭임은 너무나 단순하고 소박하지만, 김현준의 온몸에서 피어나는 눈물과 함께 공명을 일으키며 작은 감정들을 통합하는 지배적인 호소력을 내포하고 있다. 그 호소력은 평이하게 반복되는 첫 주제에서 잘 드러난다. 그것은 무엇보다 비둘기가 가장 재현하고 싶어 하는 마음의 표현이다.

눈물로 흐르는 대지의 가슴에 갈맷빛 태평성대를 열어 줄 봉황 한 마리의 출현을 사모하면서, 비둘기는 자기 심장으로부터 붉은 잉크를 찍어 뜨거운 영혼의 언어를 쓰고 있다. 그러나 언어의 강렬함은 물컵 냄새의 주인공처럼 자기감정을 결코 쉽게 쏟아 버리지 않는다.

비둘기는 오동나무의 빈 가지에 걸터앉아, 여인의 차가운 가슴팍을 쪼아 대는 딱따구리의 단속음으로 온 숲을 두드린다. 김현준은 어머니의 웅덩이에서 계속 자신의 얼굴을 바라보며 메아리로 울먹인다.

"나의 노래를 들어 주세요."

벽오동 가지에서 내려온 비둘기는 겨울 하늘을 비행한다. 그러나 그는 자신의 목소리만을 반복하는 메아리가 아니다. 눈물을 떨어뜨리고 거친 숨결을 안으로 고르며 흐느끼는 비둘기 옆에는 따뜻한 관현악이 있다. 관현악은 비둘기의 구슬픈 선율을 부축하며 함께 동행하고 있다. 관현악은 땅에서 떠나 땅을 내려다보는 하늘처럼 존재하지 않는다. 관현악은 김현준의 물컵에서 동일한 냄새로 존재하며 동일한 메아리로 머물고 있다.

관현악은 피아노를 위로하며 화답한다. 피아노를 끌어안고 대화를 진행하면서, 피아노의 감정을 가장 열정적으로 대변해 준다. 그러나 결코 피아노를 추월하지 않는다.

관현악은 피아노의 그늘 아래에 머무르려고 한다. 그리고 흐느끼는 피아노를 자신의 가슴으로 끌어안으면서, 그의 가슴 아픈 고백을 자신의 것으로 만들어 버린다.

관현악은 피아노와 유유상종이 된다. 자신의 물컵 냄새가 선명하게 살아 있는 그대로, 관현악은 피아노의 한계와 아픔을 자신의 것으로 삼는다.

어머니는 김현준의 물컵에서 자신의 얼굴을 바라보고 있다.

"노래해. 내가 지금 듣고 있잖아."

피아노와 관현악은 하얀 돗자리 위에 뭉쳐 있던 붉은 피처럼, 하나의 물컵에서 서로 나누어질 수 없는 혈액을 가지고 노래한다.

엄청난 가해자가 되기도 하고, 가해자가 됨으로써 동시에 피해자가 되었던 어리석은 삶. 형과 동생은 경쟁과 전쟁을 중단하고, 상대방의 삶의 애환을 응시하면서 서로 피 묻은 얼굴을 쓰다듬는다. 동일한 어머니의 냄새를 가지고 있는 서로의 얼굴을 쓰다듬는다.

피아노와 관현악은 김현준과 김현석이 되어 얼굴에 박힌 사기 조각을 뽑아 주고 움켜쥔 멱살을 풀어 주면서, 하얀 돗자리에 함께 엎드린다. 영정 사진의 흐르는 눈물을 닦아 준다. 그 간절한 몸짓은 웅덩이에서 메아리로 섞여 있다가, 아침안개처럼 벽오동나무 가지를 타고 오른다. 뜨겁게 물오르는 나뭇가지에 강렬한 회오리바람이 맴돈다.

'뭔가에 집착하면서 생긴, 서로간의 단절된 삶에서 비롯된 두려움으로 그동안 우리는 충분히 불행하지 않았던가.'

프리메이슨적 이상에 사로잡혔던 볼프강 아마데우스 모차르트. 자신의 음악을 통하여 인간에 대한 사랑, 자유, 평등, 그리고 형제애에 몰입하였고, 종종 미신을 부추기며 부패한 성직 제도를 관용하는 제도 교회를 격렬하게 성토했다. 그러한 투쟁은 잘츠부르크의 대주교였던 콜로레도와의 대충돌로 가시화되었다.

잘츠부르크 대주교는 도시의 종교적 실권자였을 뿐만 아니라 실질적으로 세속적인 최고 통치자였으며, 동시에 신성로마제국의 대주교 가운데 최고위급 지위를 누렸다. 당시 봉건사회의 부의 원천은 토지와 노동력이었기 때문에, 봉건 지배자들은 주민을 토지에 묶어 둔 채 처벌과 무력 사용의 위협을 통하여 노동력과 생산물을 바치도록 하였다. 주민들은 삽과 곡괭이에 불과했다. 특히 가톨릭교회는 이러한 봉건사회의 지배 이데올로기를 담당하는 중추세력이었고, 가톨릭 자신이 토지의 가장 막강한 소유자이기도 했다.

그러한 봉건적 지배 이데올로기의 전도사 콜로레도와 계몽주의에 몰입되었던 모차르트의 충돌은 어쩌면 충분히 예견된 것이었는지도 모른다. 모차르트는 자신의 순회연주 여행을 거부하던 콜로레도와 날카롭게 충돌하면서, 그를 오만하고 변덕스러운 성직자라고 비난했다. 모차르트도 대주교 시종장에게 엉덩이를 걷어차이며 쫓겨나는 수모를 겪었다. 그것은 젊은 예술가의 분노를 들끓게 하는 엄청난 사건이었다. 그러나 모차르트와 콜로레도, 그들은 이미 같은 대지를 딛고 같은 하늘을 바라보는 피아노와 관현악으로 존재하고 있었다.

새벽 3시에 부스럭거리며 일어나, 거실의 불을 환하게 밝혀 놓고 화장실을 오가며 손자의 잠자리를 엉망으로 만들어 놓았던 어머니. 새벽 1시에 겨우 잠든 손자를 전혀 생각하지 못하는 어머니. 장손이라고 입버릇처럼 강조하면서도 시험에 초조하게 쫓기는 손자를 거실에 방치하던 어머니. 김현준은 자신의 청소년 시절을 덮어 두고라도, 피난민처럼 거실에서 선잠을 자야 했던 아들의 어두운 얼굴에서 들판에 버려진 고아의 쓸쓸함을 보아야 했다. 자신의 상처와 아픔이 그대로 재현되고 있었다.

김현준은 그동안 새벽 3시면 잠을 깨고 다시 잠을 청해야 하는 아들의 외마디 비명을 들으면서, 한 인간의 삶이 어떻게 가혹한 형벌로 채워질 수 있는지 목도했다. 인간이 인간의 삶을 어떻게 지옥으로 만들 수 있는지 뼈저리게 체험했다. 아들의 한밤중 비명소리는 오랜 세월 시커먼 멍이 들도록 김현준의 엉덩이를 수없이 걷어찼다. 김현준은 새벽 3시에 시작되어야 하는 그 여인의 종교세계를 도저히 이해할 수 없었다. 그것은 인간에 대한 가장 기본적인 배려와 사랑을 잃어버린 콜로레도의 미신적인 행위였다. 그것은 가정의 어른이라는 권리와 특권 누리기에만 집착하여, 손자를 노동력의 삽과 곡괭이로만 생각하는, 봉건적 지배 이데올로기의 전형처럼 느껴졌다. 그것이 김현준이 맡은 어머니의 냄새였다.

망각의 강물 속에 던져 버렸던 어느 추운 겨울 새벽 3시의 세계가 김현준의 머릿속에 희미하게 구름처럼 피어올랐다. 어머니는 머리끝부터 발끝까지 온몸을 무려 서너 벌의 옷으로 둘둘 감쌌다. 뒤뚱거리는 몸에는 가방과 손전등이 불편하게 들려졌다. 새벽에 내리는 상고대를 잔뜩 뒤집어쓴 채 긴 어둠의 터널을 더듬었다. 어머니의 입에서 거칠게 뿜어 나오는 불규칙한 호흡만이 하얀 어둠을 쫓아내고 있었다.

차가운 정화수 한 사발 떠놓고 쉴 새 없이 빌듯이, 어머니는 성경과 찬송가를 차가운 마룻바닥에 꺼내 놓고 물 쏟아지듯 엎드려졌다. 골짜기처럼 낮아져서 시냇가의 무릎 꿇은 나무가 되었다. 신마저 잠이 들었을 고요한 새벽이었다.

어머니는 무엇인가 노래하기 시작했다. 기억을 떠돌던 그 희미한 노래는 복의 강림을 기원하는 단순한 가락이었다. 어둠이 잠을 자고 있는 절대 침묵의 공간은 깊게 패인 저음의 멜로디가 흐르면서 자신의 심장을 가열하기 시작했다. 으스스한 공간이 입을 열기 시작했다. 어머니의 구슬픈 가락으로 시냇물이 흐르면서 밤새들이 함께 소리 내어 울기 시작했다.

새벽안개가 짙게 몰려왔다. 어머니의 가슴에서 하얀 날개가 솟아나더니 어머니의 넋이 고스란히 마룻바닥에 쏟아져 내렸다. 마룻바닥을 두들기는 천사의 넋은 무엇인가를 끊임없이 울부짖고 있었다. 그것은 마치 오랜 세월을 통해 숙달된 것처럼 동일한 주문(呪文)으로 계속 반복되었다. 그 주문은 본인의 극락왕생을 위한 기복(祈福)이 아니었다. 더 많은 영토와 더 나은 생산물을 요구하는 콜로레도의 탐욕스런 기원이 아니었다. 어머니의 눈물과 입술에서, 어머니의 콧물과 손바닥에서, 유등천 강물처럼 뜨겁게 흘러내리는 주문은, 오로지 아들 김현준과 손자를 위한 통곡의 노래였다. 아들과 손자를 대신하여 자신을 희생으로 바치는 통곡의 제사였다. 깜깜한 거실에서 귀뚜라미처럼 밤새 자신의 울음을 토해 내는, 손자를 위한 간절한 기원이었다.

손자의 과거와 현재와 미래가 온통 어머니의 넋으로 쏟아져 내렸다. 손자의 고통과 상처, 손자의 분노와 눈물은 고스란히 어머니의 물컵으로 흘러내렸다. 손자의 건강과 학교, 손자의 입신양명이 새벽 눈물의 전부였다. 어머니는 손자와 아들에게 신이 내려와 자신의 부끄러움을 씻어 주고 복을 내려 주도록 몇 시간을 통곡하는 천사가 되었다.

신이 잠에서 깨어났다. 아들과 손자 대신 차가운 마룻바닥에 넋을 쏟아 내는 천사만을 위하여 신은 춤추기 시작했다. 신의 춤과 노래는 어머니의 통곡이었다.

'어머니는 그렇게 오랜 세월 신과 함께 외로운 춤을 추었던 것인가.'

김현준은 새벽마다 어머니의 눈물이 유등천 강물처럼 흐르는 것을 새삼 기억해 냈다. 그것은 처절한 죽음의 눈물이었다. 그것은 아들과 손자가 시냇가에 심겨진 나무로 우뚝 서도록 천사가 흘리는 눈물이었다.

김현준은 새벽 사건을 생각하며 어머니 앞에서 자신의 편견과 미신을 통곡했다. 어머니의 새벽 3시는 김현준으로 하여금 어느 누구도 자신의 엉덩이를 걷어차고 있지 않다는 사실을 알아차리게 해 주었다. 어머니는 잘츠부르크의 대주교가 아니었다. 어머니의 원초적 사랑이야말로 갈맷빛 벽오동나무를 일으켜 세우는 프리메이슨적 응원가였다.

피아노와 관현악.

김현준은 물컵 웅덩이에 메아리치는 피아노와 관현악의 어깨동무를 보았다. 봉건주의와 계몽주의는 동일한 어머니의 다른 얼굴이었을 뿐이다. 서로 다른 사랑의 눈물이었다. 그 눈물에는 두 개의 냄새가 적당하게 섞여 있었다.

피아노는 더 이상 상대방의 잘못을 추궁하지 않으면서 상처를 준 이들에게도 용서를 간청하고 있다. 피아노와 관현악의 어우러짐 속에는 용서의 눈물이 가득하다. 이것은 지금 가장 뛰어난 창조적 은총의 발현으로서, 신적(神的)인 연민과 신적인 부드러움을 천천히 이끌어 내고 있다.

'이제 용서하게 하소서.'

첫 주제의 반복이 끝나면서 관현악의 폭넓은 합주가 시작된다. 깊은 웅덩이에서 피어나 숲 전체를 울리는, 좀더 두텁고 풍부한 목소리다. 피아노가 떨어뜨리는 그 눈물을 따라, 관현악은 깊은 골짜기를 만들었다. 그 자신이 깊고 어두운 골짜기로 들어간다. 관현악은 스스로 비둘기의 구슬픈 노래를 부르며, 얼굴에 하얀 거즈를 붙이고 있다. 피아노의 삶을 노래하며 그의 아픔을 함께 나눈다.

피아노는 관현악의 눈을 응시하면서 드디어 자기 이야기를 쏟아 놓는다. 이제 그의 시선은 저 멀리 과거를 향한다. 어린 시절 아버지, 어머니, 그리고 사랑하는 동생과 누이들. 행복했던 순간들, 영원히 기억하고 싶은 사람들, 그리고 가슴을 아프게 하는 사연들. 비둘기는 서서히 그리고 조심스럽게 자기 삶을 마치 실타래를 돌리면서 풀어 가듯 하나씩 풀어 낸다.

동생들과 함께 말 타기 하던 시절…… 너무나 열정적이었던 아버지의 이야기들…… 넋을 잃고 심취하던 어머니의 그 아름다운 얼굴…… 아버지를 물웅덩이에 넣고 전기 쇼크를 주던 동생…… 동생의 작은 엉덩이를 반죽으로 만들어 놓은 야구방망이…… 시냇가에 심은 나무, 그 잎사귀가 마르지 아니함 같으니…… 아침마다 나무가 되고 골짜기가 되어 노래하는 어머니…….

그 회상은 진지하고 더욱 깊어져 간다. 긴장된 얼굴이 떠오른다. 화가 머리끝까지 솟았던 김현준의 얼굴, 그리고 피범벅이 되어 나동그라진 동생……. 그 긴장된 오버랩의 한가운데 피아노가 서 있다. 피아노는 마치 해 떨어진 어둠 속에서 뒤늦게 문을 열고 방에 들어선 어린아이다. 화가 난 어머니 앞에서 아이는 울면서 말한다.

"어머니, 나는 열심히 내 삶을 살았어요. 나를 사랑해 주세요. 최고는 아니었을지라도 최선의 삶을 살았어요. 최선을 다하면서, 모든 것에 순응하는 삶을 살아왔어요."

피아노는 흐느끼면서 가장 높은 나뭇가지의 위 '솔' 까지 타고 올라간다. 천천히 올라간 그곳에서 온 우주를 향해 자신의 눈물을 분수처럼 터뜨린다. 어머니의 외로운 가슴에 머리를 묻으며 자기고백을 요약한다. 특히 가장 부드럽고 명상적인 '시 플랫'(C^b)으로, 모차르트는 어머니의 죽음(1778년 7월)과 아버지의 죽음(1787년 5월)을 영원히 자신의 가슴에 묻는다.

KV 466은 1785년 2월 아버지 죽음 2년 전에 작곡되었다. 그러나 1782년 콘스탄체 베버와의 결혼 이후 아버지와의 심리적 갈등이 더 깊어졌다. 아버지를 철저하게 실망시켰던 것이다. 좌절과 비통함에 빠졌던 아버지 레오폴드 모차르트. 그의 갑작스런 죽음에 대한 아들의 엄청난 충격과 죄책감은 특히 1788년 5월 비엔나에서 초연된 돈 조반니에서 가장 잘 나타난다. 석상(石像)이 외친다.

"뉘우쳐라. 삶을 바꾸라. 마지막 순간이다."
"아니, 난 뉘우치지 않는다. 나에게서 물러나라."
"뉘우쳐라. 악한 자여."
"못 한다. 늙은 허깨비여."
"뉘우쳐라."
"못 한다."
"하라."
"못 한다."

아버지를 계속 거부하며 아버지에게 불효막심하였던 자신을 가장 잔인하게 몰아붙이는 모차르트. 이글거리는 지옥불에 자신을 던지고 있다. 불효의 죄를 묻는 그 심판대에 김현준은 자기 자신을 올려놓고 있다.

'무엇이 나를 시 플랫의 죄인으로 만들었나?'

모차르트의 고통은 굽힐 줄 모르는 오만한 자존심 때문이었다. 때로는 원하지 않는 일을 끊임없이 해야 했던 직업적인 환멸과, 생활을 이어나가기 위한 만성적인 돈 걱정, 그리고 그를 지속적으로 괴롭히던 질병 때문이었다. 그러나 그를 가장 심하게 괴롭혔던 것은, 그의 삶과 작품의 영향력 사이, 그리고 시대적 요구와 당시대 사람들과의 관계 사이에 존재하던 모순 때문이었다. 그의 비극은 봉건적 하인으로 살면서 보상을 누렸던 하이든이나, 프랑스 대혁명 이후 몇 년 만에 독립적인 음악가이자 작곡가로 성공적 삶을 살았던 베토벤과 달리, 경제적 대가를 바라면서도 창작의 순수한 열정 때문에 결코 타협할 수 없었던 그의 비극 때문이었다.

그는 두 세계의 중간 지점에 머무르면서, 봉건적 질서에서 자유롭지도 못하고 신세계적 질서를 성취하지도 못했다. 한편으로는 낡은 사회의 일방적 강요를 신랄하게 비판하며 헛되이 침묵을 계속하는 낡은 문화를 자신의 음악으로 뒤흔들었다. 그러나 그 역시 비판 대상인 봉건세력들로부터 안정된 일자리를 끊임없이 갈망했다. 그는 개혁자였지만, 순응적인 개혁자였다.

해외입양을 강하게 성토하면서 입양되어 나가는 아이들의 에스코트를 통해 생활비를 벌어야 했던 자. 어머니를 강렬하게 성토하면서도 끊임없이 어머니의 사랑을 갈구했던 자. 여전히 부조리한 자신의 섬으로부터 탯줄을 끊어 버리지 못한 자. 그러한 모순과 갈등과 비극이 영화 〈아마데우스〉의 에필로그로 흐른다.

잔뜩 흐린 비엔나의 한 공동묘지. 벼락이 떨어지고 비바람은 몰아치는데, 잡부들에 의해 어두운 묘지 구덩이로 아무렇게나 버려지는 죄인의 시신(屍身). 그 심판은 봉황을 애면글면 기다려 온 어머니와 아버지에게 피눈물이 흐르게 한다. 그러나 모차르트가 숯불 위의 전갈처럼 몸부림하던 마지막 5년 동안, 바로 그 몸부림 속에서 인류 유산 중 가장 창조적인 작품들이 피어났다.

그는 봉건왕조의 찌그러진 투구에서 깃발처럼 우뚝 솟은 깃털. 어머니와 아버지의 피눈물을 먹고 솟아나 하늘 곧 찬란한 그 무엇을 기다리는 자.

돌발적인 만남,
끈질긴 **방향전환**

첫 주제를 반복한 후 꽝 하는 천둥소리와 함께 피아노는 벌떡 일어선다. 이대로 주저앉을 수는 없기 때문이다. 더 이상 죄인으로 머물 수는 없다. 관현악도 일어선다. 둘은 깊은 공감을 이루면서 천둥과 번개를 일으킨다. 김현준은 하늘과 땅이 만나는 새로운 개벽(開闢) 천지로 들어간다.

피아노에서 불꽃이 번쩍인다. 현을 어루만지는 솜털같이 부드러운 해머는 바윗돌을 깨뜨리는 벼락으로 변신한다. 곳곳에서 강렬한 폭발을 일으키고, 꿈을 성취하기 위해 돈키호테는 로시난테를 타고 달리는 투사가 된다.

협주곡의 2악장 형식으로는 너무나 예외적인 파워 넘치는 무대가 눈앞에 펼쳐진다. 모차르트의 역동적인 무대는 창작의 규범을 뒤흔드는 충격적인 것이다. 그 무대는 지금 새롭고 예기치 못한 요소가 돌발적이고도 편치 않은 형태로 혼합되어 있다. 그것은 모순과 갈등의 혼란스런 삶을 살았던 김현준 자신에 대한 엄청난 도전이다. 그러한 일어섬은 이전의 기계적인 삶을 해체하고 전혀 새로운 가능성을 향한 방향 전환이다.

피아노가 힘차게 리드하면서 관현악과 함께 질주한다. 하늘과 땅은 서로 불붙는다. 하나가 된다. 그들은 조화를 이루어 신명 나는 춤을 시작하고, 신들린 무당처럼 어느 누구도 막을 수 없는 황홀한 세계로 날아오른다.

삶의 고통스런 통로를 질주하며 속도가 빨라진다. 갈등과 혼란의 활주로를 달린다. 기압은 점점 낮아지고 양력이 발생한다. 삶의 비극적인 압력은 감소한다. 삶의 날개 위로 흐르는 힘을 느끼며, 피아노와 관현악은 함께 이륙하고 함께 상승한다. 함께 날아가면서 피아노가 맹렬한 기세로 질주하면 관악기가 피아노를 힘껏 따라간다.

피아노는 관현악과 환상적인 교향곡을 만들면서, 모든 비극과 모순적인 삶을 새로운 삶의 역동적인 에너지로 풀어내고 있다. 함께 달려가고, 함께 주장하고, 함께 움직이고, 함께 연약해지고, 함께 멈추고, 함께 강렬해지고, 함께 빨라졌다가 함께 느려지고, 함께 즐거워하고, 함께 흥분한다. 숙명이 있다면 그 숙명마저도 함께 나눈다. 삶의 모든 순간은 있는 그대로 기적이 되어 살아난다.

흐르는 눈물을 닦으면서 머리를 들고 두 눈을 부릅뜬 채 '즐거운 상대성'(Joyful Relativity)의 세계를 노래하기 시작하는 모차르트. 그것은 모든 형태의 추상적, 계급적, 관념적 인간이해를 반대하고, 인간의 고단한 육체를 위로하는 온전한 개벽의 노래. 피아노와 관현악의 돌발적인 만남과 이질적인 대화는 곧 삶의 질을 계속 업그레이드하려는 어머니와 아버지의 음성.

'네가 추구하는 완벽함이란 인간의 눈물과 상처를 극복하려는 관념적 규범에서 찾아지는 것이 아니다. 오히려 있는 그대로의 눈물과 상처가 우리 삶에 어떻게 다양한 의미를 던져 주는지 지속적으로 질문하며 끈질기게 물고 늘어지는 구체적인 삶에서 발견되는 것이다. 그것은 이 땅에서 이루어야 하는 균형과 조화의 삶이다. 그러한 균형과 조화의 추구는 현실이탈이 아니라 현실포용이며, 새로운 영역을 넓혀 가면서 끊임없이 인간 삶의 새로운 가능성을 엿보는 오디세이아적인 수행이다.'

균형과 조화.

김현준은 균형과 조화야말로 자신이 잃어버린 구체적 삶의 원리가 아닐까, 생각했다. 관현악과 피아노가 각자에 속한 단위의 속박에서 벗어나 서로 대화함으로써, 가장 아름다운 조화의 뮤직을 창조하고 있는 것처럼. 그것은 누구에게도 종속되지 않는 모습을 갖게 함으로써, 절대왕정의 절대주의 손아귀에서 벗어난 균형의 세계.

'균형과 조화란 지나친 결벽주의에 갇혀 너는 누구 편인가, 이편인가 저편인가, 하는 옳고 그름의 흑백나누기, 절대주의적 세계에 머무르지 않는 것이리라. 그것은 돈키호테처럼 돌발적인 만남을 기대하며, 하루의 삶을 온통 기적으로 만드는 행위. 인간의 모든 삶은 단 하나의 예외도 없이 이미 거룩하게 빚어진 기적이기에. 그러나 격렬한 감정표출로 결코 자신의 본능적 극단을 드러내지 않고 절제하는 모차르트.'

김현준은 링엔바하의 유명한 고백을 되뇐다.

"베토벤의 아주 위대한 작품들, 예컨대 환희의 송가를 포함한 제9교향곡에서도 자유로움을 느끼기 어렵다. 그것을 자유롭게 받아들이기가 어렵다. 안단테는 나를 들쑤셔 대고, 피날레에서 나는 찢겨지고, 열광 중에 음악회장을 떠나지만, 나의 기쁨 속에는 어떤 불만이 뒤섞여 있다. 마치 사람들이 내게 폭행을 가한 것 같은 느낌이 남아 있다."

자기 확신과 감정을 저돌적으로 끝까지 밀어붙이기보다, 조금 부족한 듯하지만, 적절한 균형과 조화를 이루는 일, 서로 대화하는 일이 그에게는 더없이 중요했던 것이다..

특히 세 번의 이탈리아 연주 여행 후 하이든에 심취하여 독일적인 구성에 이탈리아적인 명랑함과 다양성을 살려 작곡한 교향곡들 가운데, 새로운 작풍을 보이면서 표현적이고 선율적인 아름다움을 지닌 교향곡 29번(KV 201)이 그 대표적인 예라 할 수 있다. 4악장의 론도에는 베토벤 규모와 같은 웅장함이 살아 있다. 그러나 모차르트의 웅장함은 고유의 섬세함과 자연스러움 그리고 표현적 자유를 억압하지 않고 또 전체를 지배하지도 않는다. 모차르트의 웅장함은 각 악기 고유의 컬러와 경쾌함이 살아 있고, 스스로에게 즐거움이 있는 웅장함이다. 그것이 자신의 감정을 초월적인 것으로 둔갑시키지 않기 위해 자기 자신과 치열하게 싸우는 모차르트의 미학이었다. 그의 절제는 자기모순의 고통을 더욱 가중시켰지만, 그럼에도 끝까지 자기 삶을 절대화하지 않았다.

모차르트, 그는 가슴에 상처를 입은 자유라는 작고 연약한 새. 상처를 입었으나, 상처에 갇히지 않고, 또 그것을 어떤 절대적 틀로 만들지 않고 거기에서 벗어나, 모두가 예외 없이 더 아름답게 승화되는 삶의 영역으로 끊임없이 진입하려고 한다.

균형과 조화. 그것을 음악으로 성취하려는 즐거운 상대성의 세계. 지금 모차르트는 가장 비극적인 삶을 통하여 매우 창조적인 방법으로 극단적인 우월성이나 파괴성 그리고 대립성을 배제하려 한다.

즐거운 상대성의 세계.

피아노와 관현악이 함께 질주하는 넓은 들판에서 김현준은 새로운 가능성을 창조하는 태양의 강렬한 빛을 보았다. 그 강렬한 빛은 하늘 위에서, 아래에서, 옆에서, 그리고 안에서 대지를 힘껏 감싼다. 그러나 강렬한 태양은 결코 눈부시지 않고 대지를 시들게 하지 않으며 태워 버리지 않는다. 대지를 괴롭히지 않으며, 억압하지 않으며, 삼켜 버리지 않는다. 대지는 대지로서 존재하며 머물고 있다. 결코 하늘을 향해 거대한 혁명을 일으키지 않는다. 종종 어두움과 혼돈, 죽음과 지옥도 눈에 띄지만 한순간도 그것들이 지나치게 세력을 확장하지 않는다. 자신의 한계를 사랑하기 때문이다. 끊임없이 자신을 밖에서 바라보는 즐거운 상대성의 세계.

'인간 존재의 양면성, 즉 기쁨과 슬픔, 선과 악, 삶과 죽음이 서로를 밀어내지 않고 균형과 조화 속에 함께 머무르는 세계. 설사 두 개의 상반된 불균형과 부정이 발생할지라도, 그것들은 결국 모두를 긍정하려는 끈질긴 방향전환일 뿐. 어쩌면 균형의 절묘한 파괴를 통하여 모두가 함께 성

숙한 공존의 세계로 날아가게 된다.'

음악이 창조하는 상대성의 세계 속에서 김현준은 새로운 가능성을 알아차린다. 그동안 불균형으로만 여겨졌던 미숙함과 실수, 눈물과 상처가 모두 그 자체로 피아노가 되고 그 자체로 관현악이 되어, 지속적인 방향 전환의 긍정적 계기를 만들어 간다.

'어머니의 컵에서도 냄새가 나고, 나의 컵에서도 냄새가 난다. 어느 컵에서 냄새가 나고 어느 컵에서 냄새가 나지 않는가. 인간 자체가 냄새인 것을 알아차릴 때, 모든 냄새는 사라질 것이다. 심지어 동생의 삶에서도. 인간 모두는 적절하게 크고 작은, 서로 다른 냄새일 뿐이기 때문이다. 아, 냄새를 지워 버리려고 온통 법석을 떠는 동안, 나는 그렇게 어머니와 동생을 냄새나는 존재로 몰아붙였던 것인가. 모두가 어머니의 봉황임을 발견함으로써, 나 자신도 비로소 봉황의 삶을 살기 시작하는 것이다.'

"이 소용돌이 세상은 믿음직한 아내여서 나는 그녀를 사랑한다."

'아, 사랑스러운 인간 냄새. 모든 구린내마저 존재의 의미와 목적을 가지고 있다. 그것은 갈등의 원인이 아니라, 오히려 새로운 모드로의 전환 가능성이다. 성숙한 불균형.'

김현준은 흐르는 눈물의 의미를 처음으로 깊이 음미하였다. 우리 인간의 냄새가 진정한 신의 축복임을 알아차렸다.

'나와 다른 것들을 죄(罪)나 악(惡)으로 단정하지만 않는다면, 미(美)와 추(醜)의 단세포적인 이분법으로 획일화하지만 않는다면, 그것들은 나를 보완해 주고 나를 풍요롭게 살찌우는 영양제로 돌변할 것이다.'

순간, 모든 것이 기적으로 되살아났다. 모든 냄새나는 인간들이 신처럼 다가왔다.

'봉황이 오는 태평성대의 행복은, 이 땅에 신(神)을 불러내려 신이 걸어 다니는 새로운 시대를 만드는 것이 아니라, 사람들을 선과 악의 카테고리에 가두기보다는 이 땅의 인간들을 신처럼, 아니 신의 최고 걸작으로 뜨겁게 사랑하고, 그들을 신으로 바라볼 수 있는 눈을 회복할 때 오는 것이리라. 비록 완전해 보이지는 않지만 인간이 가지는 색다른 취미와 삶의 방식이 갖는 독특한 아름다움에 취했을 때, 우리 안에서 행복은 비로소 성취되는 것이 아니던가. 오케스트라의 가장 아름다운 조화는, 수많은 악기들이 자신의 음악을 절대화하지 않고, 자신의 한계 안에 머물면서 서로 독특한 음색을 성공적으로 드러낼 때 가능한 것이 아니던가.'

부족함을 인정함으로써 부족함이 없는 인간의 삶.

신이 태초부터 꿈꾸었던, 균형과 조화의 삶. 아버지가 자신의 체통마저 버리고, 아들과 유유상종이 되어 아들을 향해 맨발로 힘껏 뛰어나가는 것…… 합법적이고 규범적인 삶으로 세련된 상류사회의 소수 엘리트에게만 허락될 수 있었던 아버지의 감격적인 포옹을, 더러운 때와 악취 풍기는 구정물로 살아온 자에게도 허락하는 것…… 살찌고 값비싼 송아지는 응당 소수 특권층이나 귀족들만을 위하여 도살되어 왔지만, 이제 가난하고 못나고 자격 미달이라고 여겼던 아들을 위하여 동등하게 도살하는 것…… 한 방울의 물을 영원히 마르지 않게 하려면, 그것을 바다에 던져 버려라…… 그것이 삶을 영원히 마르지 않게 하는 아버지와 어머니의 지혜였다…… 자신의 비극적인 절벽 그 끄트머리에 서서, 깜깜한 바다로 떨어지는 장미꽃.

신의 사랑을 가장 많이 받은 비극적인 모차르트. 개개인의 모든 인간을 우월한 존재로 만들기 위해, 약속의 땅을 향하여 스스로 인간의 저 밑바닥을 질주하는 음악. 그 음악의 뜨거운 강물이 김현준의 상처 난 얼굴을 한 바늘씩 꿰매고 있었다. 하늘과 대지를 꿰매고 있었다.

가장 비참한 인간을 위하여 가장 아름다운 송아지를 잡는 음악. 피아노와 관현악이 놀라운 균형과 조화를 이루면서, 서로를 삼켜 버리거나 태워 버리지 않으면서. 꽝, 꽝, 꽝, 신과 인간에 대한 사랑과 존경의 불꽃놀이를 무려 열 차례나 반복한다. 검은 대지에서 불꽃의 날개를 돋아나게 하는 모차르트의 노래. 그러한 다이나믹은 바순의 지원을 받으며 최고점을 이룬다. 그 정점으로부터, 피아노와 관현악은 인간의 산마루와 골짜기를 오르락내리락 하면서 삶의 온갖 희로애락을 함께 체험한다.

거친 숨을 몰아쉬는 또 다른 세 번의 강렬한 폭발이 있은 뒤, 신비스러운 레, 파, 솔, 솔의 클라리넷과 오보에와 플루트 그리고 혼의 음성이 저 높은 벽오동나무 가지에서 '내가 다 이루었다'라고 말하듯 온 우주를 향하여 울려 퍼진다. 하늘과 땅을 감동시킨다.

피아노의 눈물이 관현악의 허리를 타고 흘러내린다. 대지를 향하는 그 신비스러운 하강은 하늘을 향하여 뜨겁게 타오르는 황혼녘 드넓은 벌판을 끌어안는 신의 축복이다.

피아노는 자신을 가두고 있던 편견의 무거움으로부터, 인간의 삶을 가두는 모든 거짓된 요소들로부터 해방된다. 피아노는 스스로 짊어지고 있던 모든 집착에서 빠져 나오고 있다. 삶의 속도는 점차 늦추어지고, 모든 시선은 조용히 물컵 속의 작은 웅덩이에 모아진다. 격정적인 폭풍우는 물러가고, 섬세한 피아니시모가 물가에 잔잔한 파문을 일으킨다. 피아노는 눈을 감는다.

'아, 너무나 풍성한 잔치였어.'

하늘 음성이 들려진 이후 피아노는 저 산 아래로 내려가야 할 때가 다가왔음을 알았다. 다시 한 번 처음 주제로 돌아가 질문한다. 그가 말하고 싶었던 그 말을 놓치지 않기 위해.

'나는 이것을 말하고 싶습니다. 사람들의 눈에 보이지도 않고 귀에도 들리지 않았던 우주의 소리가, 이제 풍성한 환상으로 살아납니다. 나는 그 환상을 손으로 만지기 위해 때로는 격정적으로 때로는 말할 수 없는 독선으로 살았습니다. 그러나 이제 첫 새벽 이래로 불었던 모든 바람과 물결 그리고 인간 삶의 와글거림과 마주하면서, 나는 결코 외면하지 않습니다. 시나브로 그 와글거림 속에서 펼쳐지는 안단테의 슬픔을 어머니와 아버지의 시로 바꾸었습니다. 나 자신의 드라마로 만들었습니다.'

오보에가 리드하는 관현악이 황홀하면서도 명상적인 선율을 만들더니 결론부가 시작되고 온 바다를 소리 없이 뒤덮는 물결이 된다. 어머니의 성소에 드디어 주인이 돌아왔음을 알린다. 온 대지는 잠잠해진다. 피아노는 천하를 바라보면서, 자신의 숨소리를 느끼며 들숨과 날숨을 조용히 고르고 있다.

피아노는 꺼져 가는 마지막 숨결 속에서, 인간 생명의 지극히 고귀함을 뜨겁게 노래한다. 꺼질 듯 말 듯한 피아노의 마지막 마무리는 아직도 불꽃으로 타고 있는 모차르트의 내면성과 긴박성마저 느끼게 한다. 피아노와 관현악은 자신의 삶을 용서하면서 삶의 환희를 노래한다.

'삶은 너무나 아름답고 진지한 것이다. 삶은 과연 최선을 다할 가치가 있는 것이다. 삶은 가장 아름답고 가장 거룩한 신적 기회요 신적 축복이다. 그렇게 사는 인간이라야 신의 아름다운 부르심에 응답할 수 있다.'

피아노는 하늘을 바라보며 조용히 눈을 감는다. 가슴에 남았던 마지막 불꽃을 조용히 거두어들인다. 움켜쥐었던 그의 손가락 다섯 개는 도, 미, 솔, 미, 도로 나지막하게 황금 화음을 속삭이면서 바람이 된다. 그는 누구에게도 붙잡히지 않는 불타는 새가 된다. 그는 황금옷을 벗고 영원한 대지의 아들이 된다. 대지에는 하늘과 바람과 새와 사람이 있다. 손가락을 펼쳐 바람이 됨으로 삶의 가장 마지막 순간까지 하늘나라의 아름다운 추억이 된다. 대지는 언제나 새로운 시작을 출발하는 장소다.

온갖 상처와 냄새를 끓어 안고, 만남과 대화의 세상에 뛰어듦으로써 피아노의 삶은 처음부터 사랑이었고 축복이었다. 인간은 더할 나위 없는 신의 축복이다.

피아노는 이렇게 자기 삶을 노래하였다. 다른 사람과 자신을 용서하면서, 최선을 다하여, 아름답게 살아왔던 삶.

타박네야

“오빠, 이제 좀 괜찮아? 식구들이 오빠 기다리고 있어.”

가만히 얼굴을 내려다보던 여동생 김현주가 눈물을 글썽거리며 김현준을 깨웠다. 턱이 앞으로 심하게 융기하여, 말이 영 서툰 여동생이 김현준을 데리러 온 것이다. 김현준은 여동생이 시집을 가서 남매 둘을 낳고 그런대로 행복하게 살고 있는 줄 알았는데, 남편이 수시로 구타하고 며칠씩 외박을 한다고 했다. 지난해 여름 김현주가 입원했다고 연락이 와서 갔을 때, 얼굴에 시퍼런 멍이 들어 있었고 허벅지에 파이프로 맞은 자국이 있었다. 김현준의 가슴은 찢어졌다.

김현주는 원래 데생긴 인물이 아니었다. 식구들 가운데 가장 영민하였다. 나이에 비해 조숙하기도 해서 아버지는 물론 동네 어른들에게도 귀여움을 받았다.

'비행장에서 저 지경만 되지 않았어도, 그렇게 어린 나이에 그 불한당 같은 놈에게 시집을 보내지는 않았을 것인데.'

갑작스럽게 중매가 들어와 만난 신랑은 성깔 사나운 백수였다. 장로 아들로서 신앙이 좋다는 말에 감쪽같이 속아, 어머니는 밥상에서 숟가락 하나 던다고 작수성례(酌水成禮)하듯이 쉽게 허락해 버렸다.

그 여동생을 김현준은 가족 중에서 가장 사랑하였다. 김현주 역시 김현준을 가장 따르고 좋아했다. 장례식장에서 김현준이 상처를 입었을 때, 고함을 치며 가장 서럽게 울었던 식구는 아내도 아니고 바로 이 여동생이었다. 김현석을 발로 차고 김현준을 끄집어 낸 식구가 바로 이 여동생이었다. 식구들이 벌써 아침 식사를 마치고, 어머니의 입관(入棺)을 준비하고 있다면서 얼른 가야 한다고 했다.

끈적거리는 눈물과 콧물을 얼른 닦아 버리고, 김현준은 일어섰다. 여동생이 손을 내밀었다. 김현준은 그 손을 잡고 응급실 문을 나섰다. 여동생은 김현준의 손을 힘 있게 붙잡았다. 그것은 아주 익숙한 과거 어느 시절의 행동이었다.

김현준은 언제든 밖에서 집으로 돌아올 때면 여동생의 손을 잡았다. 가족의 아픈 상처와 고통을 고스란히 짊어지고 살아가는 동생이었기에, 그 어설픈 행동이나 공허한 눈동자를 볼 때마다 마치 자신의 원죄(原罪)를 목도하듯 가슴이 저렸다. 그래서 늘 손을 어루만져 주면서, 삶의 저 밑바닥에서 웅크리며 통곡하고 있을 무의식 세계를 위로해 주고 싶었다. 그 깊은 세계와 만나 진실된 무언의 대화를 나누는 친구가 되고 싶었다. 일정 부분 단절된 삶을 살아가야 하는 공백을 자신이 조금이라도 채워 주고 싶었다.

김현주는 손을 잡고 손가락을 만져 줄 때 가장 행복한 표정을 지었다. 자신의 모든 불행을 잊는 잠깐의 나들이를 했다. 단지 손가락의 만짐이었지만, 김현주는 오빠가 자신을 얼마나 사랑하는지 확인하면서(또 그렇게 늘 확인하고 싶어 했다) 안심하는 것 같았다. 그때마다 적어도 한 시간 정도는 기뻐 어쩔 줄 몰랐다.

그런데 어느 순간부터 여동생이 먼저 김현준의 손을 잡기 시작했다. 김현준의 얼굴에 어두운 내색이 있거나, 직장에서 안 좋은 일이 있다 싶으면, 여동생은 으레 먼저 손을 잡고 쓰다듬어 주었다. 김현준은 그 손길을 단 한 번도 뿌리치지 않았다. 거짓 없는 포근함이 느껴졌기 때문이다.

김현준은 여동생의 손을 잡을 때마다, 종종 두 세계의 만남을 체험했다. 불가능이 가능해지는 여백을 보았다. 가장 고통스러운 자리에 있으면서, 오히려 가장 완벽해 보이는 사람을 위로하는 것…… 아무것도 가진 것이 없으면서, 너무나 많이 가진 사람의 아픔을 포용하는 것…… 가장 무식하고 어눌하면서, 온통 유식하고 세련된 사람의 고민을 풀어 주는 것…… 사회의 가장 변두리에 있는 가장 소외되고 주목받지 못하는 자로서, 중앙에서 집중적인 조명을 받으면서 두려움의 삶을 사는 자를 평안하게 해 주는 것. 지금도 여전히 그 세계의 체험은 연장되고 있었다. 어찌 보면 최고 학벌을 가진 자신과, 초등학교 졸업에 정신이상증세를 가진 여동생 사이에는 핏줄 이외에 더 얽힐 것이 없어 보였다. 그러나 김현준의 외로움과 고통은 정신이상을 앓고 있는 여동생에게서 가장 큰 위로와 평안을 찾았고, 가족 중 그 누구에게서도 찾지 못하는 동질감과 연대감을 발견했다.

김현주는 종종 비행장 사건을 환영(幻影)으로 체험했다. 대형 화물차나 유조차가 지나가면, 무섭다고 벌벌 떨었다. 그리고 뻥튀기 할아버지가 뻥이요, 할 때마다 아이들이 안절부절못하듯이, 귀를 틀어막고 어디 숨을 데가 없는지 정신없이 헤맸다. 비행기 타이어가 터지면서 입었던 엄청난 상처가 정신적·육체적 쇼크로 지속되고 있는 것이다.

혼자 있을 때 특히 자주 흐느꼈고, 턱이 심하게 융기한 모습을 보면서, 더 이상 살고 싶지 않다는 말도 곧잘 했다. 더욱이 식구들에게 전혀 도움을 줄 수 없는 무가치한 존재라고 늘 비관하며 만사를 귀찮아했다. 어떤 때는 몇 끼를 먹지 않고 골방에서 나오지 않을 때도 있었다. 그때마다 어머니 이순애는 딸과 원색적인 실랑이를 벌였다. 이순애는 몸이 정상이 아닌 딸을 가련히 여기면서도 대단히 부담스러워했다. 그래서 얼굴을 다친 이후로 김현주는 어머니의 영역으로부터 급속도로 멀어져 갔다.

김현준은 여동생이 집 안에서 너무 적적하게 지내는 것 같아, 가요 테이프 몇 개를 사다 주었다. 당시 유행하던 나훈아의 〈최진사댁 셋째딸〉이나 이은하의 〈아직도 그대는 내 사랑〉 같은 가요와, 〈쾌지나칭칭나네〉나 〈도라지타령〉 같은 민요가 대부분이었다. 그런데 여동생은 멜로디가 밝고 흥겨운 노래는 별로 흥미 없어 하고, 평안도 민요 〈배따라기〉라든가 강원도 민요 〈한오백년〉 같은 분위기가 좀 내려앉은 처량한 노래를 반복해서 들고는 했다. 김현준이 밝고 유쾌한 노래를 들으라고 여러 번 말해도, 여동생은 여전히 본인에게 끌리는 몇 개의 노래만 계속 들었다.

김현준은 여동생이 자주 듣던 민요를 기억했다. 함경도 민요 〈타박네야〉였다. 멜로디가 너무 청승 맞은 게 아닌가 생각했는데, 노래 가사를 음미하면서 아차 싶었다. 그런데 희한하게도 여동생은 그 청승맞은 노래를 너무 좋아하는 게 아닌가. 마치 가장 애처롭고 서글픈 노래를 가장 유쾌하고 기분 좋게 즐기는 듯했다.

김현주는 처량한 가사를 들으면서 자신을 그 속에 대입하고, 그래서 조금이나마 자신의 상처를 감싸고 치유하는 채널을 스스로 발견한 것이었다.

타박네야 타박네야 너 어드메 울고 가니?
우리 엄마 무덤가에 젖 먹으러 찾아간다
물이 깊어 못 간단다
물이 깊으면 헤엄쳐 가지
산이 높아 못 간단다
산 높으면 기어가지
명태 주랴? 명태 싫다
가지 주랴? 가지 싫다
우리 엄마 젖을 다오, 우리 엄마 젖을 다오
우리 엄마 무덤가에 기어기어 와서 보니
빛깔 곱고 탐스러운 개똥참외 열렸기에

두 손으로 따서 물고 정신없이 먹어 보니

우리 엄마 살아생전 내게 주던 젖 맛일세

이 민요를 좋아하게 된 이유가 궁금해 물어보면 그냥 좋다고만 했다. 그래도 좋아하는 이유가 있지 않느냐며 계속 물었더니, 개똥참외 때문에 좋다고 했다.

개똥참외.

남매는 잊을 수 없는 아름다운 추억을 간직하고 있었다. 유등천에 수영하러 가고 오면서 종종 길가의 푸서리 속에서 개똥참외를 따먹었는데, 김현준은 여동생을 여러 차례 골탕 먹였다. 냇가에서 수영을 하고 난 뒤에 찾아낸 두어 개의 개똥참외는 크기가 갓난아이 주먹만 했지만 엄청나게 달았다. 그래서 어떻게 해서든지 동생의 것을 빼앗아 먹고 싶었다.

"이 참외는 개똥을 먹고 자라서 개똥참외야. 속에 제일 단 거 있지? 그거는 달기는 하지만 강아지 설사 똥이 들어가서 그렇게 묽어진 거야."

그러면 여동생은 항상 똑같은 반응을 했다.

"정말? 그럼 난 싫어. 오빠나 먹어."

"사람이 참외를 먹고 싼 똥을 개가 먹고, 개가 싼 똥에 있던 참외 씨가 자랐기 때문에 개똥참외가 된 거야."

김현준이 그렇게 겁을 주면, 영락없이 여동생은 먹지 않았다. 그때마다 참외는 영락없이 김현준의 몫이었다.

'개똥참외. 왜 그 단어가 여동생의 마음을 그렇게 사로잡았을까?'

민요를 들으면서 김현주는 오빠와의 아름다웠던 어린 시절을 그리워했다. 그것은 오빠에게 참외를 다 빼앗긴 불쾌한 추억이 아니었다. 오빠가 개똥참외를 너무 먹고 싶어 해서 오빠의 거짓말에 적당히 속아 준 것을 유쾌하게 기억하고 있었다.

그러나 김현준은 여동생의 개똥참외가 단순한 추억 이상의 그 어떤 의미로 받아들여졌다.

개똥참외.

사람이 농사를 지은 것이 아니라, 길이나 들판과 같이 아무 데에서나 저절로 자란 야생 참외. 그것은 주인 없는 참외다. 늦도록 임자를 기다린다. 잎을 틔운들 기뻐하는 이도 없다. 꽃을 피운들 기뻐하는 이도 없다. 열매를 맺고 향기를 뿜은들 누구도 알아주지 않는다. 자라야 할 곳이 아닌 거친 들에서 여느 잡풀과 함께 그렇게 살아가기 때문이다. 그러한 태생적 운명에 개똥참외의 비극이 스며 있다.

대가족의 분주한 일상생활 속에서 고아처럼 황량하게 버려져 늘 자신만의 내면의 세계에 갇혀 살 수밖에 없는 외로움, 그리고 관계 맺지 못하는 두려움 때문에, 김현주의 삶은 허공에 매달려 있었다. 자신의 삶에 특별히 관심을 갖거나 알아주는 주인이 없는 야생 참외의 삶이었다. 비바람이 몰아치고 폭풍이 불어와 집채만 한 파도가 온 하늘을 덮어도, 어느 누구로부터도 도움의 손길을 받을 수 없는 허공에 매달려 있다는 불안감.

사방으로 단절되어 언제 그 넘실대는 파도의 혀끝에 먹혀 버릴지 모른다는 두려움과 공포 때문에, 거품이 이는 그 캄캄한 바닷가에 쪼그리고 앉아 흐느껴 우는 소녀…… 그 두려움 속에서 언젠가는 자신을 구하러 달려오는 흑기사가 나타날 것이라는 그 막연한 그리움이 육신에 가득 차서, 삶 전체가 모두 그리움의 눈물이 되어 자기 영혼을 고통스럽게 삼켜 버리는 소녀…… 잡풀처럼 버려진 육신을 끌어안고 무가치하게 버려진 자존심을 강아지 달래듯 달래면서, 깜깜한 바다 매섭게 몰아치는 폭풍의 한가운데에서 부글거리는 마음을 온통 땅으로 쏟아 버리는 소녀…… 좌절이라는 검은 파도 속에 영원히 좌초되어 물결 따라 이리저리 흔들리며 휩쓸리는 나뭇가지처럼, 삶의 고귀함과 생명을 잃어버린 자기 육체를 바라보며 더 이상 참지 못하고 흐느껴 우는 소녀…… 혼돈이라는 제방에 웅크리고 앉아 운명의 파도로 온몸을 적시며, 이따금 물 위에 떠오르는 죽은 생선이나 건져 먹는 축축해진 영혼…… 유등천의 검은 웅덩이에 자신의 긴 머리카락을 담그며 그 비릿한 물비린내를 머릿기름처럼 바르고 다니면서, 검은 물결 위에서 피어난 장미를 귀에다 꽂고 늘 자기 곁에 선 죽음을 바라보고 있는 자…… 개똥참외처럼 그렇게 자기만의 우주 속에서 수시로 벼랑 끝의 외로움과 공포의 사선을 넘나들며, 모진 운명과 힘들게 투쟁하고 있는 기구한 타박네.

차크라

입관은 9시 정각에 시작되었다. 가족들은 이미 1층 현관 쪽으로 딸려 있는 염습실(殮襲室)에 모여 수런거리고 있었다. 대부분 긴장된 얼굴을 하고 있었는데, 김현준이 들어서자 상처는 좀 어떠냐는 듯 간단히 눈짓으로 인사했다. 유리창 밖에는 향나무며, 오동나무로 만들어진 관들이 가격표를 붙인 채 겹겹이 쌓여 있었다.

삼가 고인의 명복을 빕니다, 라는 인사말로 시작한 장례 지도사 최 씨는, 병원 장례식장의 방침이나 특징 그리고 가정의례준칙의 준수를 다짐하는 이야기를 설명한 뒤, 진행될 입관절차를 자세히 소개해 주었다. 김현준과 김현석은 최 씨의 지시대로 드라이아이스 박스에서 어머니 시신을 꺼냈다. 소독 냄새와 섞인 엄청난 냉기가 시신과 함께 나오면서 하얀 연기바람을 일으키며 김현준의 가슴을 뚫고 들어왔다. 가슴속 허파꽈리가 연기로 가득 차서 질식할 것만 같았다. 순간 어머니의 마지막 절규가 김현준의 시야를 까맣게 가리더니, 호스피스에서 맡았던 어머니의 진한 체취가 김현준의 온몸으로 퍼져 갔다. 김현준은 정신이 아찔하여 바닥에 쓰러졌다.

하얀 연기가 김현준의 위장을 역류하는 듯했다. 강물처럼 눈물 흐르는 그 차가운 바닥에서 김현준은 차마 일어설 수가 없었다. 아니 어머니를 보낼 수가 없었다. 어머니의 마음을 제대로 헤아리지 못했던 자신을 내려다보며, 김현준은 차가운 바닥에서 그대로 얼어붙고 싶었다. 영원히 일어설 수 없는 그 땅바닥이기를 소원했다. 그곳이 차라리 어머니와 함께할 수 있는 냉동고, 그 깊은 웅덩이가 아닌 것이 한스러웠다.

"어머니, 뭐라고 한 말씀이라도 해 주세요. 그렇게 해 주세요."

사람들은 김현준의 통곡하는 모습을 보고 웅성거렸다. 한동안 일행은 주춤했다. 그러나 최 씨는 김현준을 일으키며 더 이상 지체할 수 없다고, 여기서 이러면 안 된다고 했다. 김현석은 운구용 침대의 손잡이를 잡고 방향을 돌려 시신을 염습실로 밀고 갔다.

최 씨는 김현준의 반응을 살피면서 시신을 시상(屍床)에 올려놓았다. 시상 옆에는 이미 오동나무관이 마련되어 있었고, 그 앞쪽에는 수의(壽衣)와 목욕 및 반함(飯含)할 기구들이 놓여 있었다. 김현준은 살아 있는 어른을 편안히 잠자리에 모시는 침구 세트 같다는 느낌이 들며 마음이 좀 진정되었다. 그리고 눈앞에 펼쳐져 있는 수의 세트를 바라보면서 그것들이 삶과 죽음을 하나로 묶고 있음을 보았다. 마치 계집아이가 편안하게 인형에 옷을 입히고 화장을 해 주고 등에 업어 주듯이.

염습실은 7평 남짓한 크기로, 가족과 친척들로 이미 발붙일 틈도 없었다. 오 목사의 집례로 간단히 입관예배를 했다. 식구들은 간혹 시신을 어루만지며 흐느꼈다.

최 씨는 다양한 용도를 위한 여러 가지 염습 기구들을 미리 꼼꼼히 준비해 놓았다. 먼저 시상 위에 올려진 시신을 목욕시키는데, 물에 향나무를 넣어 만든 향물을 솜에 찍어 정성껏 씻었다. 알코올 냄새도 나는 듯했다. 발부터 거슬러 올라가며 배, 상체, 팔, 손 순서로 닦았다. 얼굴은 수의를 입힌 후 제일 나중에 씻었다.

어머니는 고요히 정지된 몸이었다. 아무것도 하지 않는 몸이다. 죽은 몸.

'죽음, 그것은 무엇인가.'

김현준은 다시 죽음의 서글픈 얼굴을 바라보았다.

'죽음이란, 들숨과 날숨이 중단되고, 심장의 작동이 멈추며, 뇌의 기능이 정지된 상태를 말하는 것이 아닌가. 그것은 결국 모든 세포와 조직이 중지하여 생명을 잃어버리거나 인간 조건과 관련된 모든 기관의 활동이 종결되어서, 생물학적 기능이 완전하게 정지된 상태를 가리킨다.'

김현준은 어머니의 몸을 바라보면서, 죽음이 단절이라고 믿고 살도록 훈련된 우리에게 죽음이야말로 엄청난 두려움과 공포의 대상임을 깊이 깨달았다.

'왜 그것이 두려움일까. 어머니의 죽음을 두려워하는 이유는 단지 생

명이 중단된 사실 그 자체 때문인가, 아니면 어머니와의 해결되지 못한
관계 때문인가.'

새의 날개, 짐승의 몸, 여자의 가슴과 목과 얼굴을 가진 스핑크스는 피
티온 산의 신전 기둥 위에 홰를 틀고 앉아 테바이 땅에 전염병을 돌게 했
다. 그리고 누구든지 와서 자기가 낸 수수께끼를 풀어야 전염병을 거두
겠다고 했다.

**"자, 이것이 무엇이냐. 땅 위에 네 발로 걷는 것이 있다. 그리고
이름이 같은데 두 발로 걷는 것이 있다. 자, 그 이름이 무엇이
냐. 이름이 같은데 세 발로 걷는다. 무엇이냐."**

밑도 끝도 없는 질문에 오이디푸스는, 뭐 이렇게 쉬운 질문을 알아맞히
지 못하나, 의아하게 생각하면서, '인간'이라고 간단히 대답했다. 말이 끝
나기가 무섭게 스핑크스는 거꾸로 떨어져 죽었고 문제는 해결되었다.

인간. 그것을 발견하는 것이 죽음에 대한 사람들의 두려움과 공포를 극
복하는 방법이 아닐까, 김현준은 생각했다.

어머니의 시신은 의외였다. 하얀 시트 아래에서 일상복을 모두 벗고 편
안하게 누워 있는 어머니의 알몸은 여전히 오롯해 보였다. 눈은 지퍼로 채
운 것처럼 일자(一字)로 깊어졌지만, 여전히 사랑스런 여자의 몸이었다. 전
혀 흉측하거나 꺼림칙하지 않았다. 어머니라서 그렇기보다는 인간의 모
든 육신이 그렇게 사랑스럽다는 생각이 들었다. 처음 보게 된 어머니의 음
부에도 여전히 생명의 물이 질펀하게 흐르는 에덴동산의 왕성한 기운이
머물고 있었다.

순간 김현준은 형제자매가 솟아 나온 대지의 한 중심 곧 '차크라'를 보았다. 그 대지의 가슴으로부터 온갖 새로운 생명들이 형성되었고, 그 가슴은 풍요롭게 자식들의 대지를 섬기는 종으로 열심히 살다가, 원래의 대지로 다시 돌아가는 신비와 역설의 대순환.

그 몸은 관 속에 들어가 나일강에 던져진 오시리스의 주검이다. 오시리스는 나일강에 연례적인 범람을 일으켜 수많은 대지의 자식들이 한 해 농사를 넉넉히 지을 수 있는 비옥한 대지가 되었다. 자기 몸을 썩힘으로써 다른 몸을 먹여 살리는 그 죽음과 재생의 신비.

어머니는 나일강의 무성한 풀숲에서 호루스를 낳고 그 호루스에게 나일강의 젖을 먹인 이시스의 가슴이다. 그 몸은 존재하는 온 우주 만물 가운데 가장 으뜸가는 존재 브라만이다. 온 우주의 생명 계시가 고스란히 담겨 있는 신성한 약도(略圖)다.

순간 어머니는 몸을 일으켜 나일강으로 들어간다. 무성한 풀숲에서 어머니의 범람이 시작된다.

"몸에 흙이 떨어진다. 나는 땅으로 들어간다. 조용하고 편안한 구덩이를 통과하여, 나는 강물이 흐르는 그곳에 도착한다. 강물이 되어 흐른다. 나는 아주 먼 길을 여행한다. 땅 속에서 밖으로 점점 솟아오른다. 실을 따라 오른다. 실을 따라 남쪽으로 이어지는 실을 따라 오른다. 한 실을 다 오르면, 다시 다른 실을 따라 오른다.
신의 집으로 들어간다. 아주 작은 몸으로 기다린다. 우리를 기다린다. 우리 모두를 기다린다.
온다. 또 온다. 그리고 나는 다시 내 몸으로 들어간다. 나는 땅으로 들어간다. 내 몸으로 들어갔다가 다시 또 땅으로 들어간다. 내 몸으로 들어간다. 모두는 우리다. 우리는 나다."

3 생명과 죽음의 소용돌이, 돈 조반니

모차르트는 빛과 어두움, 기쁨과 슬픔, 생명과 죽음의 양면 모두를 끊임없이 들게 한다. 한스 큉

백로의 얼굴

유등천의 검은 웅덩이에 허리가 반쯤 파묻힌 어린아이가 붉은 피를 흘리며 신음하고 있다. 붉게 물들어 버린 유등천 수면에 시신 냉동고에서 피어난 드라이아이스가 안개처럼 덮여 더욱 외롭고 무섭다. 그 위에는 백로가 어린아이를 낚아채려 날카로운 부리를 흔들며 물 위를 낮게 선회하고 있다. 버덩에는 애벌레처럼 긴 얼굴을 가진 김현석이 개똥참외를 먹으며 비웃고 있다. 개똥참외를 빼앗긴 한 아이는 차가운 냉동고에 갇혀 울고 있다.

"어머니, 누군가 내 목을 조르고 있어요. 그리고 벌레처럼 생긴 백로가 내 개똥참외를 빼앗고 나를 낚아채려고 위협하고 있어요. 제발 나를 건져 주세요.”

어린아이는 아무 표정이 없는 어머니의 발목을 붙들고 눈물을 흘리고 있다. 가슴이 메마른 어머니는 계속 떠나려 한다.

“안 돼요, 가지 마세요.”

“더러운 손으로 나를 만지지 마라.”

“나는 가장 깨끗한 사람이에요.”

“너는 전신이 다 더러워.”

“이런, 온몸에서 개똥냄새가 나네. 저 녀석이 내 몸에 개똥을 칠했어요.”

“어느 누구도 다른 사람에게 개똥을 칠할 수 없어.”

“날 닦아 줘요. 어머니의 젖으로 깨끗하게 씻어 줘요. 저 녀석을 시켜서 하얀 완장을 보내 주세요. 저놈이 나를 이렇게 만들어 놓았으니까요.”

“너는 여전히 네 동생을 하찮게 생각하는구나.”

어머니는 발끝에 매달린 아이를 뿌리치려 한다.

“안 돼요.”

“너 자신을 알 때까지 들어가 씻어라.”

“싫어요. 꺽다리가 죽었어요.”

“더 깊은 데로 들어가.”

“안 돼요. 악ㅡ.”

“다시 들어가, 냄새가 사라질 때까지 네 몸을 닦아라.”

“왜 이러세요. 어푸.”

김현준은 비명을 지르며 지옥불로 떨어지는 돈 조반니를 다시 보았다.

뱀의 혓바닥처럼 날름거리는 뜨거운 불길이 유등천 웅덩이에서 자신의 몸을 반쯤 물어뜯고 있었다. 허리에서 쏟아지는 피가 홍수를 이루었다. 뜨거운 불길이 몸에 닿을 때마다 컨베이어 벨트에 몸이 빨려 들어가는 듯한 고통이 수없이 반복되었다.

엄숙한 어머니의 석상(石像)이 외쳤다. 그 석상은 백로의 얼굴을 하고 있었다.

"뉘우쳐라."

"안 돼요."

"뉘우쳐라."

"못 해요."

고집스럽게 거부하는 아이였지만, 그의 입에서 어느덧 용서를 비는 울음소리가 새어 나왔다.

"안 그럴게요."

"네가 스스로 네 매듭을 잘라야 해."

"어머니, 도대체 몇 번이나 더 들어가야 해요."

"유등천으로 다시 들어가 씻어라. 일곱 번을 더 들어가 몸을 담가라."

"저 녀석이 들어가야 해요. 으아악!"

으아악, 소리를 지르며 김현준이 깨어난 것은 새벽 3시였다. 아직도 흥분이 가시지 않아 식은땀이 온몸에 흥건했다. 온몸이 떨려 왔다. 마치 개똥이 묻어 있는 것처럼 추위 속에서도 온몸이 끈적거렸다. 강물에 빠져 허우적거리던 익사 직전의 애절한 몸부림이 아직도 강하게 느껴졌다.

꿈에서 떠나가는 어머니는 김현준을 웅덩이로 계속 몰아넣고 있었다. 김현준은 백로의 날카로운 발톱으로 호되게 쪼아 대는 순간이 너무 아찔했다. 그리고 뱀의 혀 같은 뜨거운 불길을 생각하며 치를 떨었다.

발인까지는 아직 몇 시간 남았다. 식구들은 모여 앉아 이야기를 하고 있었고, 서우림과 몇몇 친척들은 음식과 그릇 등을 정리하고 있었다. 발인 한 시간 전까지는 식사를 모두 끝내고 장례식장을 비워 주기로 했기 때문이다. 아침 식사 후 발인예배를 마치자마자 곧장 떠나기로 했다. 장지(葬地)까지 네 시간이나 걸린다고 했다. 김현준이 일어난 것을 보고, 큰누이는 얼굴 상처가 어떠냐고 물으며 좀더 누우라고 했다. 김현석은 형을 힐끗 보더니, 직장 동료들과 함께 구석에서 이야기를 계속했다. 직장 문제 같았다.

김현준은 머리가 어지러웠다. 한 시간 동안 눈을 붙였는데, 몸이 무겁고 피곤했다. 뜨거운 물에 몸을 담그고 한숨 푹 잤으면 좋겠다고 생각했다. 다시 누웠다. 김현준은 부대의 연병장을 뛰고 있었다.

죽음에
이르는 **병**

뜨거운 땀이 온몸에서 뚝뚝 떨어졌다. 목욕은 물론 샤워도 마음대로 할 수 없었다. 모든 것이 통제되고 제한되었다. 연병장을 달리면서 몸은 무겁고 지쳤다. 어머니의 권고에 따라 김현준은 군에 입대했다. 어머니는, 남에게 애매한 매를 두들겨 맞고 땀과 눈물을 흘리면서 아버지의 아들이 되라는 알쏭달쏭한 말을 했다. 어머니를 떠나 흙을 만지고 이슬을 맞으며 자신을 그곳에 던져 시험하라고 했다. 김현준은 이해할 수 없었다. 남들은 군대에 안 보내려고 애를 쓰는데, 어머니는 못 보내서 안달하는 것 같았다.

훈련상사들은 눈 하나 깜짝하지 않고 웃으면서 훈련생들을 족쳤다. 몸이 완전 녹초가 되는 것은 둘째치고, 도저히 참을 수 없는 모욕을 받는 것이 한두 번이 아니었다. 일주일이 채 안 되었는데도 벌써 10여 명의 후보생들이 포기하고 훈련소를 나갔다. 조교들은 일부러 더 약을 올리는 듯했다. 후보생들이 가장 수치스러워할 부분을 찾아서 인격적인 모욕을 주었다. 참다못한 후보생들은 철모와 훈련용 나무 총검을 땅에다 매 꽂고서 발악을 하며 조교들에게 달려들었다. 그러면 조교들은 벌떼같이 달려들어 두들겨 팼다.

참아야 했다. 기다려야 했다. 아침부터 저녁까지 몸을 맡겨야 했다. 몸이 내 몸이 아니라고 생각해야 했다. 하루의 절반은 그렇게 연병장과 산골짜기와 유격장에서 땅과 함께 보냈다. 온몸을 땅에 적응시키는 시간들이었다. 땅을 배워 가는 시간이었다.

일주일이 되던 날 저녁, 김현준은 고비를 맞았다. 식사를 마치고 내무반에서 쉬던 후보생들은 분위기가 좀 심상치 않음을 알았다. 그날따라 구대장들이 고함을 치고 왔다 갔다 하면서 분위기를 살벌하게 만들었다. 무슨 일 나겠구나 싶어 후보생들은 행동을 조심했다. 청소를 마치고 야간 점호가 시작되었다. 반장 후보생의 총원 30명, 하는 보고가 시작되기가 무섭게 투다닥 투다닥 타작소리가 나기 시작했다. 그리고 후드득 마룻바닥으로 후보생들이 나가 떨어지는 것 같았다. 마룻바닥을 뛰어다니는 군화소리로 어수선하더니, 곧 김현준의 내무반으로 중대장과 구대장들이 몰려왔다.

첫 후보생부터 타작이 시작되었다. 침구가 왜 이 모양이야, 비누가 왜 이렇게 더러워, 옷걸이는 왜 일치가 되어 있지 않지. 그 벼락같은 고함이 떨어지기가 무섭게, 첫 후보생이 배를 움켜쥐고 퍽, 하더니 마룻바닥에

나가 떨어졌다. 둘째 후보생은 바지가 구겨졌다고 또 당했다. 셋째 후보생은 코가 왜 그렇게 완만하고 성의 없이 생겼냐는 이유로 두 어깨를 주먹으로 맞았다. 어깨를 움츠리며 침상으로 나가 떨어졌다.

김현준 앞에 서 있던 친구가 걸려들었다. 서 있는 자세가 군인답지 않다면서, 엄청난 욕설과 함께 물구나무서기를 해 놓고 옆에서 몸으로 누르고 있었다. 그러자 무게를 감당하지 못하고 옆으로 넘어졌다. 다시 일어나다가 사물함 모서리에 쿵, 하고 코를 찧었다. 코피가 주르르 흘렀다. 김현준은 순간 눈이 뒤집혔다. 피가 거꾸로 흐르는 듯했다. 자신도 모르게 침상에서 몸을 날려, 앞 침상에 수그리고 있던 구대장의 허리를 덮쳤다. 구대장이 마룻바닥으로 나동그라졌다. 구대장은 일어나 씩씩거리더니 김현준을 사정없이 구타했다. 난리가 났다. 부대가 발칵 뒤집혔다. 후보생이 구대장을 구타했다는 것이다. 김현준은 사무실로 끌려갔다. 이 고빗사위를 넘기지 못하고, 이제 나도 끝났구나, 생각했다. 담임 구대장에게 호된 기압을 받았다.

"각오해, 임마. 어떻게 군대에서 지휘관을 칠 수 있어. 전시 같으면 현장 사살 감이야."

박 중위는 두 시간을 세워 놓고 얼굴을 맞대며 침이 다 튀도록 달달 볶았다. 김현준의 오장육부를 완전히 뒤집어 놓았다. 누군가 김현준의 물건들을 더블백에다 쑤셔 넣는 것 같았다.

그동안의 모든 피곤이 몰려왔다. 너무나 고달프고 힘들었다. 김현준은 포기했다. 더 이상 버틸 힘도 없었다. 완전히 생사의 갈림길에 서 있었다. 아니 저승길을 헤매고 있었다. 아버지가 그리웠다. 아버지가 생각나서 울었다. 완전무장하고 연병장을 열 바퀴 돌았다. 땀이 소나기 오듯 했다. 가슴에서 목에서 눈에서 강물이 흘렀다. 강물처럼 소리 내어 울었다.

김현준은 푸른 제복을 입고 소위로 임관하는 자신의 모습을 유심히 바라보았다. 그동안의 힘들고 서러웠던 일들과 어머니의 말이 눈앞에 파노라마처럼 펼쳐졌다. 눈물이 왈칵 쏟아졌다. 혹독하게 훈련받던 지난 6개월의 시간은 아버지를 발견하는 긴 과정이었던 것이다.

아버지를 닮는 길은 아버지의 모습을 머릿속에 집어넣고 지내는 것이 아니었다. 아버지의 뜻을 입으로 열심히 외운다고 되는 일도 아니었다. 아버지의 아들이라고 선언하는 것을 의미하지 않았다.

김현준은 자신을 아버지의 자리에 올려놓고 아버지와 동일시하면서, 아버지의 말씀대로 땀을 흘리며 사랑으로 행동하기보다는, 다른 식구들을 아버지의 자식들이 못 된다고 솎아 내는 특이한 자식이었다. 스스로 아버지의 선택된 자식이 되어, 아버지를 자기 혼자만 독차지할 수 있다는 엄청난 교만과 착각에 빠져 있었다.

무엇보다 김현준은 규범을 따르는 일이 가장 중요한 일이라고 말했다. 다른 사람들이 규범을 어기는 경우 언제든 예외를 용납하지 않았다.

청주에 살고 있던 사촌 여동생이 고등학교를 채 졸업하기도 전에 미혼모가 되었을 때, 김현준은 청주까지 내려가 백모보다 더 날뛰면서 여동생을 절대로 대문 안으로 들이지 못하게 했다. 평소에 그토록 사이좋던 사촌 오빠가 무서울 정도로 그렇게 냉정해질 수 있는지, 작은집 식구들은 혀를 내두르며 김현준의 눈치를 살폈다. 김현준은 항상 원칙 적용은 까다로워야 한다고 믿었다. 특히 매스컴에서 미혼모 기사를 보도할 때마다, 그들을 가장 무책임한 인간이라고 단정하며 혐오스럽게 생각했다.

김현준은 자신이야말로 집안에서 규범을 보존하고 보호해야 할 책임이 있다고 믿었다. 그래서 규범에 미치지 못하는 자들은 사람 취급을 하지 않았다. 그것이 삶의 원칙이었다. 그것이 아버지의 뜻이라고 믿었다. 어머니는 물론 동생들과의 관계에서도 마찬가지였다. 이제까지 완벽하게 살았다는 오만함으로, 김현준은 다른 식구들을 자기 잣대로 판단하며, 특히 다른 사람들을 쉽게 미워하고 그들의 실수를 용서하지 못하는 그런 완벽주의자였다.

그러나 그 완벽주의는 그가 실제 완벽하거나 진리를 위해 거룩하게 살고 있다기보다는, 완벽주의 구호를 늘 입으로 떠들며 그러한 구호 속에 전혀 완벽하지 못한 자신을 교묘하게 위장하고, 사람들 앞에 자신을 합리화하는 수단에 불과한 완벽주의였다.

연병장의 흙과 땀.

꿈인지 생시인지 김현준의 연병장은 자기를 수정하는 훈련 장소로 다시 살아났다. 깜깜한 구덩이에 들어가 죽음을 체험하는 과정. 김현준은 연병장의 짙은 땀냄새를 맡고 있다. 구한말 경허선사의 가르침이 땀냄새 속에서 피어 오른다.

> "누가 옳고 누가 그른가, 모두가 꿈속의 일인 것을. 저 강을 건너가면 누가 너이고 누가 나인가, 누구나 한 번은 저 강을 건너야 한다. 나 또한 다를 바 없어, 곧 바람 멎고 불 꺼지리라. 꿈속의 한평생을 탐하고 성내면서, 너니 나니 하고 다투기만 하는가."

미궁에서 탈출할 방법을 묻던 테세우스에게 아리아드네는 가진 것이

실밖에 없다고 했다. 테세우스에게 필요한 것은 무슨 고상한 사상이나 권력이나 다른 그 무엇도 아니고 바로 실이었다. 아리아드네의 실타래는 눈물과 콧물을 혹독하게 쏟아 낸 김현준의 연병장이었다. 바로 그 연병장에서, 혹독한 땀과 죽음체험을 통해서, 김현준은 영원히 아리아드네를 사랑할 수 있는, 아니 영원히 어머니와 아버지를 사랑할 수 있는 자아를 발견했다.

'무엇이 나의 진정한 두려움이었던가. 편견과 집착에 갇혀 진정한 자아를 발견하지 못하는 내 모습이야말로 두려움의 대상이 아닌가.'

김현준은 다시 물었다.

'무엇이 진정 죽음에 이르는 병인가. 돈 조반니처럼 죽음의 순간이 자기 실존으로 함께 공존함을 직시하지 못하는 것 아닌가. 죽음 같은 위기가 늘 상존하지만 그러한 문제를 발견하지 못하고, 여전히 그렇게 다투는 삶, 나태한 삶을 사는 것이 아닐까.'

아리아드네의 실타래.

입버릇처럼 매일 아버지를 닮는다고 떠들던 큰아들을 어머니는 영 못마땅하게 여겼다. 그리고 아버지를 닮지 못하는 동생을 늘 공격하고 미워하던 큰아들의 행동을 경계해 왔다.

기진맥진 눈물 뿌리며 땅에서 뒹굴던 김현준의 6개월은 아버지를 찾아 나선 길이었다. 땀을 흘리며, 땅에 머리를 박고 꿈과 이상을 테스트받으며, 혹독한 시련을 통해서 아버지를 찾는 여정이었다. 자신의 진정한 이름이 무엇인지, 자신의 이력이 과연 무엇인지를 밝히는 여정. 오직 땀으로 자신을 증명하는 것.

쿠블라 칸의 사랑과 죽음

물이 대단히 맑고 푸르게 흐른다. 깊고 수량이 풍부하지만, 밑바닥 자갈과 모래 알갱이의 크기와 생김새까지 똑똑히 알아볼 수 있을 만큼 깨끗하다. 미호종개와 감돌고기는 여전히 보이지 않았다.

어머니는 김현준에게 이어진 실을 이끌고 유등천을 걷고 있다. 버들가지가 마음껏 노래할 수 있도록 시원한 바람이 흥겹게 춤을 추고 있다. 버덩에는 한 자 이상이나 자란 고추장 풀들도 먼지잼에 얼른 머리를 감고, 희고 푸른 몸매를 드러내며 한여름의 강바람을 한껏 즐기고 있다. 끈적거리지 않고 시원한 하늘의 상서로운 바람이 연병장만 한 넓은 밭에서 땀 흘리는 수박들을 열심히 부채질하고 있다. 제철은 지났어도 아직 따내지 못한 주먹만 한 딸기들도 여기저기 붉고 통통한 입술을 뽐내며 유쾌한 향기를 뿜어내고 있다.

복숭아도 보였다. 태풍 불고 나서 밭고랑에 떨어진 앞산 과수원의 물컥한 복숭아가 아니다. 처녀의 뽀얀 젖가슴처럼 신비한 보랏빛이 감돌고 하얀 솜털이 보송보송한 수밀도였다. 그것은 일 년에 한 번 어머니가 친정에서 가져온 그런 것이었다.

어머니는 복숭아를 따서 김현준의 입에 넣어 주었다. 씹기도 전에 미끄러지듯 목으로 넘어가 온몸이 어머니의 향기로 진동을 했다. 가슴에서 보랏빛 바람이 흘러나왔다. 이마에서 보라색 수증기가 한들거리며 공중으로 올라갔다. 온통 주위가 보라색이었다. 어머니는 저만치 앞서서 걷고 있다. 주변에는 갈맷빛 짙은 버들가지가 여전히 춤추고 있다.

어머니는 유등천 하류 쪽에서 멈추었다. 푸른 물결 위에 넘실대는 하얀 옷이 너무나 아름다웠다. 어머니는 김현준을 이끌며 물속으로 걸어 들어갔다. 깊은 물인데도 내딛는 발에 힘이 느껴졌고 부담이 없었다. 낯익은 틈처럼 벌어진 깊은 웅덩이까지 갔다. 맑은 물속은 여전히 푸른색을 띠고 있었다.

어머니는 김현준에게 누우라고 했다. 어머니는 오시리스의 가슴을 열고 향기 나는 붉은 젖을 내어 호루스를 씻었다. 그것은 전혀 차갑지 않고 따뜻했다. 온몸에 묻은 개똥냄새를 씻었다. 김현준의 냄새나는 옷을 다 벗겨 버리고 온몸을 깨끗이 씻었다. 발부터 씻었다. 허벅지를 씻고 배와 가슴, 그리고 팔과 손을 씻었다. 그리고 마지막으로 입술과 얼굴을 씻었다.

어머니는 김현준에게 마치 쿠빌라이 황제처럼 유등천의 깊은 웅덩이로 걸어 들어가라고 했다. 그 웅덩이에는 처녀 서우림이 첫날밤의 신부처럼 오롯하게 단장을 하고 누워 있었다.

김현준은 서우림이 빚어 놓은 제너두 궁전으로 들어갔다. 서우림은 모든 것을 태초부터 생생하게 기억하며 에덴의 동쪽을 구불구불 흐르는 알파강을 품고 있었다. 그 강은 대지의 한가운데로 깊이를 헤아릴 수 없는 바닥을 향해 흘렀다. 아내의 강물은 두 눈이 사르르 감길 것 같은 부드러움과 드넓은 초원의 강렬한 원색이 어우러진 자연의 아름다움을 품고 가슴 사이를 흐르는 강이었다.

아내의 입술같이 부드럽고 강렬한 물줄기가 김현준의 씻은 몸을 혓바닥처럼 어루만졌다. 팔과 손, 그리고 가슴과 배와 허벅지를 흐르는 물이 되어 자신의 향기로 김현준의 몸을 덮었다. 뽀얀 손이 피아노 건반처럼 깊고 부드러웠다. 아니 미호종개의 가슴 지느러미처럼 사랑스러웠다. 두 사람의 몸은 태곳적 땅으로 엉기며 마치 원초적 생명력이 야만스럽게 헐떡이는 어머니의 가슴언덕을 닮았다.

손 안 가득히 채워지는 원시의 아름다움을 핥고 있는 자는 환락궁의 성스럽고 측량할 수 없는 그 깊은 웅덩이를 향해 미끄러지듯이 질주했다. 보랏빛 연기로 가득한 숲을 어루만지듯 바람처럼 지나서 넓고 두터운 언덕을 쓰러지듯이 굴러 내렸다. 태초부터 불어온 생명이 거친 숨을 들이마셨다. 뜨거운 침을 삼키며 흐르는 성스러운 강은 작은 언덕마저 쉽게 뛰어넘었다. 꽃잎처럼 그렇게 보드랍고 신비한 입술이었다.

그곳에는 덜시머를 들고 있는 아비시니안 처녀가 아보라산의 노래를 부르고 있었다. 신의 산에서 자란 여왕만이 부를 수 있는 교향곡이었다.

두 팔과 몸통 그리고 다리가 갑판의 마스트에 꽁꽁 묶인 채로 터질 것 같은 몰입의 환상을 호소하는 오디세우스는 사이렌의 노래에 이끌리어 이미 처녀의 바다 한가운데를 걸어 들어가고 있었다.

노래를 따라 구불구불한 동굴 안쪽에 숨겨진 장소를 더듬고 있는 자는 자신의 붉은 얼굴이 더욱 사랑스러웠다. 그 숨겨진 곳에서 강물은 더욱 거세게 출렁거렸다. 강물의 깊은 곳을 휘젓는 노랫소리는 더 높은 음을 내기 시작한다. 천정에서 흐르는 물의 출렁거림을 온몸으로 느낀다. 태양처럼 붉은 얼굴을 가진 자는 강물을 뒤집어쓴 채로 강물과 하나 되어 그렇게 구불구불 흐른다. 한줄기 강력한 햇빛이 환락궁의 천정을 뚫고 내려온다. 크고 긴 서우림의 외침소리가 천정을 향해 울려 퍼진다.

"조심해! ……조심해!"

그 소리의 물결을 따라 궁전이 공중에 매달려 흔들린다. 궁전이 흐물거리며 흐릿해진다. 궁전이 햇빛처럼 하얗게 증발해 버린다. 온통 얼음조각이 우주에 반짝인다. 긴 수염을 휘날리며 미호종개가 내려와 눈에서 번개 빛을 쏟아 낸다. 몸통이 번쩍거린다. 검은 머리카락이 끄트머리까지 팽팽하게 일어서서 우주를 둥둥 떠다닌다. 바위들이 몸 속에서 춤을 춘다. 격렬하게 춤을 추며 노래를 부르던 황금 동굴은 더 깊은 곳에서 붉은 얼굴을 받아들인다. 깊이 만난 두 개의 우주는 충돌한다. 궁전의 한가운데서 폭포처럼 하얀 분수가 터진다. 뿜어진 강렬한 섬광이 모든 것을 파괴해 버린다. 그것은 신적인 에너지다. 신이 마시는 황홀한 넥타가 서우림의 입에서 넘쳐흐른다. 그것은 나일강의 파피루스 숲에서 잉태한 호루스에게 하얀 가슴을 내놓고 먹이는 이시스의 부드러운 젖과 같은 것이었다. 모든 궁전에는 하얀 곡식들이 가득 흘러내린다. 온 천하는 쿠빌라이의 명령대로 그렇게 궁전 안에서 정복된다. 모든 인위적인 갈라짐과 나누어짐은 파괴되고 정복되어 하나가 된다.

최면에 이끌리듯 하나가 된 두 몸은 그들이 더 나은 반쪽으로 조율된 것을 알았다. 그들은 즉시 서로를 창조하는 예술가가 되었다. 사랑스럽게 갈라진 틈에서 흐르던 서우림의 강물은 태양이 미치지 않는 더욱 깊은 곳으로 흘러내린다. 향기 나는 열매들을 가득 매달고 있는 높고 푸른 나무들이 좌우에 빽빽이 늘어서 아름다운, 터질 것같이 비옥한 대지를 적신다.

향기로 가득한 푸른 언덕에는, 벽오동나무에서 맴돌던 KV 299 모차르트의 〈플루트와 하프를 위한 협주곡〉의 안단테 악장처럼, 기울어 가는 달님을 향한 사랑스럽고 거룩한 날갯짓이 머물고 있다. 드귀느 공작 딸의 결혼식을 위해 노래하는 모차르트의 아름답고 찬란한 음악은 인간에게 가장 행복한 순간인 결혼을 축하하고 있다. 더 나은 반쪽을 만난 것이다.

행복의 화려함은 그 어떤 결혼에도 비할 데 없는 미호종개의 결혼이다. 안단테의 우아한 부드러움은 당시의 궁색했던 생활을 모두 잊어버리게 할 만큼 사랑의 열정을 하프와 플루트로 담담하게 담아내고 있다. 서로 어울리지 않을 듯한 두 남녀의 목소리는, 동굴 같은 오케스트라의 울림 안에서 천박하지 않으며 우아한 프랑스적 살롱음악처럼 부드럽게 흡수되고 있다.

출렁거리듯 서로가 맥놀이를 일으킨다. 플루트가 으뜸 멜로디를 노래하고, 천천히 뒤를 잇는 하프는 화려하게 손을 잡아 주면서, 특별한 발전의 주제를 의식하지 않은 채 고상한 음색을 내며 농염하게 익어 간다. 두 사람의 농익은 사랑과 그 화려함을 보여 주는 데 있어서 이보다 더 큰 효과를 낼 수 있는 음악이 없을 정도다.

대지의 한 가슴에 갈라진 틈에는 기울어 가는 달의 서늘한 숨소리가 아니라, 끊임없이 사랑의 격정을 숨쉬는 환락궁의 음악이 흐른다. 눈이 감긴다. 꿀 같은 이슬이 입 안에 가득하다. 낙원을 소생시키는 달콤한 젖으로 온몸이 나른하다. 정결하고 화려한 환락궁에서 김현준은 매우 편안하다. 온몸에 갈맷빛이 감도는 옷을 입고 대지의 가슴속에서 한참을 잤다. 김현준의 잠자는 모습은 꺽다리의 창백한 얼굴과 달랐다. 편안하고 기쁨만이 있는 안식이었다, 두려움이 없는.

김현준은 눈을 떠서 좌우를 보았다. 푸른 물이 벽을 이루며 넘실대고 있다. 창끝처럼 찌를 듯 예리한 물결이었지만, 그것은 전혀 사납지 않았다. 말발굽처럼 무엇인가를 끊임없이 뒤쫓는 힘이 넘쳐흘렀지만, 그것은 결코 위협적이지 않았다. 신이 지키고 있던 홍해의 물처럼 유등천의 물과 공기는 서로 자기 정해진 자리를 지키면서 사이좋게 춤추고 있었다.

한줄기 화사한 햇빛이 푸르고 깊은 물속을 뚫고 내려왔다. 어머니는 김현준을 바람처럼 흔들어 깨웠다. 아버지가 데리러 왔다고 했다. 아버지는 김현준을 물속에서 건져 올렸다. 그리고 들쳐 업었다. 아버지의 어깨는 쉽고 편했다. 그 어깨는 말타기 하던, 넓고 강한 어깨였다. 문중을 호령하고 당당하게 회사를 책임지던 그 덜퍽진 몸통이었다. 주위 모든 사람들에게 사랑을 받으며 온통 선망의 대상이 되었던 명예로운 등판이었다. 그토록 업히고 싶었던 허리요, 독차지하고 싶었던 목덜미였다. 그토록 오르고 싶었던 바위와 같은 단단한 등이었다. 붉은 물에서 건져낸 자는 울었다. 아버지 어깨에서 울먹이고 있는 자는 검고 긴 머리가 아래로 치렁치렁하게 흘러내렸다. 아버지는 유등천 철길을 건넜다. 아버지는 말했다.

"너는 다시 이 철길을 넘어가지 마라."

아버지 어깨에 얹혀 철길을 건너는 자는 다시 울었다. 긴 철길이 눈물 속에서 모자이크처럼 부서져 시야에서 멀어져 갔다. 산모퉁이로 꼬리를 감추더니 이내 가뭇없이 사라졌다.

아버지는 바리깡으로 머리 한가운데를 밀어 버린 듯한 앞산 가운데 길로 산에 올라갔다. 상수리나무와 밤나무, 아카시아나무와 은사시나무 등이 군데군데 군락을 이루고 있으면서 물결치듯 길을 열어 주었다.

아버지는 소나무 숲을 지나 중턱까지 올라갔다. 누군가 전에 파 놓은 깊은 구덩이가 보였다. 하얀 석회가루가 무더기로 쌓여 있다. 덩어리가 뭉친 것도 보았다. 그 덩어리 속에는 아버지의 땀과 피가 섞여 있다. 아버지의 살과 냄새가 배어 있다. 텅 빈 구덩이 앞에서 아버지는 물에서 건져낸 자를 내려놓았다. 아버지는 울지 않았다. 오히려 아버지는 조용하게 그러나 단호하게 말했다.

"저 구덩이로 들어가라. 저것은 꺽다리의 구덩이가 아니다. 그리고 네 동생의 것도 아니다. 그것은 너를 위해 준비된 너의 구덩이다."

구덩이로 조심스럽게 걸어 들어가는 자는 전혀 두렵지 않았다. 아버지의 명령대로 땅으로 들어갔다. 땀이 온몸에 흘렀다. 연병장에서 흘리던 만큼의 땀이 땅바닥에 떨어졌다. 땀이 구덩이의 흙과 하나 되었다. 땀이 구덩이의 흙과 하나가 된 자는 피곤하거나 지치지 않았다. 뿌듯했다. 땀과 흙의 냄새를 맡으며 그렇게 평안하고 아늑할 수가 없었다. 하얀 가루가 뿌려졌다. 하얀 가루는 평안하게 누워 있는 자의 땀과 하나가 되었다. 덩어리가 되었다. 눈을 감았다. 아버지의 음성이 다시 들렸다.

"너는 내 아들이다. 늘 땅과 하나 되어 살아라. 땅에는 너의 모든 사상과 종교가 들어 있다. 땅에는 네가 살아갈 삶의 약도가 모두 들어 있다. 땅에 땀을 쏟으며 땅에서 네 천복을 찾아라. 모든 하늘은 땅에 들어 있다.

하늘은 우리 백성, 즉 땅이 보는 것으로부터 보며, 하늘은 우리 백성, 즉 땅이 듣는 것으로부터 듣는다(天視自我民視 天聽自我民聽). 모든 하늘은 땅으로 구체화된다. 땅이 아닌 것은 모두 거짓된 것이다. 너의 땀이 묻어 있지 않은 것은 모두 거짓된 것이다. 너의 땀이 묻어 있지 않은 것은 너의 것이 아니다. 땅은 그에게 땀을 허락한 사람의 것이다."

눈을 뜬 자는 다시 아버지를 보았다. 구덩이 바닥에는 눈을 뜬 자의 개똥냄새 나는 옷들이 누워 있다. 물에서 건져 낸 자 대신 냄새나는 옷이 누워 있다. 하얀 가루가 그 냄새마저 빨아들이고 있다.

"다시는 저 옷을 입지 마라."

김현준은 푸른 제복을 입고 있었다. 그것은 아버지의 옷이었다. 푸른 제복을 입고 있는 자는 아버지 앞에서 경례를 했다.

탄탈로스

"차렷. 경례. 뒤로돌아갓."

김현주가 칭얼거리는 남매를 떼어 놓으려는 구호소리에 김현준은 잠이 깼다. 엄마 가슴을 차지하려고 다투고 있었다. 남매는 네 살 차이로 대단히 영리하고 건강했다. 가끔 정신이 혼미해지는 김현주를 생각하면 참으로 다행스런 일이었다. 특히 큰아이는 일찍부터 총명하고 주위 사람들을 놀라게 할 만큼 사리판단이 빨랐다. 여자아이지만 판사 감이라고 칭찬하기도 했다. 그래서 제 부모의 사랑을 많이 받았다.

그런데 남동생이 태어난 뒤로는 상황이 달라졌다. 늘 전쟁이었다. 큰아이는 처음부터 동생을 괴롭혔다. 엄마 아빠가 조금만 동생을 귀여워하는 것 같으면, 투정을 부리고 샘을 냈다. 그러면서 동생을 미워했다. 어른들이 안 보일 때는 얼굴에 멍이 생기도록 동생을 때렸다. 부모 사랑을 빼앗기는 것에 대한 두려움은 성장 과정에서 어쩌면 당연한 것이었다. 그러나 김현주의 남매는 그런 시샘과 갈등이 좀 심하다 싶었다.

김현주가 큰아이의 등짝을 세게 후려쳤다. 퍽, 하는 큰 소리가 홀에 울려 퍼졌다. 아이는 죽는다고 울어 댔다. 등을 손으로 더듬으면서 있는 입을 다 벌리고 울었다. 누워 있던 식구들이 에이, 하면서 돌아누웠다. 큰누이가 김현주에게 한 소리 했다. 그러자 미안하다는 듯 우는 아이를 들쳐 업고 나갔다. 어머니를 차지한 큰아이는 이내 제 엄마의 등판에서 울음을 그쳤다. 군대 명령을 들을 필요도 없었다. 큰 울음으로 제 소원을 이룬 것이다. 동생을 밀어낸 것이다. 그러고는 새근거리며 잠을 잤다. 등판, 그리고 울음을 그친 아이.

웅덩이에서 건져진 자는 아직도 꿈이 선했다. 모든 일들이 마치 시계바늘을 새롭게 돌리듯이 시간의 앞뒤 순서를 가지고 뚜렷이 기억되었다. 아버지의 넉넉하고 덜퍽진 등에 그토록 편안하게 업혀 있던 자신의 모습이 떠올랐다. 김현준이 그토록 사랑하고 존경하던 아버지인데 꿈에서 본 적이 거의 없었다.

순간, 김현준은 엄마를 차지하려고 다투던 김현주의 남매가 어른거렸다. 큰아이가 너무 지나치게 동생을 견제하던 모습이 떠올랐다. 엄마를 차지하게 위해 동생에게 온갖 횡포를 마다하지 않던 조카의 모습은 자신이 살아남기 위해 다른 형제들을 밖으로 밀어내는 뻐꾸기와 오버랩되었다.

‘이럴 수가.’

남의 둥지에 알을 낳기로 유명한 뻐꾸기.

다른 알보다 며칠 일찍 부화한 뻐꾸기 새끼는, 다른 새의 알이 부화하기 전에 그것들을 둥지 밖으로 하나씩 밀쳐 떨어뜨린다. 결국 그 둥지는 뻐꾸기 새끼가 독차지하게 되고, 어미 새는 뻐꾸기 새끼를 자기 새끼로 알고 열심히 키운다.

아버지 등에 편안히 업혀 있던 자는 뻐꾸기의 동물적 본능만 가진 야비한 아들이었나, 소름이 돋았다. 자신이 아버지를 독차지하는 동안 형제들은 모두 둥지 밖으로 떨어져, 서러운 눈물을 흘리며 외롭게 살아갔던 것은 아닌지 너무나 혼란스러웠다.

‘누구보다 아버지를 사랑하고 아버지의 자식이 되기를 소원하며, 다른 누구보다 아버지의 모습을 닮고자 발버둥쳐 왔는데, 그것이 어떻게 아버지를 독차지하려는 독선이라 할 수 있나. 완벽함과 부모 순종, 신앙과 명예, 아름다움과 영광을 추구하던 삶이 어떻게 추악한 탐욕이라고 말할 수 있는가.’

물속에 몸을 담그고 있으면서도 영원히 갈증에 시달리며 고통 받는 탄탈로스. 김현준은 엄청난 사랑 가운데 살았으면서도, 늘 더 많은 사랑에 갈증을 느끼며 몸부림해 왔던 무한지옥의 탄탈로스, 아니 뻐꾸기처럼 보였다.

‘아버지의 사랑을 나만을 위한 탐욕의 수단으로 만들어 버렸던 것인가. 아버지와 특별히 가까운 것을 과시하면서, 동생들의 존재를 무색하게 만들고 그들의 자존심을 짓밟았던 것인가. 그러나 아버지의 사랑은 결코 탐욕을 조장하는 편협한 사랑일 수 없지 않은가. 아버지의 사랑이 특정한 그 누구에게 특혜를 정당화하는 그런 사랑이었던가. 그건 결코 아니었다. 혹시 특혜처럼 보였다 할지라도 그것은 특별하게 보인 보편적인 사랑이었던 것인데……

땅에서 네 천복을 찾으라는 말, 나와 동생 모두가 한 땅을 밟고 있다는 말이었던가.'

김현준은 아버지의 아름다운 과거를 잘 알고 있었다. 아버지는 부지런하며 매사에 최선을 다했다. 그러면서도 실수나 잘못한 사람들에 대하여 대단히 관대했다. 물론 그 관대함에는 인간에 대한 연민과 깊은 존경심이 배어 있었다. 그러나 그런 아버지도 어머니와의 관계에서는 그렇게 매끄럽지 못했다. 물과 불과 같이 서로 어긋난 적이 많았다. 아버지는 물과 같이 부드럽고 그러면서 강했다면, 어머니는 불처럼 순식간에 타오르고 그러면서 약했다. 두 분이 서로 사랑하면서도, 사랑에 접근하는 방식과 사랑을 요구하거나 느끼는 방식이 마치 물과 불처럼 서로 다양했다.

그날도 어머니는 불처럼 타올랐다. 교회에서 밤늦게 돌아온 어머니를 보고, 아버지는 좀 일찍 다니라고 몇 마디 했다. 듣기에 부담되는 말은 아니었다. 아버지는 늘 그랬듯이 물처럼 부드럽고 자상했다. 그러나 어머니는 버럭 화를 냈다. 사내처럼 부프게 성격이 폭발했다. 그러면서 신앙 문제로 말다툼이 벌어졌다. 그런 말다툼은 종종 있었다. 성격 차이만큼이나 신앙생활 방식에서도 차이가 있었던 것이다. 어머니는 가방을 방으로 던지고 문을 꽝, 닫아 버렸다. 아버지는 안색이 굳어지더니 입을 다물었다. 조금 조용해지는가 싶더니, 당신 생각에 맞는 사람 데려다가 사시오, 라고 고함을 하면서 대문을 나섰다. 깜짝 놀랐다. 어머니 손에는 하얀 보자기가 들려 있었다.

어머니는 그 길로 친정이 있는 강경으로 내달렸다. 김현준이 아주 어릴 때였다. 그렇게 친정에 내려간 것이 두 번째라고 했다. 어머니와 아버지는 분명 서로를 사랑하고 있었다. 그러나 말다툼이 시작되어 각자의 성격이 드러나기 시작하면, 그 독특한 성격들 때문에 스스로 타협할 수 없는 위치로 돌아가는 듯했다. 아버지가 어머니를 데리고 온 것은 일주일이 지난 뒤였다. 어머니를 데리고 온 아버지는 말이 없었다. 아버지는 평소처럼 출근하고 조용한 일상으로 돌아갔다.

김현준은 묵묵히 일상으로 돌아가는 아버지의 모습을 보면서 대단히 감동했다. 아버지는 전혀 내색 없이 회사에서 돌아오면 평상시와 똑같이 어머니를 반겼다. 아버지는 진정으로 어머니를 사랑했다. 서로 같기 때문이 아니라 서로의 다름을 인정하면서 사랑했다. 그러나 어머니는 그 이후에도 두어 번 다시 친정으로 달려갔다. 그때마다 똑같은 일이 반복되었다. 아버지는 어머니를 포기하지 않았다.

어젯밤 큰누이에게 들은, 도저히 자기 귀를 의심하지 않을 수 없는 그 소리가 머릿속에 안개처럼 다시 피어올랐다. 지금도 그 말을 곧이곧대로 믿기는 힘들었다. 장례가 끝나고 나중에 확인해 보리라고 생각했다. 그러나 큰누이가 지금 시점에 와서 그런 소리를 한 것은 큰 실수였다. 그것은 영원히 가슴속에 묻고 가야 할 말이었다.

김현준이 동생 김현석과 드잡이를 하며 한바탕 싸움을 벌인 직후, 큰누이는 김현석을 끌어안더니 울었다. 그러더니 김현준을 눈이 뚫어지게 쏘아봤다. 증오의 불길이 이글거리고 있었다. 김현준은, 누나가 어머니 임종시기가 되면서 동생과 가까웠으니 그럴 수 있으리라고만 짐작했다. 그런데 얼굴 상처를 꿰매기 위해 황급히 응급실로 가려던 길에, 큰누이는 김현준의 뒤를 따라왔다. 누이가 같이 가려는가 보다 생각했다. 누이는 다가오더니 김현준에게 한 마디 쏘아붙였다.

"너는 사생아야. 네가 잘난 체하지만, 너는 아버지가 누군지 확실히 몰라."

"뭐, 사생아? 나보고 하는 소리야?"

"그래. 여기 너 말고 누가 있어. 너는 사생아라고."

"지금 무슨 소리 하고 있는 거야? 쓸데없는 소리 하지 마."

김현준은 청천벽력 같은 소리를 듣고 너무 황당했다. 그렇잖아도 평소 어머니의 소원한 태도 때문에 가뜩이나 섭섭했던 그는 온몸에 서러움과 심한 고통이 한꺼번에 몰려왔다. 눈물이 왈칵 쏟아졌다.

"사생아인 줄도 모르고 너무 잘난 체하지 말란 말이야."

"쓸데없는 소리 하지 마. 아버지가 나를 얼마나 사랑했는데. 아버지가 나를 제일 사랑했어."

김현준은 누이의 말이 일고의 가치도 없다는 듯이 돌아섰다. 큰누이는 돌아선 김현준의 뒤통수에 마치 확인 사살이라도 하듯 강력하게 쏘아붙였다.

"너는 엄마가 처음 강경으로 도망갔을 때 임신된 자식이야. 어머니가 강경에서 돌아올 때 너를 임신하고 있었어."

김현준은 들은 척도 안 하고 응급실로 갔다. 어머니가 처음 강경으로 내려가 머문 기간이 석 달이라고 했던 말이 떠올랐다.

엘비라 마디간

사생아. 김현준은 눈물이 엉겨 붙어 눈을 뜰 수 없었다. 아니 눈이 떠지지가 않았다. 응급실로 가면서 큰누이의 말이 계속 귓가에 맴돌았다.

'너는 사생아야. 너는 아버지를 빼닮았다고 생각했지만, 너는 아버지의 아들이 아니야. 잘난 체하지 마.'

'그럴 리가 없다. 만약 그렇다면 나는 이제까지 허깨비로 살아 왔단 말인가. 그게 사실이라면, 내가 미혼모인 사촌 여동생을 공격하고 저주할 때마다 그 고통을 어머니가 고스란히 받았다는 말인가. 그건 아냐. 그렇지 않을 거야.'

그러나 누이가 알고 있을 정도라면 사실일 수 있지 않을까. 아버지는 자기 자식도 아닌 나를 금이야 옥이야 키우신 걸까. 남의 자식인 줄 알면서도 그렇게 키울 리가 있을까. 나를 얼마나 사랑해 주었는데, 그게 말이나 돼.'

김현준은 믿을 수 없었다. 아니 믿으려고 하지 않았다. 믿고 싶지 않았다.

'아버지라면 얼마든지 그럴 수 있어. 아버지가 어머니를 대하는 모습을 보면 알 수 있잖아. 내가 아버지의 자식이 아니라 할지라도 얼마든지 나를 친자식 이상으로 사랑할 수 있는 분이야.'

김현준은 혼란스러웠다. 큰누이의 충격적인 한마디에 모든 것이 태초의 원소로 완전히 분해된 것 같았다.

'그래서 어머니는 강경을 그토록 자주 다니신 것인가.'

김현준은 평소 큰누이의 태도가 데면데면하여 이상하다고 생각한 적이 많았다. 특히 어머니 임종이 가까워 오면서, 자신을 아예 대놓고 무시하고 인정하지 않으려던 모습이 선명했다. 모든 일을 동생 김현석과 상의하려 하고, 마치 둘 사이가 오래전부터 그렇게 구순했다는 사실을 과시하려는 듯이 행동했다.

동생도 큰누이에게 하는 것이 예사롭지 않았다. 오랜 세월 어머니를 모시고 사는 동안, 단 한 번도 형수에게 따뜻한 말 한마디 없었다. 그런데 어머니를 간호한다고 달려든 큰누이에게는 하루가 멀다 하고 위로금을 송금해 주었다. 어머니 간호하느라 고생한다는 이유였다. 어머니를 생각해서 저러겠거니 생각하면서도, 김현준은 동생의 행동이 몹시 못마땅했다. 그러나 지금 큰누이의 말을 들으면서, 모든 것이 엉킨 실타래 풀리듯 쉽게 정리되었다.

　사생아. 사생아의 비참함에 대하여 김현준은 너무나 잘 알고 있다. 사생아는 법률상 혼인관계에 있지 않은 남녀 사이에서 출생한 아이다. 간통소생자인 사생아나 아버지를 모르는 사생아는 전혀 법률상의 보호를 받지 못한다. 그렇기에 사생아의 서러움과 불안은 경제적으로나 심리적으로나 이루 말할 수가 없다. 김현준은 얼마 전 한 시민단체의 홍보 비디오를 통해서 낙태의 과정을 생생하게 보았다.

　어머니는 축복받지 못한 임신에 대단히 당황했을 것이다. 어머니는 임신 12주 이후에 실시하는 자궁경부 확장제거술을 생각해 보았을 것이다. 아기의 뼈가 이미 석회화되어 있기 때문에, 펜치처럼 생긴 기구가 필요하다고 했다. 아기에게 마취도 하지 않고 아기의 다리나 다른 부분을 잡고 비틀어서 아이 몸체로부터 뜯어내는 수술이다. 반복해서 등뼈도 부러뜨리고 두개골도 으깨서 꺼내는 소름 끼치는 수술이다. 간호사는 태아가 다 나왔는지 확인하기 위해, 조각난 아이의 몸을 재조립한다고 했다. 어머니는 온몸을 부르르 떨며 많이 울었을 것이다.

　임신 16주 이후에 한다는 소금물 중독법도 고려해 보았을까. 배에 기다란 주사기를 꽂아, 농축된 소금물을 양막 속에 직접 주입시킨다. 소금물은 허파와 위장에 흡수되어 삼투압 현상을 일으키고, 나는 발버둥치며 경련하다 죽어 버린다. 그러면 하루 뒤에 어머니는 죽은 아기를 낳게 된다. 죽은 나를 바라보며, 하늘을 원망하고 땅을 치며 며칠을 통곡하는 어머니.

통상 임신 후기에 사용되는 자궁절개술. 어머니의 자궁이 절개되고, 그후 아기의 태반을 꺼내서 버린다. 나는 살아 있지만, 죽도록 방치되거나 때로는 직접 죽인다. 수술할 때 어머니 뱃속의 나는 이물질이 들어온 것을 알고 살기 위해 자궁 안을 필사적으로 헤집고 다닌다. 여기저기 충격이 가해져 온몸이 시퍼렇게 멍들어 있다. 나의 다리 부분은 이미 시커멓게 죽었다. 그것을 보고 있는 간호사는 측은함이나 생명의 존엄성보다는, 기분이 나빠지는 정도일 것이다. 병원 분만실에는 나이 어린 미혼 간호사들이 많을 텐데, 그들은 죽은 나의 시신 처리를 모두 꺼려할 것이다. 그럴 때마다 고참 간호사는 그들을 다그치기보다, 차라리 내가 처리하는 게 낫지, 하고 투덜대면서 일 처리를 했을 것이다.

손가락으로 끄집어낸 나는 바로 한지에 싸서 냉동고에 넣어 두면 태아를 처리하는 인부들이 거두어 갈 것이다. 태반과 함께 딸려 나온 태아는 대부분 죽은 상태이기 때문에 처리하기 쉬웠을 것이지만, 가끔 살아 있는 경우도 있다고 했다. 곧 죽을 것이 뻔한 나는 자신을 원하지 않는 세상에서 잠시 숨을 쉰다. 그러나 나는 아무런 배려도 받지 못한 채 곧 숨이 끊어지고, 죽은 태아 처리반으로 직행하게 될 것이다.

발이 아니라 머리 쪽이 자궁을 향하고 있는 태아는 잡아당기기가 힘들어 손가락 대신 링펄셉을 이용해 끄집어내야 한다. 그것도 안 되면 자궁 안에서 분쇄를 해야 한다. 아, 내 머리가 분쇄되고 흡입기로 빨려 당겨진다. 얼굴 형체를 알아볼 수 없게 된 나를 끄집어내놓고, 간호사들은 그 참혹함에 온몸을 부르르 떨 것이다. 그런 수술이 있는 날 밤이면 간호사는 기분 나쁜 꿈을 꾸곤 한다. 크고 검은 드럼통 옆에 서서 끝없이 나를 그

속으로 던지는 꿈이다. 하지만 분만실에 근무하는 이상 그런 일을 피해 갈 수는 없다며, 무감각하게 그 일을 대하려고 애쓴다. 좀더 신속히, 좀더 깨끗이 일 처리를 하는 것으로 자신을 달랜다.

　어머니는 9개월이 가까워 오는 시점에 남산만 한 배를 바라보며 유도 분만을 생각한다. 유도분만을 해서 태어난 나는 어머니에게 얼굴 한 번 보여 주지 못한 채, 간호사들이 바트라고 부르는 스테인리스 통에 담겨 져 한쪽 구석에 방치된다. 유도분만으로 태어난 나는 우유도 안 주고 목 욕도 시키지 않는다. 그렇게 방치된 채로 나는 곧 죽는다. 죽어야 할 아기 이므로 어느 누구도 신경을 쓰지 않는다. 그러나 때로 병실을 둘러보고 돌아온 어린 간호사들이 법석을 떨 것이다. 세 시간이 지났는데도 아기 가 살아 있다고. 수석 간호사가 곧바로 나에게 달려온다. 쌕쌕 숨소리를 내는 나는 분명 살아 있다. 순간 나를 살려 입양기관에 보내야겠다는 생 각이 들어 더운물에 씻기고 배꼽처리를 한 다음 인큐베이터에 넣는다. 그러나 세 시간 동안 방치되어 있었던지라, 나의 몸이 얼음장처럼 차갑 다. 따듯한 물주머니를 만들어 발치와 몸 위에 올려놓는다.

　그러나 그 아기가 건강하기를 간절히 바라면서 집으로 돌아왔는데 밤 10시쯤 전화가 온다. 아기가 죽었다고. 내가 죽어 버린 것이다. 나의 시신 을 처리하기가 무서운 간호사들이 수석 간호사에게 전화를 한 것이다. 부랴부랴 달려간다. 나는 죽어 있다. 수석 간호사는 나를 정상적으로 태 어났다가 죽은 아기와 마찬가지로 여기저기 솜으로 막고 잘 싸서 냉동창 고에 넣어 둔다. 가슴은 아프지만 직업이 직업인지라 그에 대해 깊이 생 각을 하지 않으려고 애쓴다. 단지 그런 아기들을 처리하면서, 다시 세상에 온다면 좋은 부모에게 태어나 행복하게 살라고 마음속으로 빌어 줄 뿐.

'나는 죽어 있는가, 살아 있는가. 나는 누구인가.'

하늘을 떠돌던 바람이 두 줄기로 맴돌면서 천천히 김현준의 침상을 타고 모차르트의 눈물처럼 흘러내린다.

엘비라 마디간으로 더 잘 알려진 모차르트의 피아노 협주곡 21번 C장조 KV 467의 안단테 악장이 흘러내린다. 북받쳐 오르는 김현준의 마음을 알고 흐느끼듯 저 멀리서부터 느리게 그리고 조심스럽게 관현악이 침상을 감싼다. 죽음에서 간신히 삶을 건져낸 자의 영혼처럼, 피아노는 천천히 침상에서 일어나 애절한 손놀림으로 관현악을 맞이한다. 시종일관 피아노와 관현악은 서로를 반복하며 같은 주제를 맴돈다. 앞으로 전진하려고 하지 않는다.

모차르트는 바트 통에 버려져 비참하게 죽어 가는 아이의 울음을 울고 있다. 목을 놓고 우는 울음이다. 서러워서 우는 울음이다. 아버지로부터 그리고 어머니로부터 버림받은 두려움의 울음이다. 아니 모든 인간 공동체로부터 철저히 외면되고 버려진 자의 가슴앓이다.

'나는 이렇게 버려진 자였어.'

어머니의 자궁에서 쓰레기처럼 쏟아져 나와 아무도 돌아보지 않는 철저한 고립무원에 갇혀, 혼자서는 감당할 수 없는 뜨거운 눈물을 가슴으로 노래하고 있다. 어두운 사무실의 한 모퉁이에 버려져 바동거리다 죽어 가는 시뻘건 핏덩이.

하늘은 김현준의 눈물로 온 우주를 검은 구름처럼 울고 있다. 지나가는 바람들은 쓰레기통에 버려진 눈을 감은 아이의 모습을 보고 어둡게 흐느낀다. 숨이 끊어지는 마지막 순간을 지켜보던 검은 대지의 안개가 소리 없이 타고 올라와, 흘리는 눈물로 우주를 뒤덮고 있다. 모차르트의 울음은, 바트 통에서 끈질기게 살아남아 세 시간 동안의 인큐베이터 처치를 통해 살얼음같이 얇은 생명줄을 지켜 낸 아이의 서러운 울음이었다. 처음부터 끝까지 모든 것은 김현준의 진한 눈물의 밀도와 내용을 터뜨리고 있다. 눈물로서 말하는 이 음악은 자신의 가장 솔직한 모습을 바라보는 모차르트의 원숙기에 만들어진 걸작이다.

1785년에 쓴 세 곡 중의 하나로 2월에 완성된 이 작품은, 지금까지 지향해 왔던 단순한 대화 형식의 협주곡 영역에서 벗어나, 한층 더 인간적인, 한층 더 교향악적인 통일감을 보여 준다. 인간의 가장 비극적인 아픔과 상처의 깊이를 우주적 감각 언어로 불러낸 음악이다.

기적적으로 살아난 아이. 바트 통에서 건짐을 받아 시트 위에 다시 올려졌다. 창 밖 길가에 나의 울음소리가 들렸다. 그것은 틀림없이 갓난아이의 울음소리로 들렸을 것이다. 그러나 그 울음소리는 사람들의 관심이나 최소한의 사랑도 기대할 수 없는 그런 울음이었다. 그것은 기뻐하는 아버지의 품 안에서 잦아들 수 없는, 혐오스러운 짐승의 소리에 가까웠을 것이다. 도대체 누가 저런 최악의 자식을 출생시켰는가, 탄식소리만 들렸을 것이다.

사생아.

결코 아름답지도 총명하지도 않은 한 여자가 자기 아이가 아닌 다른 사람의 아이를 임신했음을 고백했을 때, 그 남자는 이미 그 여자에게서 자기의 애정을 완전히 상실하고 있었을 것이다. 애정을 완전히 잃어버린 여자의 몸에서 나는 그렇게 비극적으로 태어났을 것이다. 그러나 어리석게도 그 여자는 모성의 기쁨을 맛보려 하였을 것이다. 그러나 남자는 오직 자신이 함정에 빠졌음을 한탄하며, 그 이전보다 더욱 그 여자를 미워하였을 것이다.

서로 초점이 맞지 않는 안경을 쓴 부모에게서 출생한 나는 태어나면서부터 초점이 맞지 않는 심리적 압박과 불안에 시달렸을 것이다. 사생아로 태어난 나는 그러한 불안감으로 나이보다 훨씬 더 많이 먹으려고 했을 것이고, 점점 불어나는 체구와 엄청난 속도로 자라는 머리털 때문에 사람들에게 괴물처럼 보였을 것이다.

사생아.

내 울음소리를 들을 때마다 사람들은 언짢아하고 최고로 재수 없는 아침이라고 침을 뱉었을 것이다. 나의 울음소리는 결코 사람의 울음이 아니라, 엄청나게 진노한 신이 그 아이에게 내려 집안에 저주를 내리는 섬뜩한 울음이라고 말했을 것이다.

나를 가장 혐오한 사람은 외할아버지였을 것이다. 외할아버지는 틀림없이 가장 불행한 시선을 쏟아 부었을 것이고, 나는 온갖 불쾌함과 역겨움을 한 몸에 받으며 자랐을 것이다. 나는 눈치를 보며 온갖 고생을 겪지 않으면 안 되었을 것이다. 내가 계속 그렇게 자라갔다면, 가장 불행한 약점들을 몸 안에 태생적으로 지니고 있다는 고통으로, 늘 통제를 잃은 짐승적 본능의 분출 때문에 엄청난 좌절에 빠지기도 했을 것이다.

자신의 하얀 손바닥을 내려다보며, 외할아버지의 저주소리를 듣고 괴물처럼 재수 없는 아이라고 뱉어 버린 사람들의 침 냄새를 맡으면서, 김현준은 울고 또 울었다. 병원의 한 쓰레기통에 버려져 바둥거리다 죽어가는 시뻘건 핏덩이. 그 비극과 서러움을 아무도 개의치 않은 그렇게 버려진 사생아.

그러고 보니 아버지가 꿈에서 한 말들이 예사말이 아니었다. 아버지는 끊임없이 무언가를 부탁하고 있었다. 사생아인 내게 동생을 그토록 애걸하며 부탁했던 것이다. 사생아의 태생적 불안과 두려움을 가지고 있는 자로서, 그렇게 동일하게 사생아처럼 몸부림하는 동생을 결코 매몰차게 대하지 말라는 것이었을까.

김현준은 자신이 사생아였음을 사춘기 시절에 알았더라면 엄청난 방황을 했을 거라고 생각했다. 하지만 아버지는 내가 친자식이든, 아니면 다른 누구의 자식이든, 피가 한 방울 섞였든 안 섞였든, 동일하게 대했을 것이다. 평소 아버지의 모습에서 그것은 의심할 여지가 없었다. 아버지의 사랑을 독점할 만큼 탁월한 인간이 별도로 존재하지도 않았지만, 아버지의 사랑을 받을 자격이 없을 만큼 무시해도 좋은 그런 인간도 존재하지 않았다. 아버지에게 사랑의 경계선은 존재하지 않았다. 언제든지 인간이기에 불쌍하게 생각하고, 인간이기에 이해하며 기다려 주었다. 인간이기에 누구든 사랑하고 인간이기에 누구든 사랑받을 자격이 있다고 생각하는 아버지.

김현준은 너무나 아름다웠던 어린 시절을 회상했다.

나는 아버지의 자식이 아니었다. 그 씨가 어디에서 왔는지도 모른다. 근본을 밝힐 수 없는 불결한 데서 왔을지도 모른다. 탯줄도 제대로 소독하지 못하고 물로 씻지도 못했을 것이다. 병원의 바트 통에서 건져 왔는지도 모른다. 그러나 내가 체중미달이었다 한들, 아버지는 나를 인큐베이터 안에서 충분히 성숙하도록 기다려 주었을 것이다.

아버지는 나를 사생아라고 싫어하며 들판의 거친 풀숲에 재우지 않았다. 나를 미워하여 버리지 않았다. 나를 더러운 자식이라고, 더러운 씨앗이라고 쫓아 버리지 않았다. 아버지는 핏덩이의 발가락질을 예쁘게 보고 벌거벗은 몸에다 가장 아름다운 색동옷을 입혀 돌 사진을 찍었다. 다른 형제들이 한 번도 입어 보지 못한 아름다운 색동옷이었다.

나의 굶주린 배는 늘 아버지의 기름진 음식으로 배불렀다. 한 번도 거친 음식으로 불편한 적이 없었다. 부랑자의 자식임에도 불구하고, 아버지는 염소나 돼지가 아니라 가장 살진 송아지를 잡았다.

내 몸에 늘 아름다운 향기가 스며들도록 로즈마리 화분으로 방을 장식했다. 내가 자라나는 모습을 보며 아버지는 분명 꽃처럼 향기 나는 꿈을 꾸었다. 그리고 수시로 손가락을 걸며 다짐했다. 너는 멋있게 자랄 거야.

김현준은 온몸에서 힘이 빠져 나감을 느꼈다. 기운이 하나도 없었다. 김현준은 다시 깊은 잠에 빠져 들었다.

메두사의 머리털

손가락이 문고리에 쩍쩍 달라붙었다. 며칠째 계속되는 영하의 강추위로 온 우주가 하얗게 얼어붙었다.

"도대체 그게 있을 수 있는 일이에요, 엄마? 종중(宗中)이 크게 잘못 생각하고 있는 게 분명해요. 내가 끝까지 따질 거예요."

잡아채듯 문을 열어젖히면서 화차(火車)처럼 하얀 입김을 폭폭 뿜으며 큰누이 김현자가 들어왔다. 증오의 불길이 이글거리는 큰 눈을 부릅뜬 누이의 얼굴은 마치 검은 머리털처럼 날름거리는 수많은 뱀을 뒤집어쓰고 있었다. 만나는 자는 누구든지 돌로 만들어 버리겠다는 아테나 신전의 여사제 메두사의 흉측한 모습이었다.

큰누이는 어머니의 전화를 받자마자 단숨에 달려왔었다. 피곤하다면서 뒤도 안 돌아보고 집으로 돌아갔던 것이 엊그제인데, 미안한 기색이나 동생들의 인사에 일말의 대꾸도 없이 곧장 어머니 방으로 들이닥쳤다.

누워 있던 어머니는 눈과 입이 일자로 붙어 깊이 잠겨 버린 채, 표정 없는 하얀 얼굴을 하고 부스스 자리에서 일어났다. 어머니의 떨리는 손에는 종중에서 보낸 편지가 들려 있었다. 큰누이는 채뜨리듯이 편지를 받아 들고 덜덜 떨면서 읽어 내려갔다. 한 번을 읽고 두 번을 읽고 몇 번을 반복해서 읽었다. 도저히 믿을 수 없다는 표정이었다. 혀를 차기도 하고 깊은 한숨을 내쉬면서 계속 마른침을 삼켰다. 악취가 방 안 가득 진동했다.

어머니는 입을 굳게 다문 채 숨을 쉬지 않았다. 코와 귀에는 하얀 솜이 박혀 있었다. 큰누이는 잠시 무슨 궁리를 하더니, 어머니를 붙들고 무엇인가를 계속 설득했다. 이글거리는 눈과 꿈틀거리는 검은 머리털에서 독이 가득한 침이 어머니의 온몸을 적셨다. 어머니의 어깨는 누이의 억센 손아귀 아래에서 바닷물 속의 수초처럼 이리저리 힘없이 흔들렸다.

그 편지는 김해 김씨 좌정승공파의 종중 재산을 일부 매각하면서, 그 대금을 종중 회원들에게 분배한다는 통지서였다. 경기도 용인시 수지 일대의 종중이 소유하던 임야를 최근 한 아파트 건설업체에 팔아 250억 원을 받았다는 것이다. 그 돈을 나눠 주면서 성년 남자에게는 1억 원, 여자에게는 7천만 원씩 분배한다고 했다. 그런데 김현준에게만은 5억 원이 배당된다는 것이다. 종중 총무로서의 김하종의 공로가 인정되어 특별히 4억 원이 별도로 배당되었다는데, 김하종이 굿기기 전 그 권리를 큰아들 김현준에게 물려줄 것을 유언처럼 밝혔기에 그 금액을 지급한다는 것이었다. 이미 사망한 자에게 특별 배당금을 지급하는 이유는, 종중 어른들이 김하종의 공로를 기리기 위해 용인 재산에 특별 단서를 붙여 두었기 때문이었다. 그리고 그 임야만큼은 재실 운영 및 관리 비용을 충당하기 위해, 가처분재산으로 분류하여 재단등기에도 포함시키지 않았었다고 했다.

김현준은 놀랐다. 평소 아버지의 소신과는 달리, 살아 있는 어머니를 제치고 김현준에게 배당금 상속을 지목한 사실이 선뜻 이해가 되지 않았다. 김현준도 마음이 편하지 않았다.

김현자는 분노가 치밀어 어쩔 줄을 몰랐다. 김현준에게 그 몫을 가질 자격이 없다고 생각했을 뿐만 아니라, 어머니가 임종을 앞두고 있는 상황에서 자기 의견을 따라 주지 않았기 때문이다. 새벽 수풀에 상고대가 잔뜩 내린 것같이 하얀 얼굴을 하고, 어머니는 무슨 말에도 그냥 도리질만 했다. 김현자는 며칠 저녁 그 문제로 어머니와 실랑이를 벌였다. 큰동생에게 포기하라고 분명히 말하라는 것이었다.

김현준은 어머니와 큰누이가 왜 그렇게 무거운 표정으로 오랫동안 애기를 나누는지 알 수 없었다. 큰누이의 배당금 액수가 너무 적어서 그러냐고 물으면, 너는 알 것 없다고만 했다. 어머니에게도 직접 물었지만, 이미 수의를 입고 있는 어머니에게서는 그 어떤 대답도 들을 수 없었다. 김현준은 큰누이의 가정사 때문이라고 생각하며 더 묻지 않았다. 김현준 앞으로 배당되는 5억 원 때문에 큰누이가 심각하게 문제를 제기하고 있다는 사실은 꿈에도 생각하지 못했다. 김현준은 특별배당금이 궁극적으로 자기 몫이 아니라고 여겼다. 더욱이 어머니의 임종 상황이었기 때문이었다.

김현자는 어머니에게 법정 소송을 하든지 종중에 정식 항의를 하든지 할 것이라고 당조짐했다. 대금을 지급하기 전 이의를 신청할 수 있는 기간이 한 달 정도 되었다. 김현준이 워낙 고집불통이기 때문에, 그 상속 몫을 포기하라고 해도 결코 호락호락 물러나지 않을 것이라고 했다. 어떻게 해서든지 사생아인 김현준이 아니라, 김현석에게 그 몫이 돌아가게 해야 한다는 것이었다.

큰누이는 호스피스에서 난동이 일어날 때나 빈소에서 형제가 드잡이판을 벌일 때에도 언제나 동생 김현석의 편에 서서, 분노에 가득한 냉소적인 눈초리를 김현준에게 쏘아붙였다. 그 표독스러운 눈초리는 지난 수십 년의 세월 동안 단 한 번도 김현준에게 누그러진 적이 없었다.

돈 조반니의 시종 레포렐로가 불평을 늘어놓으며 신세를 한탄하고 있다.

> "밤이나 낮이나 지쳐서 좋은 데라곤 하나도 없는 인간을 위해
> 비바람을 참아 가면서 먹는 것과 자는 건 개판. 나도 신사 노릇
> 좀 해 보자. 하인 노릇하는 거 이제 신물 나."

큰누이의 흑책질은 시작되었다.

김현자는 동생 김현석을 데리고 김현준에게 찾아왔다. 다짜고짜 결론부터 쏟아 놓았다.

"종중의 아버지 상속 부분 4억 원을 포기하고, 모든 권리를 온새미로 석이에게 넘겨 줘. 너는 아버지의 씨앗이 아니잖아. 같이 벼름질을 할 것

도 없어. 만일 석이에게 넘겨 주지 않으면, 네가 불법 상속자라는 것을 종중에 밝힐 것이고, 정식으로 지급중지 신청을 할 거야. 그리고 법적 소송을 할 거야."

약혼자 오타비오 앞에서 울부짖는 돈나 안나의 아리아(오르 사이 치 로노레)가 하늘을 찌른다.

"그 나쁜 놈이 도망갔어요. 난 공격을 받았다가 공격하는 입장이 되었어요. 그때 아버지가 달려와서 그놈이 누구인지 알아내려 하셨어요. 그러자 노인보다 더 힘센 그 무뢰한이 아버지를 죽이고 말았어요. 이제 누가 내 명예를 더럽히려 했는지 당신은 알겠죠? 복수해 줘요. 당신의 가슴에 호소합니다."

"누나 마음대로 안 돼. 누나는 아버지 뜻을 거스를 거야?"

그러나 이미 큰누이와 현석이는 김현준의 상속에 대한 가처분 금지 신청을 해 놓고 있었다. 큰누이는 김현준에게 여러 가지 협박과 회유를 시도했다. 김현준의 가슴에 송곳을 들이대며, 김현준이 가장 두려워하고 아파하는 부분을 가차 없이 찔러 댔다.

어머니가 강경에서 임신했었던 일들을 꺼내기 시작했다. 큰누이는 아귀가 시뻘건 입을 벌리고 있는 컴컴한 구덩이로 김현준을 밀어 넣었다. 김현준은 필사적으로 허우적거리기 시작했다. 그러나 검붉은 거품 속으로 몸이 점점 더 빠져들어 갔다. 엄청난 공포의 채찍을 휘두르는 큰누이 앞에서 김현준은 점점 콩알만 하게 작아졌다.

큰누이는 어머니를 임신시켰던 동네 건달에 대해서도 자기가 알고 있는 모든 사실을 작심하고 거침없이 쏟아 냈다. 그가 어떻게 어머니를 유혹하고 협박했는지, 그리고 임신 사실을 알고 무책임하게 도망간 사실에

174

대해서도 낱낱이 털어놓았다. 외할아버지가 알지 못하도록 낙태를 하기 위해 어머니와 큰누이가 여러 차례 병원을 돌아다닌 사실도 숨김없이 말했다. 기차역 대합실에서, 다방에서, 그리고 기차 안에서 어머니와 옥신각신하던 당시의 처절한 상황을 스스럼없이 떠들어 댔다.

김현준은 메두사의 입에서 쏟아지는 독침을 고스란히 맞으며, 머리가 터질 것 같은 압박감으로 숨을 쉴 수가 없었다. 어머니는 소나기에 흠뻑 젖은 어린 새처럼 덜덜 떨며 어찌할 줄을 몰랐다.

임신 12주가 되었을 때 아버지가 강경으로 내려와 결국 자궁경부 확장 제거술을 하기로 결정하고 함께 병원까지 갔던 이야기도 했다. 김현준은 얼굴이 사색이 되어 두 팔로 머리를 감싸며 울음을 터뜨렸다. 병원에서 수술을 기다리던 어머니는 수술 과정을 자세히 듣고 통곡을 했다. 얼굴은 이미 반죽음이 되어 부들부들 떨고 있었다. 그때 아버지는 결정을 번복해서 어머니가 원하지 않으면 수술을 하지 말도록 했다. 그러나 큰누이는 무서운 외할아버지 때문에 수술을 꼭 해야 한다고 했다. 통곡하는 어머니를 끌어안고서 아버지는 그 길로 대전으로 올라갔다. 결국 수술을 하지 않았고, 큰누이는 수술을 하지 않기로 한 결정이 자기가 아버지를 설득했기 때문이라고 했다. 큰누이는 김현준의 목을 움켜쥐고 보라는 듯이 웃었다.

김현준은 울었다. 존재의 문제가 처음부터 심각하게 도전받고 있다는 엄청난 두려움으로 울었다. 존재의 의미가 근본적으로 왜곡되고, 철저하게 훼손된 불확실성과 불안 때문에 울었다. 인간으로서 단 한 사람으로부터도 환영받지 못하고 철저하게 외면되고 버려지는 그런 서러운 울음을 울었다. 큰누이가 움켜쥔 운명의 저울추에 매달려 자칫하면 곧 사라지게 될 파리목숨처럼 그렇게 서러워서 울었다. 삶과 죽음의 경계선에서 엄청난 두려움과 불안이 검은 폭풍처럼 몰려왔다.

김현준은 철길에 앉아 울고 있었다. 검은 연기를 내뿜으며 기차가 성난 멧돼지처럼 씩씩거리면서 달려왔다. 김현준은 일어날 수 없었다. 지평선을 뚫고 찢어지는 듯한 경적을 울리며 육중한 열차가 곧 김현준을 덮쳐 왔다. 열차가 몸 안으로 깊숙이 뛰어들었다. 온몸이 갈래갈래 찢어졌다. 해체되었다. 육체는 가루가 되고 눈물 조각은 바람이 되어 우주 끝으로 가뭇없이 사라져 버렸다. 열차는 온 하늘이 떠나갈 것 같은 굉음을 몇 차례 울렸다. 그 소리는 누군가의 승리의 함성처럼 들렸고, 동시에 그것은 김현준의 터져 나오는 비명소리였다.

큰누이의 웃음소리가 예리한 펜치처럼 몸을 뚫고 들어와 구석구석을 헤집었다. 아이는 필사적으로 도망 다녔다. 그러나 뼈가 으스러지고 손과 다리가 비틀렸다. 큰누이의 입에서 떨어지는 말 한마디 한마디는 김현준의 손과 다리뼈를 뜯어내는 공포의 손놀림이 되었다. 극심한 두려움으로 김현준의 영혼은 유등천 강물처럼 그렇게 땅바닥에 쏟아져 내려 흘렀다. 여기저기 금속의 충격이 가해지면서 온몸이 시퍼렇게 아니 까맣게 멍이 들어 죽어 갔다. 아이는 살기 위해 이리저리 몸을 돌리고 부들부들 떨면서 최후의 사투를 벌이고 있었다. 엄청난 양의 소금물이 파도처럼 밀고 들어와 코와 입과 귀로 흘러 들어왔다. 큰누이의 웃음조각들이 가슴 한가운데서 강력한 삼투압을 일으켰다. 더 이상 숨을 쉴 수 없었다. 모든 구멍마다 뱀의 독으로 가득 채워졌다.

따끔한 주사바늘이 허리를 찔렀다. 아이는 심한 경련을 일으키며 발버둥 쳤다. 몸이 뒤틀렸다. 메두사의 검은 이빨이 아이의 몸으로부터 하반신을 잘라 냈다. 살을 부욱, 찢는 소리가 커다랗게 울려 퍼졌다. 심장이 터지고 피가 분수처럼 뿜어 나왔다. 온 우주를 피 칠갑하는 비명소리로 하늘이 무너져 내렸다. 어머니가 누워 있던 관 속에서 벌떡 일어났다. 아이의 등뼈를 부러뜨리고 두개골을 으깨서 아이는 완전히 분해되었다.

어머니는 머리를 산발하고 통곡했다. 아이는 더 이상 존재하지 않았다. 아이의 피와 눈물과 두려움이 흘러 강물을 이루었다. 검은 하늘이 강물에 쏟아져 내려 온 대지를 홍수처럼 휩쓸고 내려갔다. 하얀 시트 위에서 조각난 아이의 몸은 간호사에 의해 재조립되고 있었다. 조각난 몸에서는 끊임없이 흐르는 아이의 피눈물이 뚝뚝 떨어졌다. 그 피눈물은 땅과 하늘에서 팔딱거리며 고무공처럼 튀어 올라 하늘을 향해 울부짖었다.

무표정한 간호사는 피눈물을 쓸어 담으려고 바트 통을 가져왔다. 그런데 아이의 피눈물과 검은 하늘을 쓸어 담는 간호사는 바로 메두사의 머리털을 가진 큰누이였다. 조각난 아이는 돌처럼 굳어졌다. 싸늘하게 식어 갔다. 큰누이는 손에 묻은 핏물을 씻고 수술실을 나갔다. 하얀 서류를 들고 있었다. 차가운 피눈물이 바트 통에 가득했다. 그 속에는 눈과 입이 일자로 굳게 잠긴 어머니가 숨이 끊어진 채 누워 있었다.

큰누이는 하얀 서류를 내밀었다. 화가 머리끝까지 치민 돈나 안나, 돈나 엘비라, 드리고 돈 오타비오의 위협적인 목소리가 울려 퍼진다.

"배신자! 모든 것을 다 알고 있어. 몸을 떨어라, 비열한 자여. 곧 모든 세상이 너의 끔찍하고 흉악한 짓을, 너의 극도로 잔혹한 짓을 알게 되리라. 너의 주위에서 계속 울릴 복수의 우레 소리를 들어라. 오늘 너의 머리 위에 벼락이 떨어지리라!"

"자, 이게 마지막 기회다. 너한테 20퍼센트를 더 주겠다."

"안 돼. 단 1퍼센트도 안 돼."

큰누이는 천둥을 치면서 여러 차례 협상을 시도했다.

"50퍼센트를 주면 어떻겠어?"

"그것도 안 돼. 그건 누이의 것도 아니고 현석이의 것도 아니고 내 것도 아니야. 그것은 아버지의 것으로 아버지의 뜻대로 사용되어야 해."

더욱 궁지에 몰린 돈 조반니와 레포렐로의 다급한 노랫소리가 연기처럼 피어오른다.

"내 머리가 어지러워. 뭘 해야 할지 난 몰라. 오 하나님, 끔찍한 폭풍이 나를 위협해요. 그러나 나에게 용기가 없지 않아. 난 쓰러지거나 당황하지 않아. 이 세상이 가라앉더라도 난 두려워하지 않아."

그들의 노래는 아무런 효과가 없었다. 오히려 큰누이는 그 긴 머리털로 김현준의 몸을 칭칭 감았다. 검은 머리털에 감겨 돌처럼 굳어진 김현준은 바트 통에 담겨져 폭풍이 닥쳐온 어느 해변가의 구덩이로 끌려갔다. 여동생이 〈타박네야〉를 부르며 통곡하고 있었다. 큰누이는 검은 독을 사정없이 토해 냈다. 하얀 천에 손과 발이 묶인 어머니가 다시 시트 위에 누웠다. 어머니는 화상을 입어 심하게 일그러진 두 허벅지를 벌렸다. 기다란 펜치와 링펄셉으로 동일한 작업이 처음부터 다시 시작되었다. 아이는 어머니 몸 속에서 처음부터 다시 동일한 고통을 받으며 깎아지른 돌비알을 타기 시작했다. 김현주가 있는 해변가로 도망가고 싶었다. 아이는 손 끝에 간신히 걸리는 절벽에서 떨어지지 않기 위해 밤새도록 길고 긴 피울음을 울었다. 손과 발의 살점이 다 해어졌다. 뼈가 드러나 몹시 시려 왔다. 절벽 아래는 무시무시한 구덩이였다. 떨어지기만을 기다리면서 입을 벌리고 있는 아귀 같은 지옥이었다. 아이는 안간힘을 쓰며 돌 틈에 매달려 며칠을 울었다. 아이는 절규했다.

"거기 누구 없어요. ……나를 좀 구해 주세요."

절벽 위에서 김현자가 아이를 내려다보며 웃고 있었다.

"나를 좀 구해 줘요."

팔짱을 끼고 있는 김현자는 대답했다.

"나는 네가 누구인지 모르겠어. 너는 한 번도 나와 사귄 적이 없거든."

큰누이 김현자는 바람처럼 사라져 버렸다. 아이는 김현자의 이름을 수없이 불렀다. 그러나 김현자는 돌아오지 않았다. 알 수 없는 대답만이 절벽 위에서 맴돌았다.

'나는 네가 누구인지 모르겠어. 너는 한 번도 나와 사귄 적이 없거든.'

아이의 울음소리는 소나기가 되었다. 하늘은 홍수처럼 완전히 씻겨 내려가 검은 구덩이에 빠져 버렸다. 유등천의 강물이 대지를 온통 핏빛으로 물들였다. 김현자는 강물에 미끄러지듯 휩쓸려 가는 조그만 달팽이 하나를 바라보고 있었다. 달팽이는 메두사의 검은 머리털로 목이 칭칭 감겨 있었다. 김현자는 다시 서류를 내밀었다.

상속권 소송

서류가 도착했다. 종중에서 보낸 것이었다. 예정대로 호적상 합법적인 상속자인 김현준에게 5억 원 전액을 지급한다는 내용이었다. 공동 상속 인으로서의 노느몫에 대한 권리는 가족들이 알아서 하라는 내용증명까 지 함께 보내왔다.

큰누이와 김현석은 김현준이 합법적인 상속인이나 장자가 아니라는 법정 소송을 가정법원에 제기했다. 친생자관계 부존재 확인 청구 소송이 었다. 변호사를 선임하고 곧 지루한 재판이 시작되었다. 큰누이는 상속 권에서 김현준을 철저히 배제하려고 했다. 김현석을 합법적인 장자 상속 인으로 내세웠다.

　재판정에서 큰누이와 변호사는 김현준의 탄생 과정을 수없이 반복했다. 김현준은 그때마다 고통스럽게 어머니와 함께 산부인과 수술대를 오르내렸다. 살인의 광기와 피비린내가 가득한 새로운 지옥이 재현되었다. 어머니가 없는 상황에서 유일한 산증인인 큰누이는 입에 거품을 물었다. 메두사의 검은 머리털을 풀어 재판석과 방청석을 온통 칭칭 감으며 검은 독으로 질식시켜 돌멩이로 만들어 버렸다. 모든 사람은 넋을 잃고 메두사의 충실한 신도들로 변해 갔다. 어떻게 저런 자식이 합법적인 상속인이 될 수 있는가, 머리를 설레설레 흔들며 코웃음을 쳤다. 재판정이 술렁거렸다. 김현준은 아슬아슬한 외나무다리를 건너다 강물로 떨어졌다. 검은 구덩이에 갇혀 버렸다. 김현준은 아버지를 생각했다.

　의외의 판결이 나왔다. 판결문은 분명하고 단호했다. 이 소송은 호적상의 아버지가 김현준을 혼인 외의 아들로 출생신고를 한 경우인데, 아버지와 아들 사이에 실질적인 양친자 관계가 성립될 수 있는지의 여부는 분명하다고 판결했다.

　큰누이는 펄펄 뛰었다. 김현준이 합법적인 상속인으로서 법적인 하자가 없다는 판결을 도저히 받아들일 수 없다고 했다. 판결이 잘못되었다는 것이다. 김현준은 법적 판결을 통해 아버지의 큰아들로서 합법적인 지위를 보장받기는 했지만, 오히려 판결이 나기 전보다 훨씬 더 착잡하고 외로웠다. 법적인 보호를 받으면서 오히려 형제들에게 실질적으로 외면당하고 있다는 불안감에 견딜 수가 없었다. 아버지의 사랑. 아버지의 따뜻한 배려. 그리고 유언으로 남겨 준 5억 원이라는 거액의 돈. 엄청난 사랑의 감동 속에서도 김현준은 밑 빠진 독처럼 그 사랑이 급속히 빠져 나가는 위기감을 느꼈다.

큰누이는 포기하지 않았다. 다시 독기를 품고, 종중에서 발송한 배당문서를 근거로 김현준을 참칭(僭稱)상속권자라고 하면서 민법상의 상속회복 청구권 소송을 제기했다. 김현준이 공동상속인 중 자기만 단독으로 상속권이 있다고 주장하기에, 합법적인 상속에서 제외된 형제들의 상속권을 찾아 달라는 것이었다. 가족들에게는 아버지의 특별한 유언이 없었기에 배당금에 대한 법정 상속을 인정해야 하며, 어머니에게 당연히 5할을 지급해야 하고, 형제들 간에 균분공동상속을 해야 한다는 것이었다.

김현준은 큰누이의 주장에 어이가 없었다. 그런 이의제기는 종중 사무실에나 가서 해야 할 일이 아닌가, 생각되었다. 본인이 유일한 상속권자라고 주장한 적도 없거니와, 또 다른 형제들이 상속에서 제외되어야 한다고 주장한 적도 없었기 때문이었다. 아버지의 일방적인 유언을 종중에서 받아들여 그대로 집행하려는 것을 지금 알고 있을 뿐이었다. 큰누이의 주장은 존재하지도 않는 사실을 마치 있는 것처럼 만들어 김현준을 범죄자로 만들려 하는 듯했다. 그러면서 김현준은 자신이 혹시 너무나 당당하게 아버지의 아들 됨을 참칭하고 있는 것은 아닌가, 혹은 아버지의 아들 됨을 당연시하면서 실질적으로 참칭의 범죄를 하고 있는 것은 아닌가 두렵기도 했다.

김현준은 큰누이와 김현석에게 별도로 만나자고 제안했다. 그들의 진정한 의도가 무엇인지 더 분명히 듣고 싶었기 때문이었다. 큰누이가 이성을 완전히 잃고 눈이 뒤집힐 듯이 흥분하여 날뛰는 것이 단순히 돈 문제 때문만은 아닐 것이라고 생각되었다. 큰누이는 처음에는 법정에서나

만나자며 완강히 거부하다가, 김현준의 거듭된 요청에 따라 어쩔 수 없이 약속 장소에 나왔다.

오랜 세월 아버지와 어머니 사이에서 갈등이나 충돌이 있을 때마다 보이지 않는 가교역할을 했던 큰누이였다. 마음이 자상한 아버지였지만, 어머니의 불같은 폭발에 깊은 상처를 받았다. 워낙 당당하고 고집이 센 어머니의 성격 때문에 항상 심드렁해진 아버지의 마음을 헤아리며 끝까지 달래는 것은 큰누이였다. 늦게까지 계속되는 큰누이의 설득과 위로의 말을 듣고 나서야, 아버지는 다시 평상심을 회복하고 아무 일 없다는 듯이 일상으로 돌아갈 수 있었다. 부잣집 외동딸로 자라난 어머니의 자유분방한 개성을 이해하라는 설득이 주된 레퍼토리였다.

큰누이는 문제가 있는 상대방을 설득하고 협상하는 데에 탁월한 능력이 있었다. 상대방의 의중을 정확히 파악하고 그 정곡을 찌르는 언변이 혀를 내두르게 할 만큼 뛰어났다. 그것은 아버지 사망 이후 동생들의 크고 작은 문제에 직접 뛰어들어, 식구들이 쉽게 해결하지 못하는 문제들을 단시일 내에 해결함으로써 유감없이 발휘되었다. 김현주가 남편에게 구타를 당했을 때, 그 문제를 똑 부러지게 매듭지은 것이 바로 큰누이였다. 큰누이는 파출소의 순경을 불러다 놓고 적당히 위협을 주면서, 그러나 너무나 감동적인 설득을 통해 매제를 완전히 제압했다. 그리고 다시는 손찌검을 하지 않겠다는 약속을 받아냈다.

무엇보다 부모들 사이의 잦은 마찰 때문에 늘 심적으로 눌려 있는 동생들을 보살피며 거느리는 일을 도맡아 왔던 큰누이였다. 아버지 굿긴 후 동생들의 자질구레한 수발은 실질적으로 큰누이의 몫이 되었던 것이다.

그런데 가족들 가운데 유독 김현준에 대하여는 마음을 열지 않았었다. 김현준은 그 이유를 전혀 눈치 채지 못했었다. 자신이 단지 사생아이기 때문만은 아니라는 생각이 들었다. 김현준은 의도를 알고 싶었다. 큰누이가 다시 소송을 제기하여 판결을 며칠 앞두고 있던 시점이었다.

김현준은 전혀 뜻밖이었다. 큰누이에게 그런 마음의 상처가 있으리라고는 상상도 해 본 일이 없었다. 큰누이가 마음을 털어놓기 시작했을 때, 그것은 수십 년을 마음에 담아 두고 끙끙 앓아 왔던 문제였음을 알아차렸다. 큰누이는 그것 때문에 지금까지 심장이 뛰고 화병을 앓고 있다고 말했다. 항상 당당하고 자신만만하거나 왕언니처럼 동생들을 거느리는 모습만을 보아 왔던 김현준이었기 때문에 보통 충격이 아니었다.

큰누이는 아버지에 대하여 엄청난 불만을 품고 있었다. 아버지가 자식들 가운데서 유독 김현준만을 사랑했다는 게 이유였다. 그것도 사생아를. 김현준은 그런 서운함과 상처가 동생 석이에게만 있으려니 최근에 짐작했을 뿐이었다. 그러나 동생 석이는 아버지의 사랑을 독차지했던 형에게 서운한 감정이 있기는 했어도, 아버지에 대하여는 일체 부정적인 감정이 없었다. 그러나 큰누이는 아버지에 대하여 하늘을 찌를 듯한 엄청난 분노를 가지고 있었다. 그리고 그 원한이 아버지 사망 이후 김현준을 통하여 더욱 증폭되었을 뿐이었다.

아버지가 김현준에게 특별대우를 했다는 것이다. 생일 기념이나 각종 선물에 있어서의 차별은 물론, 집 안팎에서의 크고 작은 사건 속에서 기분 나쁜 차별대우가 십수 년간 지속되었다고 했다.

아버지는 건강상 흰 쌀밥보다 보리와 여러 잡곡을 섞어 밥을 짓도록 했다. 그래서 식구들은 하루 세 번 한결같이 거무튀튀한 잡곡밥을 먹었다. 그러나 김현준은 검은 밥이 싫다며 식사 때마다 밥상에서 투정을 부리고 식사를 거부했다. 그러자 아버지는 현준에게만은 하얀 쌀밥을 퍼 주라고 어머니에게 부탁했다. 그래서 큰누이가 결혼할 때까지 김현준은 하얀 쌀밥을 먹는 귀공자로, 그리고 나머지 식구들은 하나같이 검으스레한 잡곡밥을 휘휘 섞어서 먹는 마당쇠로 취급받는 구분이 생겼다고 했다.

큰누이는 아버지나 어머니에게 그래서는 안 된다고 여러 차례 따졌지만, 아버지의 뜻이 워낙 단호했다. 그 희한한 모습은 지난 세월 매일같이 하나의 제사의식처럼 반복되었다. 식구들은 잘 길들여진 종교 집단의 신도들처럼 그 의식을 바라보며 묵묵히 참여했다. 김현준은 그런 구분에 대하여 전혀 특이하다거나 잘못되었다고 생각하지 못했다. 그러나 큰누이의 눈에는 그런 '비인륜적인' 작태가 엄청난 부담과 분노가 되어, 아버지에 대한 걷잡을 수 없는 원한과 고통으로 쌓여 갔던 것이다. 큰누이는 봇물 터지듯 눈물을 쏟아 내면서 오열했다.

눈물을 계속 훔치면서 큰누이는 김현준에 대한 섭섭함을 쏟아 내기 시작했다. 큰누이는 본격적으로 창끝을 겨누었다. 김현준은 그 어떠한 방패도 준비하지 않았다. 그대로 모든 것을 받아들이고 싶었다. 큰누이의 어떤 말도 대꾸하거나 저지하지 않고 그대로 들어 주었다.

3년 전 김현준의 자형이 갑작스럽게 후두암 판정을 받고 수원의 한 대학병원에서 수술한 적이 있었다. 그때까지 자형은 건강에 전혀 문제없이 작은 중소기업체를 잘 경영하고 있었던 터라, 큰누이 가정이 받은 충격은 대단했다. 형제들이 모여 며칠 동안 숙박을 하면서 입원한 자형을 극진히 간호하고 함께 위로했다. 동생들은 그동안 큰누이가 자신들에게 보였던 사랑을 생각하면서, 개인 사정의 크고 작음을 막론하고 달려와 큰누이를 위로해 주었다. 그러나 김현준은 전화도 없었고 병원에 한 번도 나타나지 않았다는 것이었다.

김현준은 뒤통수를 한 대 얻어맞는 것 같았다. 자형이 입원할 당시 공교롭게 한 주간 직장 연수가 있어서 광주에 출장을 가 있었다. 연수 중에 전화를 받고는 교육이 끝나는 대로 병원에 꼭 들르겠노라고 약속했다. 그러나 연수가 끝나자마자 두 주 후에 사장에게 직접 보고해야 하는 중대 프로젝트가 떨어졌다. 두 주간 두문불출 꼼짝없이 매달려 있어야 했다. 김현준은 자형이 입원한 병원에 가 봐야 한다고 생각하면서도, 수술이 잘 되었다는 서우림의 말을 듣고, 프로젝트가 끝나면 찾아가기로 했다. 전화라도 한 통 해 주었어야 했지만 그러지 못했다. 큰누이는 그 일로 대단히 불쾌했다고 했다.

그런데 김현자는 더 섭섭하고 괘씸한 일이 있다며 그것은 도저히 용서할 수 없는 일이라고 했다. 이 사건이 잊혀지기도 전에 터진 일이었다. 엎친 데 덮친 격이었다. 큰누이는 점점 가빠지는 숨을 참으면서 끓어오르는 분을 삭이며 말했다.

지난해 11월 자형의 환갑을 모두 까맣게 잊었던 사건이었다. 김현준에게 심하게 토라져 있던 큰누이는 자형의 환갑을 어머니는 물론 동생들에게 전혀 알리지 않았다. 동생들은 요즘 나이 61세면 새파란 청년이라고 농담하면서, 자형이 환갑잔치를 할지 안 할지 아직 결정을 못 했다고만 알고 있었다. 그러면서 어느 누구도 나서서 그 일을 확인하지 못했다. 김현준의 큰 실수였다. 동생들은 큰누이로부터 전혀 소식을 듣지 못한 채 그 해 가을과 겨울을 보낸 것이다.

돈 조반니에게 버림받은 돈나 엘비라의 흥분된 노래가 쏟아져 흘러내린다.

"아, 그 무정한 인간이 어디 있는지 아무도 모르나. 수치스럽게도 내가 사랑했더니 나를 버린 그 인간이. 아, 그 뻔뻔한 인간을 다시 찾더라도 내게 돌아오지 않겠다면 끔찍한 살육이 벌어질 거야, 그자의 심장을 도려낼 테니까."

김현자의 섭섭함은 하늘에 사무쳤다. 어머니나 다른 동생들은 모두 잊어도 완벽주의자 김현준이 잊어버릴 것이라고는 상상을 하지 못했다. 김현준도 큰누이가 곧 연락을 해 주겠지 차일피일 미루다가 결국 기회를 놓쳐 버렸다. 동생들과 상의하여 제법 큰돈을 모아 건네면서 세계일주나 한 번 하라고 권했지만, 큰누이는 송금 받기를 거절했다. 마음에 큰 상처를 입은 것 같았다. 다시는 김현준을 만나지 않겠다고 했다.

마스카라가 눈물에 얼룩져 흘러내리는 큰누이의 얼굴은 온통 지난 세월의 고통과 상처로 검게 뒤덮였다. 눈물을 닦아 내려는 큰누이의 손은 한없는 회한으로 부르르 떨고 있었다. 김현준에 대한 분노는 곧 아버지에 대한 분노였다. 아버지에 대한 분노는 곧 김현준에 대한 섭섭함으로 증폭되어 있었다. 김현준은 아무 말도 하지 못했다. 큰누이의 심정을 제대로 헤아리지 못한 자신이 원망스러웠다. 법정 소송문제는 꺼내지도 못했다. 주체할 수 없을 만큼 연신 흘러내리는 누이의 눈물은 김현준에게 엄청난 충격이었다.

참칭상속권자

김현준의 예상은 완전히 빗나갔다. 법정은 다시 큰누이의 손을 들어 주었다. 큰누이는 김현준을 상속회복청구의 상대방이 되는 참칭상속권자라고 소송하였었다. 그러나 법정은 김현준이 참칭상속권자는 아니지만, 유언에 의한 단독 상속을 인정할 수 없다는 판결을 내렸다.

큰누이는 보라는 듯이 큰 소리로 환호성을 지르며 만세를 불렀다. 아버지와 김현준에 대한 섭섭함과 원망이 컸던 큰누이에게 법정 승리에 대한 기쁨은 이루 말할 수 없을 만큼 컸다. 그 판결은 아버지와 큰동생 김현준에 대한 과거사 정리의 통쾌한 승리를 의미했다. 자신만만하고 교만한 김현준에게 멋지게 한방을 먹인 셈이었다. 여동생 김현주는 고개를 숙이고 어깨를 들썩거리며 울먹였다.

김현준이 패배한 가장 분명한 이유는 종중이 김현준의 단독상속을 결정한 아버지 김하종의 유언성 발언을 법적인 근거가 있다고 인정할 수 없다는 것이었다. 큰누이는 그 점을 잘 알고 있었다. 아버지의 유언을 어떤 문서로 남긴 것도 아닌 차에, 김현준의 단독상속은 틀림없이 법적 구속력이 없을 것이라고 믿었던 것이다. 물론 종중 노인들의 입을 막으면 문제는 더욱 간단했었다.

김현준도 낌새를 채고 종중 회장단 및 어른 몇 명에게 법정 증인으로 참석해 달라고 요구하려 했지만, 큰누이는 교묘하게 그분들이 참석하지 못하도록 미리 조치를 취해 놓았다. 임원진을 비롯해서 아버지와 종중 일을 함께 보던 노인 몇 분은 아예 행방을 알 수 없었다. 큰누이는 돈 봉투를 주면서, 남의 가정 소송에 괜스레 끼어들어 일을 복잡하게 만들지 말라고 위협했다. 종중 어른들은 오래전 재실 행사 때 큰누이를 자주 만난 적이 있었기 때문에, 그 부탁을 거절할 수 없었다.

특히 일이 점점 커져 법정 소송으로 번지자, 노인들은 자신들의 입장을 분명히 밝히기를 꺼려하는 듯했다. 그 노인들이 나서주지 않는다면 결과는 불을 보듯 뻔한 일이기 때문이다. 김현준은 더 이상 종중 어른들을 찾아다니지 않았다. 그럴 마음도 없었다. 변호사는 당연히 큰누이가 참고인 선정을 방해한 사실을 법정에 통보하도록 조언했으나, 김현준은 있는 그대로 법정의 분별력을 믿고 싶었다. 그러나 그것은 단지 세상모르는 순진한 낙관이었을 뿐이었다. 재판이 끝난 뒤에 종중 총무가 김현준에게 전화를 걸어와, 미안하다면서 큰누이와 다투지 말고 잘 타협하라고 했다.

일단 김현준은 참칭상속권자가 아니라는 해석만으로도 안도했다. 김현준은 염려하던 명분은 얻었지만 실리를 잃게 되었다. 김현준은 법정판결에 따른 종중의 반응을 기다리고 있었다. 물론 법적인 결정이 내려졌기에 김현준 단독상속이 아닌 공동상속의 통지문이 될 것이다.

종중 사무실에서 연락이 왔다. 뜻밖의 내용이었다. 김현준의 아버지 김하종의 유언이 담긴 서류가 발견되었다는 것이다. 용인 재산 매각시 만일의 경우 상속자를 김현준에게 한다는 분명한 의사표시가 담긴 서류라고 했다. 가족들 앞에서 작성한 공개 유언장이 아니기 때문에, 법적으로 얼마만큼 효력이 있는지는 모르겠지만, 그래도 상황을 재역전할 만한 자료임은 분명했다. 역시 가장 기뻐한 것은 여동생 김현주였다. 김현주는 김현준의 손을 꼭 붙잡고 눈물을 흘렸다.

소식을 전해 들은 큰누이와 김현석은 완전 사색이 되었다. 김현준의 변호사는 2주일 이내에 법정에 항소하도록 했다. 법정판결 후에 새로운 증거가 발견된 경우다. 증인신청을 막은 불법행위까지 함께 제기하라고 했다. 김현준도 이번 기회에 모든 잡음을 떨쳐 버리고, 복잡하던 일들을 완전히 매듭짓고 싶었다. 아버지의 친필과 서명이 담긴 그 서류만 있으면 김현준에 대한 그동안의 모든 의혹이 단번에 해결될 수 있기 때문이다. 더 이상 큰누이에게 시달릴 필요도 없을 것이다.

김현준은 다시 아버지를 떠올렸다. 더없이 고마운 분이라고 생각하며 깊이 감사했다. 사생아인 자신을 아들로 받아들이고 또 상속자로 지목해 주었을 뿐만 아니라, 앞으로 펼쳐질 일들을 미리 바라보고 아버지는 적절하게 본인의 의사표명을 했던 것이다. 그 한 장의 종이가 지옥에 빠진 김현준을 천당으로 끌어 올린 것이다. 가슴 벅차 오르는 뿌듯함으로 기분이 너무나 유쾌했다.

아버지의 얼굴은 하늘 전체를 차지하며 김현준 위에서 점점 더 커졌다. 자상하면서도 근엄한 아버지는 김현준의 과거와 현재와 미래를 관통하는 절대 모델이었다.

그런데 아버지의 얼굴이 구름처럼 이동하면서 절벽 위에 서 있던 큰누이와 서로 겹쳐졌다. 미소를 짓고 있던 아버지의 긴 머리칼이 갑자기 꿈틀거리면서 요동치기 시작했다. 검은 석상의 머리털은 메두사의 뱀처럼 혀를 날름거렸다. 머리털마다 날카로운 눈빛을 번개처럼 번뜩이며 온 하늘을 천둥소리로 뒤흔들었다. 레포렐로와 돈 조반니 틈에서 그 소리는 깊고 무거웠다.

"새벽이 되기 전에 너는 웃는 것을 멈추어라."

"나는 네가 누구인지 모르겠다. 너는 한 번도 나와 사귄 적이 없어."

김현준은 낭떠러지에 매달려, 칙칙거리며 뿜어져 나오는 검은 석상의 엄청난 괴성에 어찌할 줄을 몰랐다. 벼락 치는 듯한 우렁찬 목소리는 큰누이의 입을 통해 흘러나온 아버지의 준엄한 목소리였다. 김현준은 소스라치게 놀랐다. 큰누이의 목소리는 낭떠러지에 매달려 있는 김현준을 끊임없이 맴돌았다. 그 목소리는 마침내 검은 소나기를 몰고 왔다. 천둥과 번개를 동반하면서 소나기는 큰누이의 눈물처럼 휘몰아쳤다. 엄청나게 쏟아지는 소나기는 수술실 바트 통으로 흘러들어 가는 피눈물이었다. 그런데 그것은 자형의 목에서 붉은 암 덩어리처럼 쏟아지는 큰누이의 눈물이었다. 그 검붉은 눈물은, 큰누이의 뻥 뚫린 가슴과 같이 바트 통 옆구리의 커다란 구멍으로 폭포수같이 넘쳐흘렀다. 그 물살은 긴 머리칼을 휘날리듯 칙칙거리는 소리를 내며 작은 달팽이를 휩쓸고 미끄러지듯 내려갔다.

누군가 위에서 낭떠러지에 걸린 김현준을 바트 통으로 떨어뜨리려고 거꾸로 매달았다. 통의 밑바닥 웅덩이에서 치솟아 오르는 불길이 김현준의 머리털을 그을렀다. 김현준은 눈이 튀어나올 만큼 고함을 쳤다. 온몸이 기름 끓는 프라이팬에 던져진 것 같았다. 견딜 수가 없었다.

자형의 목에서 흘러내리는 암 덩어리가 달아오른 프라이팬 위에서 기름처럼 날뛰기 시작했다. 큰누이의 가슴처럼 뚫린 그 커다란 구멍으로부터 골짜기의 매서운 바람이 휘몰아쳤다. 그것은 비행장에서 타이어가 터지기 직전, 내부압력이 최고에 달했을 때 내는 소리였다. 겁에 질린 여동생의 비명과 똑같은 소리가 박혀 있었다. 불길의 온도는 이미 수백도 아니 수천 도가 넘는 것 같았다. 뜨거움을 견디다 못해 김현준은 정신을 잃었다. 웅덩이 밑바닥으로 떨어졌다. 한참 후 김현준이 눈을 떴을 때, 그는 자형과 함께 수술실에 누워 있었다. 큰누이는 한쪽 가슴에 구멍이 난 채로 표정 없이 앉아 있었다.

넋을 잃고 앉아 있는 김현준에게 변호사가 다시 찾아왔다. 법원에 제출할 서류를 최종적으로 점검 보완하고 확인을 받기 위해서였다. 얼굴이 아직도 화끈거렸다. 김현준이 흘린 땀에는 큰누이의 독한 머리털 냄새가 배어 있었다. 아버지 얼굴에서 쏟아진 번개가 아직도 머리털 끝에서 희미한 반딧불처럼 작은 형광을 내며 꿈틀거리고 있었다.

김현준은 온몸을 흥건히 적신 그 땀을 닦아 내지 않았다. 김현준은 일어섰다. 법정에 대한 항소를 포기하겠다고 말했다. 상속권을 포기하겠다고, 모든 권리는 큰누이에게 일임한다고 말했다. 종중에 그렇게 통지하라고 부탁했다. 변호사의 두 눈이 순간 휘둥그레졌다. 그러나 아무 말 없이 일어났다. 부탁한 대로 일을 처리하겠다면서 순순히 나갔다. 그는 자상하면서도 근엄한 얼굴을 하고 바람처럼 사라졌다. 그의 뒷모습은 결코 어두워 보이지 않았다. 그 자리에는 아버지의 사랑과 배려가 고스란히 남아 있었다.

'그래, 그것이면 나는 만족해. 사생아이면 어때. 나에게 무엇이 더 필요하겠어. 나는 이미 모든 것을 다 가졌잖아.'

내가 가족을 지키는 자입니까

"오빠 정신 차려. 웬 잠이 그렇게 깊이 들었어."

여동생의 목소리에 김현준은 눈을 떴다. 응급실에서 간호사들이 막 링거액을 주사하고 있었다. 몸이 허약한데다가 며칠 동안의 긴장과 충격 때문에 몸이 완전 탈진되었다. 김현준은 안도의 긴 한숨을 쉬었다. 큰누이와의 끔찍한 소송사건은 꿈이었다. 종중에서의 용인 땅 매각대금 분배도 꿈이었다. 그러나 엄청난 꿈이었다. 큰누이의 속내를 들었는데, 그것은 차라리 오랜 세월 김현준이 큰누이에게 그토록 하고 싶었던 이야기였는지도 모른다. 큰누이에 대한 다중적인 감정이었을 것이다. 어머니 장례와 함께 계속 석연치 않은 꿈을 꾸는 것이 기분이 썩 좋지는 않았지만,

꿈의 뒤끝은 왠지 맑은 하늘과 같았다.

　김현준은 큰누이를 속히 만나야겠다고 생각했다. 김현주는 발인이 두 시간밖에 안 남았다며 손을 잡아 주었다. 동생 현석이와 큰누이도 왔다 갔는데, 조금 있다 다시 온다고 했다. 좀 쉬라고 했다. 이렇게 몸이 지쳐서 부끄럽기도 했다. 주사를 맞자 온몸에 졸음이 번졌다. 주사액이 울먹거리며 온 핏줄을 타고 흐르면서 전신을 마비시켰다. 나른했다.

　천천히 흐르는 유등천의 물살이 핏줄을 타고 온몸으로 흘러 들어왔다. 온몸 구석구석으로 보드라운 물결이 넘실거렸다. 유등천의 푸른 물결 위에 은빛 조각들이 가루처럼 반짝거렸다. 높은 하늘에서 하얀 구름을 만나고 내려오는 햇볕이 정겹게 속삭이는 버들잎처럼 은빛 피부를 만지작거렸다. 하얀 구름과 함께 강물을 따라 흘러가는 버들 이파리 한 쌍이 보였다. 언제 물 위에 떨어졌는지도 모르는 채, 은빛 물결을 미끄러지듯이 서로 사이좋게 흘러갔다. 서로 크기가 달랐다. 하나는 짧고 통통했다. 다른 하나는 크고 길쭉했다. 함께 붙어서 춤추듯 흘러갔다.

　강바람은 좌우제방에서 수박 향을 듬뿍 싣고서 속삭이듯 불어와 이들의 노랫소리를 들어 주었다. 하얀 구름을 타고 하늘에서 내려온 바람도 두 버들잎이 살랑거리는 몸짓을 위해 아름다운 피리소리를 연주해 주었다. 두 이파리는 하나가 되어 긴 여행을 떠난 형제처럼 보였다. 그 여행은 언제 시작되었는지 모르지만, 강물을 따라 노래하며 유람하듯 미끄러져 내려갔다.

　그런데 유등천의 물결을 바람처럼 따라가는 자는 두 이파리의 색깔이 서로 다른 것을 발견했다. 원래가 한 가지에서 나온 것이 아닌 듯했다. 가까이 보니 서로 손을 잡고 있었던 것뿐이었다. 바람의 노랫소리는 갑자기 흐느낌으로 변했다.

'아니야. 그럴 리가 없어. 저 애들은 원래부터 하나였어. 다르지 않아.'

흐느끼며 흐르던 자는 안타까워 견딜 수 없었다. 강한 바람이 불어왔다. 좌우에서 심술궂은 바람들이 물결을 흔들었다. 두 이파리는 서로 손을 놓지 않으려고 애를 썼다. 바람이 불수록 더 힘껏 손을 잡았다.

그러나 갑자기 하늘이 어두워지고 빗방울이 떨어졌다. 사나운 바람에 물결은 위 아래로 요동쳤다. 아버지의 얼굴을 닮은 자갈이 유난히 많은 하류를 흐르면서 두 이파리는 서로 떨어졌다. 비바람이 심해지고 물결이 점점 빨라지면서, 뒤따라오던 이파리는 앞서가던 이파리가 더 이상 보이지 않을 만큼 멀리 떨어졌다. 크고 길쭉한 이파리는 사나운 물결에 이리저리 더 심하게 흔들렸다. 좌충우돌 엎치락뒤치락 하다가 기어이 바위에 충돌하고 허리가 부러졌다. 그리고 나뭇가지에 걸려 물속에 잠겨 버렸다. 요동치는 물결을 따라가는 자는 앞서가는 이파리를 불렀다.

"저 여기, 네 작은 이파리가 물속에 빠졌어. 나무에 걸려 물에 빠졌단 말이야. 와서 도와줘."

물결을 따라가는 자의 안타까운 소리는 물결소리 때문에 멀리 들리지 않았다. 허리가 꺾인 이파리는 물 아래로 가라앉았다. 물결 따라 소리치는 자는 온 우주가 울리도록 다시 한 번 힘차게 외쳤다. 그러나 앙바틈한 몸짓을 가지고 힘차게 앞서가던 이파리는 물결 따라 파도를 잘 헤치며 혼자서 더 멀리 달려갔다. 안타까운 자는 또 외쳤다.

"너는 왜 그렇게 혼자서 멀리 가니?"

"나는 더 빨리 가야 해."

"왜 그렇게 빨리 가야 하는데?"

"더 넓은 강으로 가야 하기 때문이야."

"거기에는 왜 가야 하는데?"

"큰 바다로 갈 수 있기 때문이야."

"큰 바다에는 왜 가야 하는데?"

"그건 나도 몰라. 다른 이파리들도 모두 그곳으로 가고 있어. 우리는 모두 그곳으로 가야만 해."

"안 돼. 작은 이파리와 같이 가야 해. 돌아와."

"아니야. 돌아갈 수 없어."

"네 가족이 어디 있어?"

갈 길을 더욱 재촉하면서, 앞서가는 이파리는 정색을 하며 대답했다.

"내가 가족을 지키는 자인가. 나도 몰라. 난 가족이 필요하지 않아."

외치는 목소리를 가진 바람은 눈물을 터뜨렸다.

'내가 가족을 지키는 자인가.' 하얀 구름은 물러가고, 온 하늘은 그 메아리로 가득했다. 그 거친 외침은 조금 전까지도 푸르던 물결을 금방 시커먼 흙탕물로 바꾸어 버렸다.

비바람이 더 거세게 몰아쳤다. 물결이 거칠게 몸을 흔들면서, 물속에 있는 모든 것들도 흔들렸다. 깊은 물속에서 흔들리던 부러진 이파리는 웅덩이에 빠졌다. 함께 가던 이파리를 부르며 그 웅덩이에 누웠다. 검은 눈물을 흘리는 자는 웅덩이에서 꼼짝없이 누워 있는 부러진 이파리를 보았다. 너무나 속이 상했다.

허리가 반이 꺾인 그 이파리는 얼굴이 창백해졌다. 자세히 살펴보니 껑다리의 얼굴이었다. 껑다리는 허리를 움켜쥐고 누워 있었다. 아무리 일어나려고 해도 다리에 하얀 완장이 감겨 있어서 움직일 수가 없었다.

"나를 좀 도와줘요. 나를 살려주세요."

"내가 가족을 지키는……."

거칠게 외치는 소리의 끝마디가 목에 컥, 하고 걸렸다. 자신의 목소리를 들으면서 잠에서 깬 김현준은 온몸을 부르르 떨었다.

김현준은 유등천의 물고기들이 이미 멸종되었거나 모두 떠나 버렸다는 두려움에 사로잡혔다. 삶과 죽음이 동시에 소용돌이치는 유등천의 검은 물결은 어지럽기만 할 뿐 아무런 생명의 소리를 내지 않았다. 껑다리의 울부짖음만이 메아리 쳤다.

김현준의 손과 발은 전혀 움직이지 않았다. 입술은 굳게 닫혔고, 도무지 눈을 떠서 바라볼 수 없었다. 심장은 활동을 거부한 듯, 아무런 맥박도 없었다. 김현준은 자신의 손과 발에 자라난 백로의 긴 발톱을 보고 소스라치게 놀랐다.

4 대지 최고의 언어, **피가로의 결혼과 마술피리**

나는 모차르트에게서 인간이 말할 수 있는 삶에 관한 최고의 언어를 듣습니다. 칼 바르트

사랑의 속삭임

아직 잔뜩 잠에 취해 있는 검은 창 틈으로 김현준은 미세한 새벽바람을 느꼈다. 한줄기 차가운 바람이 그의 왼쪽 손목에서 소용돌이를 일으키며 어두움을 씻어 내고 있다.

김현준이 눈을 뜨는 순간 온몸에 소름이 돋았다. 큰누이 김현자가 침상 곁에 서서 그를 뚫어져라 바라보고 있는 것이다. 섬뜩했다. 마치 절벽 위에서 검은 머리를 길게 늘어뜨린 채, 골짜기 아래에 누워 있는 자신을 질식시킬 듯한 메두사의 끔찍한 시선이다. 그 눈은 너무나 멀고 차갑고 공허한 눈이다. 김현준은 큰누이의 검은 머리칼과 찌를 듯한 눈빛이 고동스러웠다.

깊은 골짜기에는 여전히 메아리가 울리고 있다. 천둥이 치고 번개가 번쩍거린다. 김현준은 본능적으로 눈을 다시 감는다. 몸을 움츠리고 귀를 막는다.

한줄기 바람의 소용돌이가 느껴진다. 절벽 위에서 내려온 큰누이의 손이다. 하얀 솜털구름이 골짜기를 덮어 주듯 그것은 의외로 따뜻하고 부드럽다. 큰누이는 멀고 긴 여행에서 돌아온 어머니처럼 속삭이듯 김현준의 차가운 손을 어루만진다. 김현준은 눈이 번쩍 뜨였다.

'어머니 대신 내 손을 잡고 옷 가게로, 극장으로, 그리고 자장면 집으로 이끌어 가던 그 손. 이미 오래전에 단절되고 잃어버렸다고 생각했던 큰누이는 이렇게 따뜻한 손을 가지고 항상 내 옆에 있었던 것인가.'

김현준은 왈칵 눈물이 쏟아졌다. 큰누이는 동생의 얼굴을 어루만지며 눈물을 닦아 주었다. 그 손에는 솜털 구름처럼 따뜻한 아버지의 체온이 머물러 있었다.

"현준아, 쓸데없는 얘기를 해서 미안해."

큰누이의 손끝에서 검은 눈물을 씻어 내는 어린아이의 해맑은 표정이 번져 나왔다. 김현준의 얼굴에 붙어 있던 유아기 시절의 눈곱 조각들이 가루처럼 떨어져 흩어졌다. 크고 따뜻한 손끝에서 솟아나는 편안한 미소는 그의 온몸을 흐르고 있는 링거액처럼 맑은 유등천 강물이 되어 퍼져 나갔다.

조용히 열린 새벽 창틈으로 쏟아져 내리는 강물의 노랫소리. 큰누이의 두 손이 지친 김현준의 눈곱 조각들을 불러 모아 모차르트의 새로운 음악을 연주하기 시작했다. 김현준은 맑은 강물처럼 흐르는 어머니의 노래, 사랑의 속삭임, 새벽의 고백을 들었다.

"현준아, 내가 너를 미워하고 석이만 좋아하는 게 아니야. 엄마 임종 때부터 이상하게 너하고 더 멀어진 것 같아 괴로웠어. 너는 석이보다 너무 예민해서 탈이야."

뜻밖이었다. 김현준은 큰누이가 완전히 동생을 끼고 돈다고만 생각했는데, 그렇지 않다는 큰누이의 말을 믿을 수 없었다. 꿈속에서 보았던 메두사의 검은 머리털이 아직도 목을 감고 있는 듯했다. 얼굴의 상처는 여전히 따끔거렸다.

"어차피 장례 끝나고 너하고 한번 얘기하려고 했었어. 엄마 얘기 말이야."

김현준은 두 눈이 휘둥그레졌다. 워낙 나이 차가 있는데다 그동안 두 사람 사이에 쌓인 담이 높았기에 무슨 내용일지 짐작하기 힘들었다. 그러나 그것은 뜻밖에도 어머니에 대한 얘기라고 했다.

"너와 네 식구한테 너무 모질게 해서 엄마는 많이 괴로워했어. 너한테도 엄마가 말을 좀 하고 싶었는데, 네가 워낙 말이 없고 긴장해 있는 것 같아서, 엄마가 결국 말을 못했어. 집에서 몇 차례 네가 밤을 샐 때, 말을 좀 해 보려고 했는데, 네가 엄마 빨리 죽으라고 하는 바람에 그만. 한 달간 엄마와 함께 지내면서 너에 대해 많이 얘기했는데, 엄마가 너한테 그렇게 모질 수밖에 없었던 사정을 울면서 털어놓았어."

"울면서?"

"엄마는 평생 너를 사생아라고 얼마나 괴로워했는지 몰라."

'아, 또 그 얘기.'

김현준은 미칠 것만 같았다.

"오랫동안 알고 지내던 친정 동네 청년 때문에 원치 않는 임신을 하게 되어 네가 생겨났다고 말이야. 그래서 엄마는 너를 지우려고 했어. 아버지는 기분이 나빴지만 낙태만은 결사반대했어. 나도 반대했고."

낙태수술 이야기가 나오면서, 김현준의 얼굴은 흙빛으로 돌변했다. 눈이 감기고 수십 개의 입에서 붉은 피가 쏟아졌다. 김현준은 두 손으로 귀를 틀어막았다.

'제발 그만. 또 수술대에 올라가야 하는 거야?'

친구들과 함께 술을 마실 때, 피가로의 한 친구가 그를 심각하게 비웃는다. 피가로는 정말 미칠 지경이다. 평생 시종을 들어온 알마비바 백작에게 피가로는 자기 피앙세 수잔나를 빼앗길 위기에 처해 있기 때문이다. 그러나 아버지 어머니가 누구인지 모르는 사생아로서 어쩔 도리가 없다. 피가로는 덜덜 떨면서 수술대에 올라갔다.

"수잔나가 백작님과 만나는 일이 피가로를 화나게 하는 거요? 많은 사람들이 겪는 일을 그렇게 견디지 못하나. 그러나 화내 보았자 무슨 소용 있나. 강자에게 부닥치는 일은 항상 위험한 일. 90퍼센트를 내주어도 이길 사람은 이긴다오."

친구들은 비아냥거리며 피가로에게 사랑을 포기할 것을 종용한다. 그런데 수술대에 올라가 수십 개의 입에서 붉은 피를 쏟으며 수잔나를 잃고 지옥의 밑바닥을 헤매고 있는 피가로는 사생아가 아니라 사랑을 완전히 박탈당한 한 비련의 여인이었다. 사경을 헤매는 고통을 겪고 있는 자는 감람산의 나무기둥에 박힌 아들이 아니라 십자가 처형대에서 피 칠갑을 하고 있는 아들을 바라보고 있는 어머니였다. 아귀에게 몸통이 반쯤 물린 채 옆구리로 강물 같은 피를 쏟으며, 자신의 운명과 정면으로 대항하고 있는 한 늙은 여인이었다.

친구들이 계속 위로한다.

"그 어린 시절에 큰일은 아니었지만 나도 겪었소. 한 여인이 나타나 끝없는 고통에서 나를 해방시켰네. 그 여자는 벽에 걸린 당나귀 가죽을 나에게 주었네."

"엄마는 너 어릴 때부터 너를 보는 것만도 무서워했어. 너무 바보 같았던 그 시절이 네 얼굴만 보면 다시 또 살아났던 거야. 아버지가 강경으로 내려왔을 때, 엄마한테 그런 악몽은 다 잊으라고 했어. 어차피 지나간 과거니까 자꾸 기억하면 오히려 좋을 게 없다고 말이야. 그리고 그 자식을 잘 키우자고 했어. 그러나 아무리 잊으려 해도 네 얼굴만 보면 마치 당나귀 같은 그 남자 얼굴이 생각나서 숨 막혀 죽을 것 같았대."

"이걸 가져가요, 내 사랑, 그렇게 말하고는 사라졌네. 나만 남겨놓고서. 그 선물을 말없이 바라볼 때, 하늘엔 구름이 천둥을 치고, 우박과 찬비가 퍼부었다오. 당나귀 가죽의 망토를 입고, 한 발 두 발 걸어 나갔지. 그런데 이게 웬 변이란 말인가? 바로 내 앞에 사나운 짐승이 나를 노려보고 있었소. 벌써 그놈은 나를 삼키려 하네. 난 어찌할 바를 몰랐지."

"그 후 아버지는 단 한 번도 그 문제를 다시 언급하지 않았어. 고통스런 과거를 사라지게 하려고 말이야. 그리고 엄마를 위로하고 그 상처를 씻어 주려고 너를 더 끔찍이 사랑했다는 거야. 엄마 얼굴에 먹구름이 흘러가고, 우박과 찬비가 쏟아지면 오히려 너를 데리고 더 재미있게 놀아 주었어. 그런데 엄마는 그렇지 못했지. 엄마는 네 얼굴만 보면 그 남자를 떠올리게 되었던 거야. 너만 바라보면 그 나쁜 놈이 엄마를 노려보고 있는 것 같아서 견딜 수가 없었지."

김현준은 심히 일그러지고 고통에 가득 찬 어머니의 얼굴을 생각했다. 어떻게 그렇게 오랜 세월을 전혀 내색 없이 견디어 냈는지, 김현준은 속으로 곪아터진 어머니의 깊은 상처가 도무지 상상이 되지 않았다.

"악취 나는 당나귀 가죽이 맛이 없어 보였기에, 나를 무시하고 가 버렸네. 나를 무시하고 가 버렸네. 그리고 난 알게 되었지. 위험, 죽는 것, 수치심, 이 모든 걸 당나귀 가죽을 덮어 쓰고 피한걸. 당나귀 가죽을 덮어 쓰고 피한걸."

큰누이의 노래는 김현준의 가슴을 들쑤셔 놓았다.

'어머니에게 악취 나고 맛이 없는 당나귀 가죽이나 뒤집어쓰고 무미건조한 삶을 살도록 방치한 장본인이 누구였던가. 피가로처럼 웬 사랑타령이냐고, 당신은 사랑 같은 것이 어울리지 않는 존재이니 차라리 빨리 죽어 버리라고 깊은 밤 소리쳤던 자는 누구였나.'

편리한 대로 당나귀 가죽을 뒤집어쓰고 위험한 것, 거추장스러운 것들을 회피하며 살았던 자. 고통스런 현실을 당당하게 받아들이지 못하고, 하늘을 찌를 듯한 원망과 불평의 악취 나는 삶을 살았던 자. 조금만 위험해 보여도 단지 냄새 난다는 구실로 회피하고 외면하던 자. 수치나 손해를 당하지 않기 위해 적당히 싸우는 척하면서 사랑을 지켰다고 생각하는 자. 김현준은 큰누이의 얼굴을 바라볼 수 없었다.

'마지막 순간까지 뜨거운 가슴을 안고 오직 눈물로써 자신의 삶을 살았던 어머니. 그러나 어머니의 사랑은 알아주지 않는 시골 하인의 천박한 장난일 뿐이었나.'

"너는 머리가 뛰어나서 아버지 사랑을 독차지했어. 다른 동생들 사이에서 너무나 일방적으로 사랑을 받는 너에 대해 엄마는 많은 부담을 느꼈지. 엄마와 아버지가 싸운 이유는 대부분 너 때문이야. 엄마는 네가 잘못될까 봐 얼마나 전전긍긍했다고. 너는 엄마가 현석이만 끼고 돈다고 불평했지만, 엄마의 마음은 항상 너를 향하고 있었어.

현준아, 엄마가 너한테 모질게 대할 수밖에 없었던 것은, 아버지가 돌아가시면서 부탁했기 때문이야. 네가 혹시 사생아라고 비뚤어지지 않도록 말이야. 그런데 네가 동생을 미워하는 것을 보고 엄마는 대단히 실망했어. 어릴 때부터 그렇게 경쟁하더니 결혼하고 자식을 둘씩이나 낳고도 그런다고 말이야."

당나귀 가죽이나 뒤집어쓰고 피가로를 조롱하며 오랜 세월 외면했던 자에게 케루비노의 사랑의 속삭임, 〈파르팔로네 아모로소〉가 강물처럼 넘실댄다. 케루비노의 강렬한 눈빛을 의식하며 김현준은 눈을 감았다. 진정한 사랑을 만들기 위해서, 아직 김현준은 인생을 더 살아 봐야 하고, 고생은 좀 더 모질어져야 하며, 훈련은 좀 더 진지하고 강도 높아져야 한다.

"나는 내가 무슨 짓을 하는지도 몰라. 불덩이가 되었다가, 얼음장이 되는 나. 모든 여인들이 나의 마음을 뛰게 하고 나의 가슴을 설레네. 사랑을 이야기하면 나의 마음은 두근거려 오고, 설명할 수 없는 열망으로 가슴이 채워지네. 깨어 있을 때도 잠들 때도 사랑을 말하고, 시냇물과 분수지의 꽃들과 잔디들에게도, 내 사랑의 소리를 지닌 산들바람과 메아리에게도. 내 사랑의 속삭임을 들어 줄 수 없으면, 나 홀로라도 사랑을 속삭이네."

사랑을 속삭이는 모차르트.

케루비노의 사랑의 속삭임은 고스란히 피가로의 눈물과 상처였다. 그것은 허리가 꺾인 채 급류에 휩쓸려 떠내려가던 꺽다리의 외마디 소리. 외면되고 차별받던 유등천 어머니의 통곡. 그 속삭임은 백로의 먹잇감으로 사라졌거나 생활폐수와 미세먼지 때문에 숨을 쉬지 못하고 서식처를 떠나야만 했던 김현석의 아우성. 사랑을 찾아 모두가 떠나 버린 쓸쓸한 강바닥에서 허리가 부러져 멸종위기에 처한 미호종개의 하소연이었다.

사랑의 속삭임. 그 모든 호소는 사랑을 잃어버린 어머니의 통곡이었고, 오랜 세월 당나귀 가죽처럼 외면당하고 무시당한 유등천 가족들의 피눈물이었다.

어머니의 노래

큰누이의 손끝에 그려진 유등천의 약도를 살펴보면서 김현준은 어머니의 노래를 듣고 있다. 대지를 닮은 그 얼굴 한가운데에서 어머니는 우주의 언어, 사랑을 속삭이며 온 우주를 음악으로 변화시키고 있다.

갈맷빛 버드나무가 춤추듯 모차르트의 〈사랑이 무엇인지 아오〉가 다시 유등천 물길 속에서 거세게 출렁인다. 사랑의 속삭임은 이제 적극적인 선언 모드로 전환된다. 앞뒤로 몸을 흔드는 케루비노의 익살스러운 노래 속에는 삶의 고통을 사랑으로 빚어내고 있는 피가로의 가슴이 별처럼 쏟아져 내리고 있다. 그것은 대지 최고의 언어다.

"그대들이여, 사랑이 무엇인지 아오. 내 맘속에 사랑이 말하리

라. 내 마음의 고통이 말하리라. 행복을 찾아 헤매는 나, 누구로
부터 얻은 것인가. 한숨과 번민, 아, 괴로워. 떨리는 내 마음 나
는 모른다오. 언제나 편한 마음 찾을 수 있을까. 밤이나 낮이나
이러한 고통 달게 받아. 그대여 아는가, 사랑이 무엇인지. 내 마
음에 사랑 간직한 것."

사랑에 빠진 천사, 남녀양성체인 젊은 앤드로자인인 케루비노가 쏟아
내는 불타는 대지의 언어. 남자이기도 하고 여자이기도 한 모차르트는
사랑의 전도사. 사랑의 아름다움을 선전하고 사랑의 진정한 열정을 전염
시키기 위해, 자신은 물론 우주 안에 있는 그 무엇이든지 변화시킬 준비
가 되어 있는 어머니. 출렁이는 유등천의 넘실대는 물결은 이미 오래전
부터 어머니의 가슴처럼 기적의 노래로 흐르고 있었다. 사랑을 먹고 사
랑을 마시며 사랑으로만 가슴을 채웠던 유등천의 미호종개. 그의 사랑은
단순한 케루비노의 익살이 아니었다.

케루비노의 얼굴로 예쁘게 화장하고 어린아이처럼 해맑은 모습으로
살아나고 있는 어머니. 오직 소녀같이 순수한 감정을 간직한 채 어느 누
구도 듣지 않았던 사랑의 열정을 불처럼 쏟아 내고 있었다. 그 마음속에
서 끓어오르는 그 소녀적인 순수함은, 공원이나 테라스, 잠과 시냇물, 분
수와 꽃, 그리고 산들바람과 메아리와 하나가 되면서, 김현준을 향하여
이미 오래전 땅 속에 파묻힌 사랑의 전설을 쏟아 내고 있었던 것이다.

사랑의 노래, 불타는 어머니의 노래. 아들이 그렇게 오랜 세월 듣지 못
했던 노래. 케루비노의 실타래는 아들을 어머니의 세계로 인도하고 있
다. 이미 오래전부터 길게 이어져 있었던 실.

김현준은 어머니가 유등천에서 만들었던 사랑의 조각들을 하나씩 바

라보고 있다. 불같이 타오르기도 하고 얼음처럼 차갑기도 한 그 눈물 조각들은 언제나 유등천 사람들에게 그렇게 살가웠지만 유독 아들만은 알아차리지 못했다. 전설 같은 어머니의 속삭임을.

'너는 항상 창문을 닫고 있었기에 유등천은 흘러도 흐르지 않았어. 어쩌면 물속에서 함께 흐르기 때문에 네가 물과 함께 있다는 사실을 몰랐던 것일까. 흙탕물이 진동을 하고 생활폐수가 범람하여 더 이상 숨을 쉬기 곤란해지면서, 겨우 네가 물속에서 살아가고 있음을 알아차리고 물의 존재를 알아차린 것일까.

사랑하는 사람은 사랑을 알아차린다. 자신이 사랑이기 때문이야. 자기 안에도 사랑이 있고 자기 밖에도 사랑으로 가득한 것. 그러나 자신의 안과 밖에 사랑으로 가득하고 자신이 사랑인 것을 알아차리기 위해서, 그는 자기 아닌 다른 존재로부터 자신의 모든 것이 사랑이라는 사랑 체험이 있지 않으면 안 돼. 사랑의 질문이 있을 때, 사랑의 대답이 있기 때문이지. 그러나 진정한 사랑은 사랑을 질문하지 않아. 대답이 필요 없는 그 믿음에 거할 때 그는 비로소 자신이 사랑이 되어 살아가는 거야.

모든 존재가 노래요, 온 우주가 사랑이라는 것을 알아차리기 위해 반드시 별도의 참고서가 필요한 것은 아니야. 너 자신이 사랑이요 웃음이요 아름다움이라는 사실을 깨닫게 하려고 주어진 외부의 참고서는 가장 초보적인 학문일 뿐이야. 모든 개체들이 가장 자연스러운 상태로 살아갈 때 하늘은 그것을 거룩하다고 말하며, 그것들을 아름다움이라고 말한다. 유등천의 모든 식구들도 있는 그대로 사랑이요, 있는 그대로 이미 아름다운 신들이야. 네가 그 사실을 알아차리지 못하는 것이야말로 추함이었어.'

김현준은 자신이 이미 사랑이요, 신의 아들임을 보았다. 그는 거룩한 실타래로 연결되어 이미 오래전부터 아리아드네의 사랑을 받고 있는 테세우스였다. 그 실이 단 한 번도 끊어진 적도 없었고, 또 끊어진 실을 잇기 위해 애태울 필요도 없이, 그는 사랑 안에서 이미 어린 시절부터 자신만의 찬란한 꽃을 피우며 살았던 것이다.

'누군가 너를 사랑해 주기 전까지 너는 아무것도 아니었어. 물론 이미 처음부터 너는 결코 사랑 이외의 다른 그 무엇일 수가 없었지. 그러나 네가 사랑의 빛을 받으면서, 너는 너를 볼 수 있었고, 네가 얼마나 사랑스런 존재인지를 알아차리게 되었다는 말이야. 그런데 너는 그 엄청난 사랑의 빛을 받음으로써 오히려 그 현란한 광선에 눈멀어 다른 사람들을 바라보지 못하는 치명적인 함정에 빠져 있었어.'

어머니의 전설은 김현준의 눈을 씻어 주었다. 이미 그의 심장으로 뛰고 있는 어머니의 사랑이 눈에 덮인 비늘을 벗겨 주었다.

'사랑이 함정이 될 수도 있는 것인가. 그렇다면 사랑의 미소가 가득한 이 우주 속에서 나 자신의 안과 밖이 온통 사랑인 것을 깨닫지 못할 때, 그 사랑의 빛이 강하면 강할수록, 그 사랑은 억압과 착취의 그럴듯한 포장지로 전락할 수도 있고, 그 사랑이 또한 남의 밥그릇을 깨뜨리는 도끼가 될 수도 있을 거야.'

김현준은 사랑을 찬란하게 꽃 피우는 아름다운 모듬살이의 공간에서 계속 무의미한 사랑의 질문과 대답에 집착했다. 그것을 끊임없이 확인하고 질문하며 다른 사람들에게 대답을 강요했다. 어리석고 무의미한 질문을. 어머니는 아들에게 인도 시인 까비르의 지혜를 속삭인다.

"물속의 물고기가 목말라한다는 말을 듣고 나는 웃는다. 진리란 네 집 안에 있다. 그러나 너 자신은 이것을 알지 못한 채, 이 숲에서 저 숲으로 쉴 새 없이 헤매고 있네. 여기 바로 지금 이 자리에 있는 진리를 보라. 네가 원하는 곳이면 어디든 가 보라. 이 도시로 저 산 속으로. 그러나 네 영혼을 발견하지 못한다면, 세상은 여전히 환상에 지나지 않으리."

"그런데 엄마가 가장 크게 실망한 것은, 네가 엄마하고 상의도 안 하고 훌쩍 유학을 떠나 버린 거였어. 너만을 바라보고 살아왔는데 네가 떠나고 나니까 엄마는 모든 희망이 사라졌던 거야. 엄마는 네가 엄마를 버리고 떠났다고 생각했어. 그리고 다시는 한국에 안 돌아올 거라고. 충격이 얼마나 컸는지 알아? 엄마는 너를 생각하고 밤마다 울었어. 너한테 한 번도 잘해 주지 못했는데, 이대로 살아서 영영 이별이구나, 하고 말이야."

김현준은 처음 듣는 소리였다. 어머니는 큰아들을 부담스럽게만 여겼다고 생각했기 때문이다.

'동생 현석이 앞에서 나는 오히려 부담스러운 존재가 아니었던가. 나 때문에 어머니가 그토록 힘들어한 것이 아니었단 말인가. 내가 없어지기만을 기다린 것이 아니었던가. 지금 거꾸로 말하고 있는 것이 아닌가?'

이순애는 평생 사랑에 대한 질문을 포기하지 않았다. 어머니는 유등천의 사랑이었지만, 그 역시 자신이 사랑임을 발견할 수 있도록 사랑의 빛이 필요한 연약한 가족이었다. 어머니는 신으로서 모든 가족의 젖줄이요 음식의 공급자였지만, 그 자신도 자식들로부터 젖과 음식을 공급받아야만 하는 의존적인 여신이었다. 어머니는 항상 풍성한 유등천의 강물이었지만, 영원히 마르지 않는 샘물이 아니라 그 역시 흐르는 강물로부터 먹고 마시기 위하여 누군가를 반드시 필요로 하는 가냘픈 우물이었다.

바람처럼 강하고 천둥처럼 늘 굳세었던 어머니. 그러나 그녀 역시 하늘의 따뜻한 어루만짐이 필요한 연약한 대지였다.

평생 사랑을 질문하는 어린아이로 살았던 모차르트. 그의 끈질긴 질문은 어찌 보면 관심과 사랑에 목말라하던 한 인간의 외로운 투쟁이었다. 그러나 동시에 그의 끝없는 질문은 인간 삶에 지속적으로 상처를 재생산하고 있는 부조리한 사회에 대한 투쟁이었다. 그의 모든 음악은 당당하게 혹은 합법적으로 인간의 사랑을 질식시키고 있는 거짓된 포장지 문화에 대한 도전이었다. 끊임없이 인간의 가슴을 흔들어 일깨우고 사랑을 찾는 음악이었다.

전통이라는 미명 아래 인간의 죄악과 탐욕 속에 파묻혀 있던 사랑을 모차르트의 음악은 종교처럼 당당하게 진술하고 있다. 그의 음악은 모든 우주가 신이 작곡한 사랑의 악보라는 것을 이미 알았고, 모든 인간의 삶은 바로 그 사랑을 풀어내고 그 사랑을 행동하는 삶이 되어야 함을 선포한 것이었다.

김현준은 어머니의 사랑이 그러한 음악이었고 투쟁이었으며 곧 종교였음을 알아차렸다. 어머니의 사랑이야말로 김현준보다 더 울림이 큰 사랑이었음을 알게 되었다. 다만 하얀 백로의 얼굴을 한 김현준이 어머니의 사랑을 쪼아 버리거나 낚아채 버렸기 때문에, 그 열정은 항상 좌절과 상처로 마감되는 비극이었다. 그러나 어머니의 좌절과 내면의 상처는 김현준의 과거 속에서, 화석이 되기를 거부하는 전설처럼 두 눈을 부릅뜨고 숨 쉬고 있었던 것이다.

아폴로처럼 때로는 명랑하고 유쾌한 소년, 모차르트. 많은 세월 속에서 전통의 단순한 화석이기를 거부해 온 그는, 자신의 음악을 온통 정열과 기쁨으로 가득 채우는 동시에 음악정신을 계속 상대화함으로써 내면으로부터 터져 나오는 온갖 모순과 고통에 시달릴 수밖에 없었다. 따라서 모차르트의 음악은 디오니소스적 축제다.

모차르트의 삶은 사랑과 비극을 동시에 잉태하고 있는 카니발이었다. 샘솟듯 흘러넘치는 높은 예술적 영감과 경제적 현실에 대한 굴종적 타협 사이에 존재하는 불협화음으로 삶과 죽음, 부활과 매장, 찬양과 모독, 기쁨과 두려움이 동시에 존재하는 축제였다.

어머니 이순애는 열정적 사랑과 모순적 비극을 동시에 잉태하고 있는 카니발적 인간이었다. 한편으로는 명랑하고 다른 한편으로는 우수가 짙게 묻어나는 케루비노의 익살스런 노래처럼, 사랑과 비극이 서로 공존함으로써 어머니의 모든 불협화음은 언제나 축제적 역동성을 가지고 있었다. 그러나 김현준은 늘 어머니와 분리됨으로써 불안과 두려움의 그림자 속에서 헤맬 수밖에 없었고, 서로 느끼고 체험해야 하는 모듬살이의 축제가 언제나 무기력하고 지루할 수밖에 없었다. 오직 자신의 얼굴만을 뚫어지게 바라보는 나르시스적인 삶을 통해서, 김현준은 자기 사랑의 정당성을 고백했던 것이다.

꽃피는 봄이
　　오면

축제적 인간을 알지 못하는 알마비바 백작, 자신의 사랑을 송두리째 빼앗아 간 알마비바 백작 앞에서, 피가로는 케루비노를 빗대어 자신의 가슴앓이를 쏟아 낸다.

"더 이상 날지 못하리, 나비여"(*Nou piu andrai*).

홍겹고 경쾌한 선율로 노래하지만, 그 노래는 가슴속에서 부글거리는 참담함을 충분히 감지할 수 있는 큰 떨림으로 웅덩이에서 요동하고 있다.

"더 이상은 없구나, 요염한 나비여. 밤낮으로 맴돌며 아름다움을 방해하는, 자만에 빠진 미소년이여. 이젠 더 이상 날지 못하리. 그 아름다운 깃들과 깃발, 그 매력적인 곱슬머리도 우아한 모습도, 그리고 그 허풍들과 여성스러운 색은 사라지리."

"넌 술꾼 전사들과 함께 수염 달고, 칼을 차고, 긴 콧수염과 꽉 조여진 배낭, 소총을 매고 기병대를 옆에 두고, 띠를 차고, 군모를 쓰고, 곤두선 머리에 대담한 얼굴, 큰 투구를 쓰고 춤 대신 흙탕물 속으로 행진하며, 산과 계곡도 넘는다. 나팔소리, 대포 소리, 폭탄소리에 맞추어, 안개를 뚫어 가면서 천둥 같은 소리 날 때 총알이 스쳐 가네."

더 이상 날지 못하리, 나비여.

사랑을 속삭이던 어머니의 노래는 유등천의 축제를 되살리기 위해 조롱과 비극의 새로운 멜로디를 창조하고 있다. 그것은 알마비바 백작의 가슴을 겨냥하여 뿌린 날카로운 비수였다. 용감한 척, 정의에 불타는 척 하며, 온갖 위선과 자만과 무례함에 빠진 미소년. 그러나 사회의 우월적 지위를 이용하여 사회적 약자를 수탈하는 자. 자기 약혼녀를 지키려는 하인 피가로가 백작을 향하여 할 수 있는 일은 아무것도 없었다.

그러나 김현준은 창끝처럼 날카로운 어머니의 노래가 오래전 중단된 유등천의 축제를 더듬으면서, 사라져 버린 그 아름다운 계절을 재창조하고 있음을 알았다. 위선과 자만과 무례함에 빠져 멀리 떠나 버린 자를 성토하는 목소리는 곧 그리움이었다. 아버지의 눈빛이 하늘 이슬처럼 넉넉하고 어머니의 가슴이 검푸른 보리밭처럼 풍요로운 가족의 축제가 왜 그리고 무엇 때문에 망가진 것인지를 되뇌면서, 어머니는 꽃피는 봄을 그리워하는 사랑의 연가를 부른다.

'잃어버린 계절은 사랑하는 사람이 떠나감으로 그리고 여전히 돌아오지 못하는 자로 인한 상실과 통한의 세월.

알 수 없는 미움과 불신으로 상처와 눈물만을 남긴 세월이었지만, 그럼에도 우리 모두는 한 몸으로 서로 분리될 수 없는 축제적 존재.

모질고 황폐했던 날들의 상처, 그러나 결코 지워 버릴 수 없는 사랑의 눈부신 추억.

잃어버린 자식이지만 그는 찬란했던 계절의 주인공.

처음부터 세상을 얼게도 만들고 세상을 녹이기도 했던, 나와 구분될 수 없는 한 몸.

대지를 눈부시게 만든 대지의 한 얼굴.'

김현준은 어머니의 축제를 잉태한 꽃피는 계절을 바라본다. 그곳에는 커다란 연못이 있다. 그 연못은 본래 누구보다도 더 청정무구한 마음을 가졌다. 사람들의 더러움을 빨아 주고, 사람들의 병을 짊어지기 위해서, 연못은 스스로 진흙탕의 더러운 때가 되고 모든 사람들의 운명적인 병을 앓았다. 연못의 사랑 방정식은, 우는 자와 같이 울고 앓는 자와 같이 앓고 죽는 자와 같이 죽는 것이었다. 대신 앓아 주는 대지의 얼굴이 되어, 연못은 높은 하늘을 품으면서 진흙을 품고 있는 아름다운 연꽃을 피웠다. 하늘과 땅이 꽃으로 하나가 된 것이다.

연꽃을 바라다보면서 김현준은 모든 흙탕물이 한꺼번에 푸른 손바닥에 담기고 있는 것을 보았다. 수만 년 전의 화석처럼 굳어져 있던 미호종개가 흙으로 빚어진 몸을 입고서 푸른 하늘에서 꿈틀거리며 한 편의 드라마로 살아 움직이고 있다. 김현준은 큰 연못처럼 다른 사람들을 위하여 병을 앓는다는 것이 무엇인지를 궁금하게 생각한다.

하늘의 높은 사랑과 연못의 진흙탕을 서로 분리시킨 채 오직 자신의 소리밖에 들을 수 없었던 그 미소년은 찬란했던 축제가 중단된 손바닥을 다시 들여다보았다.

미소년은 하늘이 내린 칭찬과 선물로 대담한 얼굴을 하며 자신감 넘치는 투구를 쓰고 나팔소리, 대포소리를 울리면서 당당하게 살아가고 있었다. 그러나 마치 요란스럽게 지축을 뒤흔드는 전투 장비들의 굉음과 같았던 미소년의 용맹함은 유등천 축제의 파괴와 해체를 가져왔던 알마비바 백작의 탐욕스런 횡포에 불과했다. 폭풍우처럼 거칠게 휘몰아치는 미소년의 제국주의적 함성 속에는 삶의 막다른 골목에서 사랑을 잃고 두려움과 불안으로 떨고 있는 수많은 피가로가 눈물을 흘리고 있었다.

연꽃이 보이지 않았던 겨울.

김현준은 나팔소리와 대포소리가 요란하던 장면들을 기억하고 있다. 흙이 묻고 병을 앓던 연못의 감돌고기, 참마자, 밀어는 모두 피가로 같은 노예일 뿐이었다.

<h1>마스카라가
번진 **연못**</h1>

"그런데 너무 기가 막힌 일이 있었어."

김현준은 큰누이가 눈물을 닦으면서 갑자기 긴장하는 모습을 보았다. 희미한 아침햇살에 비쳐진 큰누이의 얼굴은 구석구석 수많은 연민과 고통의 상처로 인하여 성한 데가 없었다.

"아버지가 돌아가시고 한참 지난 후였어. 엄마가 친정에 갔다 오더니 며칠 동안 말도 안 하고 계속 울기만 하는 거야. 나중에 알고 보니 옛날에 엄마하고 무슨 일이 있었던 남자 이야기를 우연히 들었대. 그 남자는 전라도 여자와 결혼을 했는데, 20년이 되어도 자식 없이 살고 있대. 동네 소문에 의하면 무정자증(無精子症)이라고."

"그런데?"

> "오늘밤은 유난히 어둡군. 남편이 되는 게 얼마나 바보짓인지 알겠군. 이 나쁜 년! 결혼하자마자 나를 기만하다니. 기쁨에 찬 얼굴로 편지를 읽고, 그런 나를 몰래 비웃었지. 오 수잔나! 수잔나, 왜 나에게 이런 고통을 주오. 그 사랑스러운 얼굴, 순결하게 보이는 눈, 어느 누구도 의심하지 않는 사람인데."

큰누이가 떨리는 손으로 귀족의 얼굴에 깊이 박힌 위선의 마스크를 벗기는 동안, 어머니의 새로운 아리아가 아직 웅덩이에 남아 있는 겨울철의 눈물을 닦아 내고 있다. 김현준의 머릿속은 여전히 정리되지 못한 메아리로 뒤숭숭하다. 사랑의 폭발적인 에너지가 넘쳐나고 있기 때문이다.

멜로디는 낭만적이고 너무나 감미롭지만, 그 노래에는 백작의 속임수에 넘어가 그토록 다짐했던 신의를 저버린 수잔나의 뒤를 쫓는 피가로의 증오가 배어 있다.

> "바보 같은 남자들이여, 눈을 크게 뜨고 이 여자들을 보아라. 고통을 위해 주문을 외우고, 혼란의 노래를 부르는 마녀들, 우리를 익사시키려는 인어들, 우리의 정신을 뺏으려는 올빼미들, 우리의 빛을 뺏으려는 혜성들, 가시 달린 장미들, 교활한 암 여우들, 엉큼한 꽃들. 속이고 거짓을 말하고 당신을 사랑하지도 못하고, 자비를 베풀지 못해."

누가 신의를 저버렸는가.

신의를 저버린 것은 물론 수잔나가 아니고 알마비바 백작이다. 신의를 저버린 것은 큰누이가 아니고 김현준이었다.

어머니의 탄식소리를 들으면서, 김현준은 자신이야말로 사랑하는 자의 영혼을 빼먹는 올빼미요, 사랑을 약탈하는 인어요, 유등천의 빛을 빼앗은 거짓된 혜성이었음을 알아차렸다.

'강물에 가시를 뿌린 장미, 교활한 암 여우. 혼란의 노래를 부르는 마녀. 속이고 거짓된 엉큼쟁이였던가.'

어머니의 사랑은 너무나도 일상적이고 평범한 그런 것이었다. 그것은 한 아버지의 가정 안에서 사랑을 주고 또 받는 그런 자연스런 사랑이었다. 어머니와 아들, 형과 동생, 오빠와 여동생 사이에서 서로 기대하고 또 기대되는 그런 사랑이었다. 그저 엎드려 침대를 들여 놓을 방의 치수를 재고 거울 앞에서 꽃 달린 모자를 써 보면서, 자신들에게 주어진 삶의 평범한 기쁨과 사랑을 누릴 수 있게 해 달라는 피가로의 호소일 뿐이었다.

피가로는 그것을 혁명처럼 주장하고 있다. 그것은 위장되고 습관화된 사랑 속에서 너무나 평범하기에 혁명적이다. 빼앗긴 자의 사랑을 노래하기 때문에 그것은 매우 혁명적이다.

"엄마는 그 남자한테 당했다고 평생을 괴로워했잖아. 그런데 무정자증인 남자가 어떻게 아이를 가질 수 있었겠어. 엄마는 다시 걷잡을 수 없는 혼란에 빠졌던 거야."

"뭐라고? 그럼 내가 사생아가 아니라, 아버지의 아들이었다고? 어떻게 하루 사이에 그렇게 다른 말을 할 수 있어?"

"아버지는 평생 네가 다른 남자 아이인 줄 알고 살았어. 그런데 엄마는 뒤늦게 그 사실을 알고 다시 원점으로 돌아온 거야. 사실 내가 너한테 사생아 이야기는 할 필요가 없었는데……. 엄마가 오랜 세월 끌어안고 있었던 고통이었으니, 어차피 너도 알아야 하겠지. 아버지는 평생 네가 다른 남자 자식인 줄로 알았으면서도 그토록 너를 사랑했어. 그렇기 때문에 엄마의 마음은 이중 삼중으로 무너져 내렸어. 이미 아버지가 돌아가신 뒤니까 그걸 말해 줄 수도 없었고, 얼마나 답답했겠어. 그래서 엄마가 너만 보면 더 화가 났던 거야."

김현준은 천지가 다시 개벽하는 것 같았다. 하늘은 두루마리처럼 둘둘 말려 한 점의 블랙홀로 쏜살같이 빨려 들어갔다. 모든 존재는 중심을 잃고 한 점을 향해 바람처럼 사라져 갔다. 태초에 있었던 혼돈이 다시 시작되고, 천년의 주름살을 가진 김현준의 알몸은 흑암의 구렁텅이에서 강력하게 분해되어 한 줌의 흙으로 돌아가고 있었다. 그 흑암에는 아무것도 남지 않았다.

비록 하루라는 지극히 짧은 시간이었지만, 김현준이 그토록 자신의 근본에 대한 불안과 두려움으로 고통스러워하며 서러움의 눈물을 흘린 것은 처음이었다. 그러나 그것은 결국 허깨비를 붙들고 드잡이를 한 것이었다. 그런 허깨비에 자신의 사랑을 송두리째 빼앗겼던 것인가, 자신이 너무나 한심했다.

아버지의 사랑은 처음부터 끝까지 진실이었다. 다만 이순애와 김현자는 엄청난 소용돌이 속에서 운명의 직격탄을 맞으며 오랜 세월 시달려 왔던 것이다.

"사생아라는 말을 너한테는 처음부터 안 했으니, 일부러 그 사실을 말해 줄 필요는 없었는데. 그러나 엄마는 아버지에게 너무나 큰 죄를 지었다고, 그때를 생각하며 수없이 울고 또 울었어. 요즘 같으면 네가 아버지 친자식인지 여러 가지 방법으로 확인해 볼 수 있겠지만, 아버지가 안 계신 상황에서 그게 무슨 소용이 있겠니."

　김현준은 자신도 모르게 긴 한숨을 토하며 눈을 감았다. 하늘과 땅이 서로의 몸을 섞으며 뒤엉키었다. 오랜 우주여행을 하고 돌아온 기분이었다. 하룻밤이었지만, 그것은 너무나 길고 긴 여행이었다.

　김현준은 그토록 자신을 괴롭히던 출생에 대한 혐의를 벗은 듯하여 한편으로 홀가분했다. 자신의 엄청난 충격과 고통이 강물에 깨끗이 씻긴 듯했다. 그러나 한편 그 순간 그렇게 안도의 한숨을 쉬는 자신의 모습이 부끄럽다는 생각이 들었다. 사생아였든 아버지의 친아들이었든 전혀 개의치 않고 진심으로 자신을 사랑해 준 아버지가 다시 한 번 너무나 크게 보였기 때문이다. 아버지의 사랑 속에서 인간이란 어떤 집단적 가치관이나 세상을 바라보는 작은 틀 때문에 결코 좌지우지될 수 없는 지극히 고귀한 신적 선물이요 은총이라고 믿었기 때문이다. 그러면서도 순간 엄청난 삶의 무게를 덜어 낸 듯한 마음이 드는 것은 어쩔 수가 없었다.

　"현준아, 미안해. 확실하지도 않은 사실을 너한테 함부로 말해서. 엄마 영정 앞에서 그렇게 화를 내고 싸움판을 벌이는 네가 너무 한심해서 그랬어. 내가 참았어야 했는데."

　김현준은 큰누이의 경솔함이 더 이상 밉지 않았다. 동생을 염려하고 배려하는 큰누이의 고백이 진실임을 알았기 때문이었다. 그 고백에는 깊은 연민과 사랑, 그리고 유등천 강물 같은 용서가 흐르고 있었다. 피가로의 노래가 흐르는 어머니의 하얀 얼굴에 갈맷빛 버드나무가 아지랑이처럼 흔들린다.

　김현자는 눈물을 흘리면서 자신의 경솔함을 고통스러워했다. 자신이 어머니의 딸이 아니고 아버지가 일본에서 첫 번째 결혼을 했을 때 나은 아이라고 고백했다. 김현자의 얼굴에 마스카라가 번져 얼룩이 온통 눈 주위를 뒤덮었다. 그러나 그 검은 얼룩은 마지막까지 남아 있던 김현준의 불신과 증오가 떨어져 나가는 조각들이었다. 큰누이의 눈물 속에서 가족들의 평범한 사랑은 결코 불행한 파편으로 갈라지지 않았다.

마스카라의 눈물 얼룩은 가족들의 일상적인 사랑을 지키기 위해 자기 심장에 우겨 넣은 가슴 아픈 파란곡절의 역사들이었다. 그 얼룩은 김현준의 과거 속에 파묻힌 어머니의 사랑을 일깨운 한 폭의 수채화였다. 김현준은 그 검은 얼룩들이 너무나 고마웠다.

김현준은 큰누이의 마음을 헤아려 보았다. 자신의 운명적 고통을 최대한 절제하면서 수많은 동생들의 고달픈 삶을 지켜 준 여장부였다. 삶의 온갖 폐수와 흙탕물이 범람할 때도, 큰누이는 그 모든 것을 묵묵히 인내하고 있었다. 김현준은 피가로의 혁명적 열정과 사랑이 흐르는 큰누이의 손을 잡았다.

"누나, 지난 일 너무 신경 쓰지 마. 우리 어릴 때 엄마처럼 돌봐 준 거 고맙게 생각하고 있어."

두 사람의 손에는 끈적거리는 유등천의 강물이 흘렀다. 푸른 하늘과 흙 탕물이 어우러진 꽃피는 봄이 온 것이다. 아니 그들은 꽃이 되었고 봄이 되었다. 큰누이의 마스카라가 번진 그 혼탁한 물속에는 아름다운 하늘의 물고기들이 조용히 헤엄치고 있었다.

피가로의 결혼

모차르트의 혁명.

그 혁명은 결코 피를 부르지 않는다. 유등천의 축제는 결코 큰누이의 검은 얼룩으로 어두워지지 않는다. 혼탁해 보이는 그 물속에는 생명의 강한 용트림이 살아 있기 때문이다. 혼탁해짐으로써 오히려 맑은 생명력을 품고 있다.

김현준은 짙은 마스카라를 가진 물고기 한 마리가 강물 속에서 알을 부화시키는 모습을 보고 있다. 그 알은 자신이 낳은 알이 아니지만, 유독 눈망울이 뚜렷하고 큰 머리를 가진 투명한 알이기에 사랑하고 있다. 붉은 심장과 핏줄마저 선명하게 들여다보이는 아름다운 알이다. 그러나 부화의 시간을 훨씬 넘겨 벌써 며칠째 마스카라 물고기의 애를 태우고 있다. 다른 알들과 달리 부화의 시간을 훨씬 넘긴 것이다. 더욱이 심장의 움직임이 점점 시원찮고 눈동자도 자꾸 희미해져 간다. 머리통이 기형적으로 큰 이 알은 다른 물고기들의 먹잇감이 될 공산이 커 보인다. 알껍질에는 여기저기 큰 물고기들이 물어뜯은 자국이 선명하다. 아슬아슬한 고비를 여러 차례 넘긴다. 껍질 일부는 흉하게 찢어져 이미 실처럼 길게 늘어져 너덜거리기 시작한다.

위기를 예감한 마스카라 물고기는 벌써 사흘째 아무것도 먹을 수가 없다. 한숨도 눈을 붙이지 못한 것은 물론이다. 상처 입은 알이 어서 속히 부화하기를 학수고대하면서 24시간 그 옆을 떠날 수가 없는 것이다. 마스카라 물고기는 기진맥진하고 정신이 몽롱해진다. 그러나 아가미와 꼬리지느러미, 그리고 좌우 비늘 등 몸통 전체를 움직여 알에게 계속 신선한 공기를 불어 준다. 피곤이 쌓여 이미 한계점에 이르렀지만, 그것도 마스카라 물고기에게는 결코 중단의 이유가 되지 않는다.

왜 깨어나지 않는 것일까. 마스카라는 전전긍긍하며 지친 몸을 더욱 추스른다. 마지막 남은 힘까지 사용해 최선을 다한다. 일찍 깨어난 알들은 이미 어디론가 사라져 갔다.

여전히 깨어날 줄 모르는 머리통 큰 알을 위하여 마스카라는 드디어 자기 옆 가슴을 찢었다. 가슴에서 흘러나오는 붉은 피와 하얀 살을 알에게 뿌려 주고 그를 먹여 준다. 그리고 또다시 자기의 피와 살을 뿌려 주고 먹여 준다. 그러기를 수십 차례 반복한다.

머리통이 큰 알은 드디어 심장박동이 빨라지고 혈색이 돌기 시작한다. 그리고 눈을 뜨고 입을 움직인다. 알 껍질을 찢고 부화하기 시작한 것이다.

마스카라 물고기는 옆에서 온몸으로 계속 부채질한다. 그러나 서서히 눈이 풀리고 뼈만 남은 앙상한 몸통이 강바닥으로 가라앉기 시작한다. 알에서 부화한 새끼 물고기는 껍질을 먹는다. 자기 몸에 알 수 없는 상처들이 있어서 불안하고 두렵다. 그는 자기가 혼자인 것을 알고는 여러 번 눈물을 흘리기도 한다. 가슴이 떨리기도 한다. 그러나 누군가 발라놓은 피 딱지로 대부분의 상처들이 말라 있었기에 더 이상 고통스럽지 않다. 새끼 물고기는 강바닥에 쓰러져 있던 이름을 알 수 없는 어느 물고기의 남은 살을 먹으며 몸을 추스른다. 눈이 밝아진다. 헤엄치기 시작한다. 그는 온전한 몸으로 살아난 것이다.

키가 크고 몸에 살이 붙기 시작한 물고기는 아름다운 강물의 주인공이 되었다. 천연기념물처럼 산과 바람과 버들가지의 사랑을 받았다. 그리고 눈이 또렷해지고 지느러미에 힘이 모아지면서 강물을 거슬러 헤엄치기 시작한다. 어느덧 청년이 된 그는 여울의 돌다리마저 쉽게 뛰어넘을 수 있게 되었다. 다른 물고기들의 부러움과 동경의 대상이 되었다. 그리고 폭포를 거슬러 올라 더 높은 상류의 물 근원으로 힘차게 헤엄쳐 간다. 마침내 마스카라의 짙푸른 연못처럼 활짝 열린 거대한 창문을 뛰어넘어, 그동안 전혀 알지 못했던 새로운 세계로 헤엄쳐 나아갔다.

유등천에 결혼 하객들의 노래가 울려 퍼진다. 새로운 세상이 열리는 홍분과 열기로 가득하다. 피가로가 결혼한다. 피가로는 드디어 사랑의 성취자, 사랑의 수행자가 된다. 그것은 틀림없이 혁명이다. 그러나 그 새벽 혁명의 칼끝에는 피가 묻어 있지 않다. 혁명의 음악 속에는 붉은 피 대신 축제의 기쁨이 흐드러지게 번져 가고 있다. 그 결혼식 축제는 '마스카라 축제' 혹은 '연꽃 축제' 라고 불렸다.

손에 틀어쥐고 있던 김현준의 하얀 완장은 머리카락 속의 비듬처럼 그렇게 점점 작아지다가 어느덧 공중으로 사라져 버렸다. 아니 그것은 김현준의 머리털 사이에서 기생하고 있던 서캐와 같은 존재였다. 모든 사람의 발목을 묶고 있었지만, 김현준에게서 가장 멀리 떨어져 있던 큰누이의 손에서 번져 가는 혁명적 음악으로 이제 바람처럼 풀어진 것이다. 그 음악은 김현준에게 강력한 살충제였다.

만일 혁명의 독이 있었다면, 그것은 큰누이의 손끝에서 모두를 먹여 주는 달콤한 우유로 바뀌었다. 아귀의 뱃속에 떨어져 몸이 반쯤 웅덩이에 잠겼던 자는, 독이 가득한 붉은 피를 흘리는 대신, 꽃가루와 우유 향기로 결혼식장을 축하한다. 아니 꽃가루가 되고 향기가 된다.

사랑의 짙은 향기를 흩날리는 자는 드디어 자신의 더 나은 반쪽을 찾았다. 그 반쪽은 이미 희극과 비극, 혹은 기쁨과 슬픔의 일상생활 속에 오래전부터 숨 쉬고 있었다. 그 사랑은 김현준의 안과 밖에 언제나 살아 있었다.

피가로의 결혼은 김현준이 가족들의 발목을 풀어 버린 축제이고, 그들의 사랑을 성취하는 결혼식이며, 김현준이 모든 가족들의 결혼식장에 꽃가루가 되어 흩날리는 일이다. 자신의 진정한 얼굴을 봄으로써 그 나머지 반쪽의 얼굴마저 발견한 것이다. 김현준이 아버지의 가족들의 얼굴을 발견함으로써 사랑의 진정한 모습이 드러난 것이다.

알마비바 백작은 물속에 빠져 절박하게 흔드는 손을 잡아 준다. 어머니의 기도는 성취된다.

"명랑한 소녀들이여, 꽃을 뿌려라! 고귀하신 하나님, 임의 자상함이 당신을 위해 순수함을 지키셨다네. 꽃들의 아름다움을 지키셨다네."

허리가 부러진 버들 이파리의 고통스런 손을 잡아 주는 자는, 꽃을 뿌리면서 화관을 쓰고 있는 어머니를 보았다. 온 얼굴에 화사한 웃음을 머금은 채 창틈을 타고 내려오는 모차르트를 보았다.

너무나 소중한 사랑, 무너지고 상처 받은 모든 버들 이파리들이 알마비바 백작의 풍성한 잔치자리에 앉는다. 그들 모두 둥그런 밥상에 둘러앉아 함께 밥을 먹는다.

백작은 자신의 재산을 증식시키는 단순한 삽과 괭이로만 보아 왔던 피가로의 눈물을 닦아 주고, 그의 인간적 삶의 권리를 인정하며 이제 그를 정당한 아우로 받아들인다.

피를 뿌리는 혁명으로 바스티유 감옥을 무너뜨리기 전에, 알마비바는 백성들이 먹고 입을 수 있도록 해 주었다. 그리고 그들의 주체성을 인정해 주고 보편적인 인간의 자유와 평등, 재산권과 저항권마저 보장해 주었다.

피가로와 알마비바는 서로 어깨동무하며 새로운 인간의 가능성을 열어 주고 있다. 수직적 초월구조에서 내려와 수평적인 관계구조를 수행하는 개벽을 연출하고 있는 것이다.

김현준은 삽과 곡괭이로만 보았던 피가로의 눈물을 닦아 주며 사랑의
꽃가루를 흔쾌히 뿌려 주는 알마비바가 된다. 이 순간이야말로 모든 왜
곡된 신분적 차별과 계급적 모순은 잊혀지고 중단된다. 모든 거짓된 사
랑은 멈춘다. 이렇게 갈라진 틈에서 그동안의 부당한 이권은 뒤로 던져
진다. 수십 년간의 악덕 고리채로 쌓인 빚은 크게 감면된다. 처절하던 갈
등과 상처는 씻어지고 용서된다. 피가로는 모든 동네 사람들 앞에서 백
작 형님이 선물하는 가락지를 끼고, 물 돼지 가죽신을 신으며, 기름진 송
아지 고기를 먹는다. 잔치 자리에는 풍성한 사랑이 흘러넘친다. 평범하
고 순수한 유등천의 강물이 다시 출렁거린다.

 “충실하고 순결한 소녀들이, 우리의 자비로운 백작님을 찬양하
  네.”

 결혼의 잔치 자리는 올바르고 현명한 결정에 대한 기쁨의 노래로 가득
하다. 폭죽처럼 터져 나오는 기쁨의 함성 속에서 유등천의 부드러운 바
람을 맞고 있는 자는, 유등천의 모든 식구가 용서의 아름다운 축제에서
새롭게 부활하는 모습을 본다.

 김현준은 그동안의 부끄러움과 수치에 대해 진솔한 고백을 하고, 사람
들은 백작 부인 로지나처럼 화답한다.

 “내가 잘못했소, 용서하시오.”
 “나는 관대한 사람이니 용서해 드리겠어요, 남을 용서하지 않
  는 자는 용서받을 자격이 없어요. 우리 모두 기쁨을 나누세.”
 “용서를 하고 잊어버리세.”
 “우리 모두 기쁨을 나누세.”
 “용서를 하고 잊어버리세. 사랑만이 우리들을 행복하고 기쁘게
  하네.”

큰누이의 음악은 용서라는 말을 수없이 반복하고 있다. 유등천은 결혼 무도회장으로 탈바꿈된다.

"내가 잘못했소, 용서하시오."

용서의 고백과 용서의 선포가 온 새벽을 천국으로 만든다. 축제의 무도 회장에서 춤추는 사람들이 노랑과 빨강 그리고 초록과 파랑 등의 다채로 운 색깔로 아름답게 살아난다. 무겁게 내려앉았던 검은 색은 걷히고, 사 람들의 굳게 잠긴 눈과 입은 이제 모두 흥겹고 신나는 음악을 쏟아 내고 있다. 모든 사람이 그동안의 단절과 고독 그리고 소외로 인한 상처에서 벗어나게 되었다. 그곳은 용서를 선언하는 무도회장이었다.

김현준은 보았다. 아버지의 가족들이 가장 평범하고 일상적이면서도 가장 순수하고 아름다운 사랑을 체험하기 위하여 무엇보다 필요한 것은 서로가 서로에게 용서를 선언하는 것이었다. 그것은 아버지의 사랑을 이 땅 위에서 펼쳐 내기 위해 가장 필요한 법칙이었다. 용서야말로 가장 위 대한 종교였다.

백작 부인 로지나의 용서처럼 모든 가족이 서로를 받아들이는 유등천 의 용서 회복은, 김현준에게서 그동안의 잘못과 고통을 도려내는 행동과 같은 것이었다. 마치 그에게서 고통스런 상처를 떼어 내 그를 진정한 가 족의 한 사람으로 재창조하는 행동이다. 그럼으로써 김현준은 가해자로 머무는 것이 아니라, 전혀 새로운 사람으로 다시 태어나게 된다. 그는 더 이상 상처를 주던 과거의 사람이 아니라, 누구보다 자신을 가장 필요로 하는 사람으로 보이게 된다. 어머니와 누이와 동생을 밀쳐 내고 거부하 던 김현준이 아니라, 이제는 자신에게 깊이 소속된 자로 존재한다. 과거에는 김현준을 축제에 미숙한 자로 낙인찍었지만, 이제는 자신을 의지하며 도움을 요청하는 약한 사람으로 태어난다. 과거에 깊은 상처를 주었던 사람을 그렇게 받아들이고 재창조함으로써, 가족들은 자신의 불행했던 과거까지 사랑으로 재창조한 것이다.

자신을 회복함으로써 모든 사람은 행복해진다. 대지의 자식들이 모두 자신만의 얼굴을 가지게 된다. 그것이 아버지의 가족들이 대지를 살아가는 법칙이다. 종교는 꽃을 피우고 유등천은 천국이 된다.

사랑의 힘,
마술피리

김현준은 큰누이가 돌아간 뒤에도 침상에 계속 쌓이는 피가로의 잔치 여흥으로 사랑의 감정이 쉽게 가라앉지 않았다.

창문의 금속 고리에서 반사되는 영롱한 아침햇살이 다이아몬드의 오색찬란한 무지개를 뿜어내기 시작했다. 어머니를 떠나보내야 하는 아침에 김현준은 어머니의 사랑이 과연 무엇이었나, 그 세계를 들여다보고 싶었다.

가슴 저 밑바닥에서, 금속 조각 같은 어린 시절의 작은 추억에서 한줄기 오색 무지개가 피어올랐다. 그 무지개는 어머니의 사랑을 무겁게 가리던 더께를 뚫고, 햇살처럼 투명하고 세밀하게 삶의 구석구석을 비추어 주고 있다. 무지개처럼 번져 가는 오르페우스의 수금 연주가 심해(深海)의 밑바닥에 수천 년 전 가라앉은 삶의 파편들을 흔들어 깨우며, 하나둘 서로의 짝을 찾아 연결하고 있다.

김현준은 에우리디케를 만나기 위해 깊은 명부(冥府)를 찾아들어 가듯이 가벼운 긴장과 슬픔, 그리고 긴 설렘의 여행을 떠나고 있다. 그것은 사랑을 찾아가는 여행이었다. 김현준은 신과 인간은 물론 모든 짐승들까지 감동한 오르페우스의 수금을 연주하며, 일순간 눈앞에 모차르트의 마술피리 무대를 창조해 냈다. 아름드리나무와 푸른 풀들이 넓게 펼쳐진 동산에 주인공 타미노의 익살스러운 노랫소리가 울려 퍼진다.

> "살려주오. 살려주오. 아니면 나는 끝장이오. 간사한 뱀의 희생물이 된다오."

뱀과 같은 괴물. 오르페우스에게서 사랑하는 아내를 빼앗아 가버린 독사. 평범하고 소박한 우리 인간들의 모듬살이에서 사랑을 빼앗아 가는 그 모든 괴물.

정치라는 이름의 합법을 가장한 지극히 폭력적인 괴물, 산업이라는 이름의 효율성을 앞세운 비정한 괴물, 종교라는 이름의 별천지 세계를 내세운 비인간적인 괴물, 신분과 계급이라는 이름의 전통을 가장한 억압과 착취의 괴물, 심지어 순종과 의무라는 이름으로 어머니의 사랑과 기쁨을 빼앗고 자유를 제한하던 미덕의 괴물……

그런데 놀랍게도 위험에 처한 청년 타미노의 절박한 구원호소에 대하여 가장 먼저 반응하는 자는 세 명의 여인이었다. 마치 잃어버린 어머니의 사랑을 가장 가슴 아파하던 사람이 김현준의 큰누이였듯이.

"죽어라, 괴물아. 우리 힘으로 처단한다. 우리는 승리했다."

여인들은 자신들의 힘으로 괴물을 퇴치하며 위기에 처한 청년을 향해 힘차게 구원을 선포한다. 그들은 여왕의 시녀들이었다. 타미노의 죽음이 완벽한 무기를 갖춘 탁월한 기사가 아니라 평범한 여인들의 도움으로 극복된 것이다.

검은 옷을 입고 겨우 얼굴만 간신히 내밀고 있는 시녀와 같은 익명의 존재로서 어머니는 김현준을 그렇게 지키고 양육하였다. 그렇게 보호된 것이다.

그러나 여인들의 극적인 행동은 순식간에 죽음에 대한 두려움을 사랑 경쟁의 감미로운 무대로 바꾸었다. 위험과 공포를 몰아낸 세 여인은 이제 좀더 당당해진다. 타미노에 대한 자신들의 사랑고백에 대단히 적극적이다.

"내 목숨을 바치더라도 이 젊은이와 함께 살 수 있다면."

시녀에 불과한 이름 없는 여인들이지만 그들도 멋진 남자에 대한 자신의 사랑을 감출 수 없다. 단순히 일만하고 심부름하며 망사로 얼굴을 가린 채, 일생을 그렇게 소진해 버리는 무감각한 도구가 아니라는 것이다. 그들도 사랑을 받고 사랑을 표현하며 사랑을 누릴 자격이 주어진 존재들이다.

"내가 지키겠어!"
"내가!"
"내가!"
"내가!"

모든 여인이 자신의 사랑할 권리를 마음대로 노래하고 표현할 수 있는 음악. 김현준은 어머니 방식의 당당한 사랑을 상상해 보았다.

갑자기 밤의 여왕이 뛰어들었다. 그녀는 자기 딸 파미나가 힘센 악마에게 납치되어 갔다고 난리다. 어둠을 주무르던 여제(女帝) 마리아 테레지아마저 자신의 사랑 혹은 자신이 사랑하던 그 무엇을 잃었다고 하소연하고 있다. 그녀는 어둠 속에서 자신의 가장 소중한 것을 잃고 고통스러워하는 여인일 뿐이었다. 그 어둠이란, 사랑을 잃고 방황하며 깊은 좌절과 상처의 어둔 구덩이에 던져진 일상적인 사람들의 고달픈 삶을 말하는 것뿐이었다.

'밤의 여왕은 혹시 어머니가 표현했던 사랑의 방정식이 아닐까.'

밤의 여왕은 타미노에게 가장 위대한 선물을 전하는데, 그것은 바로 마술피리였다. 어둠 속에서 사랑의 눈물 흘리는 자가 제공한 것은 오직 환상적인 음악이었다. 그것은 모차르트가 자신의 비극적인 삶에서 이끌어 낸 음악이었다.

> "이 마술피리가 당신을 지켜 줄 거예요. 어떤 불행 속에서도 당신을 도울 거예요. 피리로 무엇이든 할 수 있어요. 인간의 열정도 바꿀 수 있어요. 슬픈 사람은 기뻐하고 늙은 홀아비는 사랑에 빠져요."
> "오, 마술피리는 황금과 왕관보다 귀하도다. 마술피리로 인간이 행복과 만족이 커지도다."

그 어떤 것도 바꿀 수 있는 사랑의 힘, 음악의 힘. 그것은 파파게노의 아름다운 은종과 더불어 모든 어려움에서 구해 줄 도구들이었다.

김현준은 조용히 흐르는 음악 속으로 헤엄쳐 나아갔다. 음악은 그가 고통스런 과거의 어둠 속에서 몹시 시달릴 때, 그 어둠 속에서 아버지로부터 물려받은 것이었다.

'음악은 모든 것을 바꿀 수 있는 마술과도 같은 힘이 있다. 인간의 열정도 불러일으킬 수 있고 사랑에 빠지게도 만든다. 진정 모든 인간들에게 참된 기쁨을 선물할 수 있는 힘을 가지고 있다. 어두움을 밝게 할 수도 있다. 음악의 힘은 과연 어떤 귀족의 권세나 재물보다 탁월한 것이다.'

음악의 힘, 모든 고통스런 억압과 부조리를 뛰어넘을 수 있는 힘.

"사랑하는 피리여, 네 소리를 듣고 모두 기뻐하누나. 너의 소리를 듣고 사나운 짐승도 기쁨을 느끼는구나. 너의 매혹적인 소리의 힘이 정말 강하도다. ……위험할 때 이 피리를 부세요. 우리는 이 마술피리의 힘으로 나아가도다."

김현준은 너무나 고독했던 청소년 시절, 모차르트의 음악세계에 파묻혀 살았다. 어머니를 벗어나 아버지에게 달려가기 위해 미친 듯이 모차르트를 찾았다. 수십 번, 수백 번, 수천 번을 반복해서 듣고 또 들었다. 그의 음악은 마술이었다.

모차르트의 음악은 눈속임과 사기와 엉터리와 싸구려의 세계를 말하지 않았다. 김현준이 눈물을 멈추고 조금이라도 눈을 뜰 수 있었던 것은, 모차르트의 마술이 음악을 통하여 차별이 없는 인간세계, 갈등이 없는 사랑의 세계를 창조하기 때문이었다. 모든 거짓된 어두움의 세계를 물러가게 했다.

사라스트로의 사원에서 군대에 포위된 타미노와 파파게노는 그 위협적인 상황에서 피리음악을 연주한다. 그러자 군인들의 총구에서는 꽃이 피어나고 군인들이, 라라라 랄라 라라랄 랄라, 노래하는 흥겨운 축제 자리로 돌변한다. 아름다운 음악소리는 생포하려는 군대들의 위협을 노래로 바꾸어 버렸다.

"이런 아름다움이 없다면 땅 위에 행복은 없도다."

음악의 힘. 고통스런 인간에게 신이 내린 최고의 선물. 모두가 고귀한 자유를 마음껏 누릴 수 있도록 해 준다. 모든 사람이 행복해지고 모든 사람이 만족한 삶을 살아간다. 음악을 통하여 공동체는 화해하는 유토피아가 된다.

"사랑을 느끼는 남자들은 착한 마음씨도 갖고 있어요. 감미로운 사랑을 나누는 건 여자가 첫 번째 해야 할 일. 사랑에 기뻐하고 사랑으로 한평생 살리라. 사랑은 모든 고통을 어루만지고 모든 생물은 사랑을 위해 희생하지요. 사랑은 생활에 활기를 주고 사랑은 자연 속에서 작용하네."

사랑의 노래.

사랑은 삶의 목적이요 모든 순간의 목표다. 김현준은 사랑의 힘으로 모든 어두움과 두려움을 물리치고, 사랑의 힘으로 함정에서 벗어나기도 하고 지혜를 얻기도 했다. 복수에 불타는 밤의 여왕과 빛의 왕 사라스트로의 대결도 사랑의 힘으로 위기를 넘기며 사랑의 힘으로 파국을 극복한다. 사랑은 미와 지혜였다. 그 사랑의 승리는, 당시 비엔나의 프리메이슨 비밀 집회소에서 사용되던 목관악기와 트롬본으로 초자연적인 광휘를 뿜어낸다.

그러나 김현준은 사랑의 진정한 힘이 발휘되는 곳이 결코 별천지가 아님을 잘 알고 있다. 볼품없는 일상의 삶과 평범한 대지의 품속에서 이름 없이 살아가던 인간들이, 자신들의 잃어버린 사랑을 회복하는 것이다.

　김현준은 평범한 일상 속에서 사랑의 길을 발견하는 어머니의 음악을 듣는다. 새까만 피부를 가진 모노스타토스가 흰 눈을 번뜩이며 심장으로부터 한줄기의 연가를 쏟아 낸다. 그는 아름다운 파미노를 넘보다가 덜미가 붙잡혔다. 그의 노래는 사랑받고 사랑하기에 가장 부적합하다고 공적으로 선포된 영역으로부터의 강력한 포르테다.

　어머니는 검은 청년이 되어 나타났다.

　"도대체 내가 무엇을 잘못한 건가. 한 송이 꽃에 반해서 이 낯선 곳으로 왔는가. 가벼운 입맞춤조차 구걸해야 하다니. 모두 사랑의 기쁨을 느끼고 장난치고 껴안고 입맞추는데. ……사랑을 해서는 안 되는 나는 못생긴 흑인이기 때문. 내게는 심장도 없는가. 내게는 인정도 없던가. ……사랑하는 달님, 용서하오. 나는 하얀 그녀에게 반했소. 희고 아름다워라. 입맞춰야지. 달님, 고개를 돌리고 숨으시오! 오, 그대 눈감아 주오."

모노스타토스는 절규한다.

　어머니는 절규한다. 나는 당신네들이 경멸하는 사람이지만, 나도 사랑을 느끼고 감동할 줄 아는, 뜨거운 심장을 가진 인간이라는 것이다. 나도 당신들처럼 아름다운 연인과 사랑하고 포옹하고 입을 맞추고 싶은 똑같은 인간이라고 노래한다.

　달빛에 우유처럼 부드럽게 빛나는 파미나 공주의 아름다움에 심취하였던 모노스타토스. 사랑의 격정에 사로잡힌 그는 심지어 밤의 여왕과 결탁하여, 지혜롭고 현명한 자신의 군주 사라스트로를 살해하려고까지 했다. 왜냐하면 사랑에 빠진 인간은 무엇이든 할 수 있기 때문이다.

　창틀의 고리에서 반짝이는 무지개를 타고 응급실에 누워 있는 자에게 겨우 선포될 만큼 충격과 도전이었던 모차르트의 사랑찬가, 인간찬가.

그러나 김현준에게는 흑인 시종의 사랑이란 도무지 부적절하게만 보였다. 마치 그런 무거운 경계선이 짓누르고 있었던 것처럼, 어머니의 사랑이란 그저 그림자와 허깨비처럼 변두리에서 영원히 버림받은 그런 이방인의 사치에 불과했을 것이라고 김현준은 생각했다.

'불륜이라는 멍에를 짊어진 채, 자기 자신에게는 물론 주변 모든 사람들에게 철저하게 외면당하고 버림받은 그런 미혼모의 애증이었을 것이다. 단 한 번도 가족에게 영접되지 못하고 대문 밖에서 쫓거나 운명의 멍에를 짊어지고 부평초처럼 영원히 떠돌 수밖에 없던 사촌 여동생의 구멍 난 가슴이었을 것이다.'

부랑자같이 모든 것을 탕진하고 겨우 몸만 살아 왔던 둘째 아들을 위해 아버지가 동네잔치를 열고 값비싼 송아지를 잡았듯이, 어머니의 사랑이란 너무나도 어울리지 않는 파격이었다.

어둠의 피부를 가지고 어둠의 삶을 흐느끼던 어머니의 노래가 끝나고, 가장 아름다운 사랑의 음악이 울려 퍼지기 시작한다. 그 음악은 상류사회의 세련된 무대가 기대할 수 없었던, 그러나 사랑의 가장 큰 폭발력을 가진 마술이었다.

모노스타토스보다 훨씬 더 청중들의 상상을 초월하는 인물이 유등천의 강물 속에서 헤엄을 치고 있다. 사랑을 찾아 헤매면서 갈 길이 바쁜 마술피리의 여정에, 누더기를 걸치고 나타난 할머니. 몸이 심하게 흔들리고 틀니 때문에 말소리마저 우스꽝스런 그 할머니는 무엇인가를 쉬지 않고 중얼거리고 있었다.

'의복을 달라는 것인가. 음식과 용돈을 구하는 것인가. 좀 편안한 거처로 옮겨 달라는 항의인가.'

김현준은 할머니의 중얼거림이 더 나은 의복이나 음식이나 거처를 구걸하는 것이 아님을 금방 알 수 있었다. 할머니가 구하는 것은 놀랍게도 사랑이었다.

'사랑이라면 할머니와 가장 상관없는, 거리가 먼, 그런 요구가 아니던가.'

사람들은 눈살을 찌푸리기도 한다. 대부분 쓰레기더미에 던져 버리고 말았을 할머니의 이야기는, 김현준이 그동안 들어 왔던 연가 중에서 가장 감동적인 것이었다. 병들어 휠체어에 의존하고 있지만, 할머니의 놀라운 재치와 사랑의 열정은 너무나 진지한 것이었다.

미남청년 파파게노에게 사랑을 고백하는 너무나 당당한 할머니.

"내게 안기면 심장소리가 날 거요. 가서 우리의 결합을 서약합시다."

할머니는 자신의 나이를 18년하고 2분이 지났다고 소개한다. 할머니는 파파게노가 자신의 가장 사랑스러운 애인이라고 선언한다. 할머니의 그 진지함과 당당함에 김현준은 벌어진 입을 다물지 못한다.

익살스러운 음악과 더불어 파파게노는 그 말을 우스꽝스런 농담으로 치부해 버린다. 상상할 수 없는 일이기 때문이었다.

어머니는 할머니의 추레한 외모만 보고 사랑의 고귀함을 쉽게 재단하는 그 청년이야말로 사랑이 무엇인지 알지도 못하고, 그가 과연 사랑할 자격이 있는지를 심각하게 질문한다.

'사랑에 나이 제한이 있고, 사랑에 피부 색깔의 차별이 있으며, 사랑에 신분의 제한이 있는 것인가. 사랑에 중심과 변두리가 있는 것인가.'

김현준은 보았다. 꼬부랑 할머니라도 마음은 늘 사랑이 꽃을 피우는 이팔청춘이다. 팔십이 넘었어도 여전히 입술에는 빨간 루주를 바르며 사랑을 연모한다.

82년을 평생 소녀처럼 살았던 어머니.

병상에 누워 있으면서도 그 얼굴은 주름 하나 없는 순수한 18세의 소녀였다.

봄이 되면 여전히 진달래 꽃무늬가 화사한 조끼를 구경하러 시장을 찾아 다니고, 코가 사슴처럼 길쭉하고 볼은 족제비 허리처럼 가녀린 하얀 구두를 신고서 그 조끼와 구두에 어울리는 핸드백을 열심히 고르던 나의 소녀.

여름이면 접시꽃과 나비가 예쁘게 수놓아진 하얀 모시 적삼을 곱게 다려 입고, 서늘한 바람이 불 가을의 낙엽을 온 가슴으로 맞이하기 위해 어김없이 그 해 가을이 머물고 깃이 살아 있는 소녀의 코트를 찾아다니던 스무 살의 어머니.

80세가 되었지만 축 처진 눈꺼풀이 보기 싫다며 얼른 수술해 달라고 자식들을 재촉하면서 입술을 비쭉이던 하얀 소녀.

어머니 날, 생신 날, 추석, 크리스마스, 그리고 설날을 기다리며, 설레는 마음을 더욱 조급하게 하던 선물은 신부의 꿈을 단장하는 화장품 세트였던 청춘.

자다가 일어나 화장실에 잠시 가려 할 때나 옆집 친구가 초인종을 누를 때도 가장 먼저 서두르는 일은 흐트러진 머리를 고치고 얼굴을 매만지는 일이었던 영원한 신부.

가방이 열 개, 구두가 스무 켤레, 진달래 조끼가 스무 벌이었던 영원한 처녀.

자식들은 그 소녀성을 박탈하기에 급급하고 한 여인으로서 가슴에 피어나는 정당한 사랑을 전혀 인정하지 않았다. 누가 그 영원한 소녀에게 돌을 던졌던가. 오직 유령처럼 비웃음과 조롱의 대상이기만 했던 나의 어머니.

손녀의 뒤꽁무니를 졸졸 따라다니던 서너 명의 소년들이 금요일 저녁마다 찾아와 파티를 벌이며 세레나데를 불렀다. 활활 타오르는 그 정열이 검은 두 눈으로부터 별처럼 쏟아지는 밤에 손녀는 어느 한 녀석을 골라야 하는 행복에 짧은 치마를 입었다가 다시 청바지로 갈아입었고 앵두가 감도는 루주를 칠했다가 지우고 진달래꽃 향기를 올렸다가 또 금가루를 뿌렸다가 안절부절못했다.

별처럼 사랑스런 소년들이 쏟아지는 금요일 밤이면 할머니는 몇 시간 전부터 화장대를 끌어안고 트레머리를 묶었다 풀었다 만지작거렸다. 거울을 바라보며 눈을 이리저리 흘려 치켜뜨면서 이마에 흘러내린 몇 올 머리카락을 붙여 올리고 화장을 고쳤다. 시간이 되면 초인종 소리를 기다리며 소년들의 도착이 지연되고 있음을 초조해하던 것은 손녀가 아니고 할머니였다. 밤늦게 기타소리가 잦아들 때까지 이리저리 몸을 뒤척이며 그 노래에 쫑긋 귀를 세웠다. 잠자는 척했지만, 불꽃이 쏟아지는 소년들의 터질 것 같은 노래를 즐기는 사람은 바로 할머니였다.

어느 겨울 날 할머니는 얼굴이 벌게 가지고 머리를 노랗게 물들인 한 소년에게 공부는 안 하고 계집애 엉덩이만 쫓아다닌다고 나무랐다. 그렇게 더듬거리는 할머니의 두 눈에서는 까만 하늘의 별이 은하수처럼 촉촉하게 흘러가고 있었다. 그 말을 듣던 소년은 깜짝 놀라 할머니에게 솔직히 털어놓고 말았다.

"할머니는 왜 금요일마다 입술을 칠해. 왜 옷을 새로 갈아입고, 머리를 새로 만져. 우리가 할머니에게 노래를 불러 주려고 금요일 밤마다 여기 찾아오는 줄 아세요. 우리가 따라다니는 건 할머니가 아니고 할머니의 손녀예요, 손녀. 송장같이 썩은 냄새나 나는 할망구가."

할머니는 젊은 것의 잔인한 칼부림으로 그 자리에서 쓰러졌다. 김현준은 그날 밤 여자라는 게 어떤 것인지 똑똑히 보았다. 그날 밤 할머니의 두 눈에서 쏟아지던 소녀의 별들은 진달래 물이 든 꽃 치마를 뒤집어쓰고 강물에 몸을 던졌다. 온몸에 물벼락을 맞아 잔뜩 웅숭그린 강아지가 되어 그렇게 덜덜 떨면서 어두운 강물에 송장처럼 휩쓸려 떠내려갔다. 할머니의 입술은 실망과 분노의 거친 숨결을 이기지 못하여 차가운 경련을 일으키고 있었다. 그 일이 있은 후, 할머니는 유령이 되었다. 그리고 자주 배가 아프다고 하며 설사를 했다.

'누가 이 소녀의 사랑을 외면할 수 있는가. 육체나 외모가 사랑을 나누기에 아무리 부족한 것처럼 보일지라도, 그것은 단지 일방적으로 훈련된 편견일 뿐.'

　　김현준은 사랑을 노래하는 어머니가 그렇게 아리따운 소녀임을 알았
다. 파파게노라는 손자 같은 청년 앞에서 어머니는 지금 한 여자로서 당
당하게 구애의 노래를 부르며 사랑의 대상을 헌팅하고 있다. 사랑의 가
슴을 가졌던 어머니는 사랑의 의미를 삶으로 누렸던 오르페우스였다.

　　어머니는 김현준의 손을 잡고 그 사랑의 나라를 다시 거닐었다. 진달래
꽃무늬가 화사한 조끼를 입고, 접시꽃과 나비가 예쁘게 수놓인 하얀 모
시 적삼을 곱게 다려 입고서, 어머니는 자기 사랑을 마음껏 노래하면서
하늘 높이 걸린 무지개가 되었다. 어머니는 모든 삶을 무지개로 만들어
버렸다. 모든 존재는 어머니의 음악을 들으면서 온전히 사랑받는 존재로
살아났다.

　　강물에 잠겨 있으면서도 영원한 갈증에 시달리던 탄탈로스는 어머니
의 음악에 심취하면서 더 이상 탐욕의 강물을 마시려고 하지 않는다. 강
물을 마시려고 하지 않음으로써 치명적이던 갈증이 이미 달아났다.

　　아버지를 실망시키고 자신을 잃어버린 죄로 불바퀴에 매달려 끔찍한
비명을 지르던 익시온은 어머니의 노래를 들으면서 더 이상 불바퀴를 돌
리지 않고 또 비명도 지르지 않는다. 사랑의 멜로디가 항상 혀끝에 맴돌
면서 더 이상 거짓말을 할 필요가 없어졌기 때문이다.

　　부끄러운 자신의 육체를 파먹는 백로 때문에 소리를 지르던 티티오스
는 이제 더 이상 날카로운 부리와 발톱으로 살을 파먹지 않게 되어 소리
를 지르지 않는다. 사랑의 힘으로 모든 혹독하던 심판이 용서되었기 때
문이다.

　　산꼭대기에서 골짜기로, 다시 골짜기에서 산꼭대기로 쉴새없이 바위

를 붙들며 씨름하던 시지프스는 어머니를 따라 일곱 줄 수금을 연주하는 동안, 굴러 내려오던 바위가 음악을 듣느라고 멈추었기에 시지프스도 중턱에 걸터앉아 땀을 닦는다.

어머니의 노래가 손을 잡아 주고 눈물을 닦아 주는 이 땅. 오직 사랑으로 용서하고 치유하고 화해하는 대지의 삶. 김현준은 하늘과 땅이 서로 하나가 되어 흐르는 강을 본다.

유등천은 흐른다.

모든 죽음을 끌어안고 어머니처럼 흐른다. 모든 부끄러운 것도 물속에서 함께 흐른다. 자기 것이 아닌 것을 부둥켜안고 자기 것인 줄로 착각하는 모든 거짓된 것들마저 축제의 강물이 되어 모두 함께 흐른다. 모두는 자기를 찾아 헤매는 일들이기 때문이다. 그 모든 상처와 눈물과 자기주장을 받아 주면서 강물은 묵묵히 흐른다. 아무것도 묻지 않고 그대로 흐른다. 흐르는 일이 가장 중요하기 때문이다. 모든 것이 흐르도록 해야 하기 때문이다. 누가 옳고 무엇이 그른지는 바다에 도달하면 스스로 알아차릴 수 있기 때문이다.

어머니의 가슴 위에서 철길 이쪽과 철길 저쪽의 삶이란 근본적으로 존재하지 않았다. 죽음과 삶이란 서로 만나고 대화해야 할 형과 동생이며 남편과 아내일 뿐이다. 아니 죽음과 삶, 형과 동생, 남편과 아내는 어머니 대지의 서로 다른 얼굴일 뿐이다. 서로가 서로를 깊이 의존해야 하는 동일한 대지의 다양한 얼굴일 뿐이다.

한 얼굴 안에서 조그만 살피로서 존재하는 요단강은 좌와 우, 형과 동생의 날개를 받쳐 주는 바지랑대가 아닐까. 두 땅은 요단강으로 하나가 된다. 삶과 죽음이 흐르는 하나의 가슴이다. 두 땅은 바지랑대를 통해서 서로를 지켜 주는 형이 되고 동생이 된다. 서로를 지켜 주는 하나가 됨으로써 둘로 산다. 바지랑대를 의존하면서 땅은 언제든지 하나로 흐른다.

유등천은 흐른다.

모든 분노와 증오를 사랑과 용서의 힘으로 잠재우며, 어머니의 죽음은 김현준의 사랑이 되어 영원히 흐른다. 자라 등을 타고 다니던 강태공과 귀공자처럼 긴 목을 자랑하던 위협적인 백로는 그 영원한 흐름 속에서 모든 거짓과 부끄러움의 껍질을 벗는다.

어머니는 흐른다. 신처럼 대지의 큰 얼굴이 되어 흐른다. 우리 인간들은 한 대지의 얼굴이 되어 서로를 닮아 가면서 서로를 살아가는 존재로 흐른다. 사랑하기 위하여 흐른다.

돌아온 천연기념물

대지의 가슴에 얼굴을 비비며 막 잠을 깬 아침 태양이 하얀 젖 냄새를 풍기며 어머니의 창문 밖에서 칭얼거리고 있다.

아기를 먹이던 하얀 분유를 온통 검은 양복에 뿌리면서, 아기의 눈빛이 쏟아지는 창틈으로 동생 김현석이 들어왔다. 사납게 드잡이를 하고 항아리 조각을 날리던 주먹은 보이지 않았다.

아직도 삼분지 일이나 남은 링거액이 쫄쫄거리며 흐르고 있었다. 흐르는 강물처럼 동생은 김현준의 상처 난 얼굴을 손으로 쓰다듬었다.

"형, 잘못했어. 어제 새벽에 내가 너무 심했어."

김현석의 고백은 전혀 예상치 못한 것이었다. 얼굴의 찢어진 상처는 아직 아물지 않았지만, 더 이상 쓰려오지는 않았다. 김현준은 창문으로 쏟아져 들어오는 아기의 젖 냄새를 맡으면서 몸을 옆으로 돌렸다. 아기의 손은 떨고 있었다.

"어머니 일 때문에 예민해져서 내가 너무했어."

김현석은 울먹거리며 말을 더듬었다. 고통스러운 표정이었다. 그의 눈물은 줄을 타고 내려오는 링거액보다 더 뜨겁게 흘렀다.

김현석의 시선은 창문 밖 저 멀리 그 무엇인가를 향하고 있었다. 그리고 사라져 가는 과거의 어느 순간을 더듬으며 그것을 어루만지고 있었다. 단절되어 버린 기억의 끄트머리를 이어 보려고 애를 쓰고 있었다.

"형, 생각해 보면 나는 늘 형에 대한 콤플렉스를 가지고 살았어. 어떤 때는 형이 내 모든 것을 다 빼앗아 간 것이 아닌가 할 정도였어. 언젠가 형이 냇가에 목욕 갔을 때, 내 개똥참외를 빼앗아 먹었었는데, 그 생각이 자꾸 나면서, 형이 내 전부를 빼앗아 갔다는 생각이 자꾸 들었어. 그런데 무엇보다 형이 정말 미웠던 것은, 내가 무엇을 조금 잘못했을 때 수시로 내 밥그릇을 빼앗던 거야. 그때마다 나는 정말 미쳐 버릴 것만 같았어. 그래서 형의 콧대를 눌러 버리겠다고, 반드시 형을 이기겠다고 다짐했어. 그러면서 형보다 더 좋은 직장, 더 많은 돈을 벌기 위해 엄청나게 뛰었지."

김현석은 자신을 억누르던 무거운 짐을 벗어 버리려는 듯이 마음 한켠에 잠겨 있던 무의식의 세계를 더듬었다.

"형, 고맙고 미안해. 형수에게도."

"쓸데없는 소리. 형제 사이에 고맙다는 인사가 왜 필요하니. 어젯밤에는 내가 잘못했다."

그러나 김현준은 평생을 기다려 왔다. 고맙다는 그 말 한마디. 아내 서우림도 죄송하다, 감사하다는 그 말 한마디를 애타게 기다릴 것이라고 생각했다.

'그래, 저렇게 사랑스런 아침 태양 같은 아기가 바로 내 동생이야.'

김현준은 동생의 말 한마디로 이미 아기의 환상적인 젖 냄새에 취해서 정신이 몽롱해졌다. 눈을 뜰 수 없을 만큼 황홀했다. 수많은 고통의 세월들이 순식간에 파노라마처럼 흘러갔다. 두려움과 상처가 달콤한 아이스크림처럼 녹아 내렸다. 사라스트로의 사원에서 시종들의 합창이 축제의 마지막 공간을 채워 준다.

"이 거리를 방황하는 그에게 가득한 고난이 물과 불, 하늘과 땅을 극복해 가네. 그가 죽음의 두려움에 직면한다면, 그것을 이겨 내고 지상에서 천국으로 도약하리. 죽음의 두려움을 떨쳐 버리고 어려운 난관을 기꺼이 헤쳐 가리. 이제 운명도 우리 사랑을 나누지 못하네, 죽음이라도."

김현석은 모든 증오의 억압에서 벗어나는 듯했다. 형과의 결정적인 대두리판을 통하여 오히려 그토록 고통스러웠던 방황의 시간에 종지부를 찍었다.

김현준은 동생의 입에서 사라스트로를 보았다. 아니 유등천 강물이 흐르는 것을 보았다.

김현준은 그 맑은 강물에 사라졌던 미호종개가 돌아온 것을 순간 알아차렸다. 멸종되었다고 생각했던 그 천연기념물 미호종개가 지금 유등천에서 살아난 것이다. 아니 미호종개는 형이 모르는 동안에도 그의 삶 어느 곳에선가 조용히 서식하고 있었을 것이다.

김현준은 그 아름답고 살가운 미호종개를 자기 손바닥에 눈물처럼 담아 올렸다. 담황색의 미끈한 몸매에 얼굴 좌우 세 쌍의 수염을 의젓하게 흩날리면서 신비스럽게 박힌 암갈색의 촘촘한 반점을 몸통에 장식하고 있는 그런 귀공자였다. 그것은 더 이상 장난꾸러기 모래무지나 한낱 천둥벌거숭이 같은 미꾸라지가 아니었다. 맑은 물살을 가르며 쏜살같이 달려가는 유려한 몸짓으로 유등천은 태초의 생기를 다시 회복한 것 같았다.

미호종개가 돌아온 유등천에는 유량도 엄청나게 불어났다. 수중보가 없이도 어머니의 온 대지를 적실만큼 넉넉하였다. 밑바닥까지 투명한 물줄기는 아름다운 대보화강암을 따라 흘렀다. 김현석은 유등천의 든든한 대보화강암이었다. 그 아름다운 물줄기는 차령산맥을 넘어 저 멀리 태백산맥까지 달음질할 기세였다. 그 너머에 무엇이 있을지 결코 궁금하거나 안타깝지 않았다. 현재가 살아나고 과거가 살아남으로써 저 멀리 미래는 염려할 필요도 없을 것이었다. 그 믿음직한 강은 남북이 아니라 동서를 흐르는 새로운 강줄기였다.

미호종개가 돌아온 강물에는 힘찬 바람이 사방에서 불어왔다. 보랏빛 향기가 용오름처럼 하늘로 퍼져 갔다. 김현준은 살아 숨 쉬는 버들가지의 출렁거림을 온몸으로 느꼈다. 어머니의 젖가슴 같은 생명이 출렁거리는 힘을 느꼈다. 그곳은 형과 동생이 함께 뒹굴던 보리밭같이 부드러운 어머니의 허리였다.

'미호종개가 돌아왔구나. 아, 유등천에 돌아온 나의 미호종개.'

미호종개는 유등천을 헤엄치며 시계를 들여다보고 링거액을 살펴보았다. 발인을 준비해야 했다. 아직 15분 정도는 더 기다려야 될 듯싶었다.

미호종개는 물과 불, 하늘과 땅의 고통스럽던 김현준의 이분법을 치유하면서 모차르트를 정면으로 받아들였다. 사마리아와 유대 땅이 모두 유등천의 음악이 되어 흘렀다.

"이제부터라도 우리 형제, 아름다운 띠앗을 만들어 가자."

침상에서 파미나의 감격에 찬 환희의 송가가 울려 퍼지고 있다. 고통과 상처를 떨쳐 내고 사랑과 용서의 새로운 세상으로 나아가는 아침을 노래한다.

"제가 당신을 이끌 거예요. 사랑은 나를 인도하지요. 그곳은 장미로 덮여 있어요. 우리는 마술피리의 힘으로 나아가도다."

하얀 젖 냄새가 흐르던 두 사람의 검은 양복에는 유등천의 맑은 물이 여러 곳으로 번져 가고 있었다.

모노스타토스의
알레그로 아사이

발인은 앞 순서 때문에 다소 지연되어 7시에 시작되었다. 김현준이 김현석과 함께 식장에 도착했을 때 이미 식구들과 많은 친지들이 먼저 와서 기다리고 있었다.

발인을 집례할 오 목사에게 감사의 인사를 했다. 모든 의식은 장례 지도사 최 씨와 상의한 대로 진행하는 데에 큰 문제는 없어 보였다. 대기하고 있던 운구 리무진으로 시신을 옮겼다. 빨간 명정이 덮인 관 위에 십자가가 수놓인 하얀 보가 씌워 있었다. 최 씨는 영구차 앞에 영좌(靈座)를 설치하고 상을 차리게 했다. 별도로 분향순서는 갖지 않았다. 상주인 김현준 이하 모두 가족이 정한 자리에 섰다. 가족들 뒤쪽으로는 친척들과 직장 동료들이 섰다. 모든 것이 준비되자 오 목사는 발인예식을 시작했다.

사람들은 오 목사의 인도에 따라 기도하고 찬송을 불렀다. 기독교식의 발인이라서 그런지 고인이 새로운 삶으로 나아간다는 부활(復活) 개념으로 전개되었다. 죽음으로 끝나는 것이 아니라 영원한 삶으로 나아간다는 뜻이었다. 그러나 오 목사는 부활에 대한 내용보다는 특이하게 시편 23편에 해당하는 시를 한 수 읽은 뒤, '선한 목자' 라는 제목으로 설교를 하였다. 상투적인 틀을 벗고 죽음을 새롭게 보는 참신한 내용이라고 생각했다. 땅 위의 인간이 어떤 상황에서 살아가든 언제나 신(神)은 선한 목자가 되며, 우리들을 항상 푸른 목장과 잔잔한 시냇물로 인도한다고 하였다.

잔잔한 시냇물.

김현준은 순간 병원 응급실의 열려진 창문으로 흐르던 어머니 음악, 축제의 음악, 마술 같은 음악을 음미했다. 그리고 동생과 함께 나누었던 유등천의 아름다운 물줄기를 연상했다. 이미 어머니는 유등천의 푸른 물처럼 두 아들을 극적으로 소생시켜 주었다. 응급실에서 두 형제는 어머니의 푸른 초장을 뛰놀기 시작했던 것이다. 집례자는 고인보다는 유족과 조객들을 그 푸른 초장과 잔잔한 시냇물로 안내하는 지휘자가 되었다. 어머니는 푸른 초장과 잔잔한 시냇물이 되어 두 형제를 소생시키며 흐르고 있었다.

김현준은 최 씨가 건네준 견전고사를 꺼내 읽어 보았다.

"靈輀旣駕 往則幽宅 載陳遣禮 永訣終天".(영이기가 왕즉유택 재진견례 영결종천).

혼령을 이미 영구차에 모셨사오니 이제 가오시면 영면하실 묘지이옵

나이다, 영원히 떠나시는 예를 올리오니 이제 가시면 영원하시나이다, 라는 뜻이라고 친절히 한글로 풀이해 있었다.

영원히 떠나는 예식. 김현준은 어머니가 가족을 떠나는 의식이 아니라, 오히려 어머니가 자녀들을 영원히 이끌어 주는 의식이 아닌가, 하는 생각이 들었다. 오 목사는 모든 인간이 한평생 신의 인도와 보호를 받으며 산다고 했다. 과연 두 형제에게는 평생 뛰놀 수 있는 푸른 대지가 되어 주었던 신, 어머니의 인도와 보호가 있었다. 그 인도를 따라 실을 붙잡고 대지 위에 태어난 자손들이 그의 몸에서 뛰놀고 있다. 어머니도 '사망의 음침한 골짜기'를 다니기도 했지만, 그분은 한평생 틀림없이 신의 인도와 보호를 받으면서 살아왔다. 오 목사는 오늘까지 인도해 주신 그 신이 이제 사망의 음침한 골짜기에서도 능히 인도해 줄 것이라며 유족들을 위로했다.

김현준은 어머니를 생각했다.

검붉은 대지에 땀을 흘리며 대지의 사람으로 살아가면서, 함께 먹고 마시는 모듬살이를 통하여 서로의 얼굴을 발견할 때, 이미 인간은 서로를 푸른 초장 잔잔한 시냇가로 인도하는 신이 될 수 있을 것이리라. 신이라는 표현이 과하다면, 적어도 그들은 신처럼 가장 아름다운 삶을 살 수 있을 것이다. 어머니는 땀을 흘리는 삶으로 모범을 보인 대지의 여신이 아니던가.

오 목사는 둘러선 청중들에게 확신을 가지고 말했다. 이 땅에서의 삶을 마친 뒤에는 반드시 신의 집으로 인도된다고. 인간의 영원한 인도자인 신이 죽음에서 인간을 다시 일으킬 뿐만 아니라, 신의 영원한 집으로 그를 인도한다고. 따라서 신의 인도는 이 땅에서만 그치는 것이 아니라, 신의 집에 오를 그때까지 안전하게 계속된다고 하였다.

신의 집으로 인도되는 삶.

김현준은 신이 삶과 죽음을 통하여 일관되게 인간을 인도하고 있다는 오 목사의 말에 고개를 끄떡였다. 인간은 영원히 신의 집에 살고 있다는 것. 김현준은 신의 집이 되어 가는 두 형제와 가족들의 아름다운 축제를 상상했다.

그때였다.

리무진에 누워 있던 한 천사가 일어났다. 날개를 펄럭이는 그 천사는 사랑에 목숨을 건 모노스타토스였다. 모노스타토스는 유등천에 오래전부터 머물렀던, 그러나 존재하지 않는 것처럼 방치해 두었던 아름다운 미호종개였다. 온갖 농축산 분뇨와 지저분한 생활폐수로 인한 오염 속에서도 가정을 지켜왔던 미호종개.

천사는 두 형제와 가족들에게 따뜻한 미소를 보내며, 모차르트 음악의 최정상에 우뚝 선다. 첫 음정부터 자신 있게 강력한 '솔'을 끄집어내어 화려한 축제의 음악을 연주하기 시작한다. 솔 도도시라 라솔파미파레미도 미레도시라솔파솔……. 모차르트의 피아노 협주곡 23번 KV 488의 3악장, 알레그로 아사이가 모든 두려움과 의혹의 더께를 깨고 힘차게 일어선다. 머뭇거림이나 일말의 주저함이 없이 피아노는 가장 강렬하고 분명한 '솔'의 커튼을 활짝 열어젖힌다. 피아노와 관현악이 서로의 시간과 공간을 조절하며 들어가고 나오는 단순한 앙상블을 벗어나, 조화와 일치, 화해와 축제의 역동적인 질주의 음악을 만들고 있다.

　김현준은 어머니가 이끄는 신의 집에서 어머니가 베푸는 절정의 향연에 뛰어들었다. 그 당당함은 마스카라의 짙푸른 연못에서 부화하고 성장한 천연기념물의 풍채를 가지고 있었다. 신의 집은 돈 조반니의 주인공을 지옥불로 위협하는 험악한 최후의 심판장이 아니라, 피가로의 환상적인 결혼 축제가 성대하게 거행되고 있는 알마비바 백작의 정원이다.

　밝고 활달한 첫 주제가 처음부터 네 차례나 계속 반복하며 축포를 터뜨리는 가운데, 김현준은 집 안 가득한 사람들과 함께 손을 잡고, 마치 고무공이 자신의 반동을 이용하여 최대한의 고공비행을 시도하듯 튀어 오르며 상승을 시도한다. 좁은 관에서 벗어나 어머니의 집으로 빨려 올라가는 회오리가 요동친다. 기류의 속도가 엄청나게 빨라진다. 모든 삶을 짓누르던 기존의 압력은 크게 낮아지고 각자의 날개 위로 흐르는 빠른 공기를 타고 하늘을 날아오른다. 기나긴 고통과 상처의 중력보다 훨씬 더 큰 양력(揚力)을 일으키며, 모두가 더 높은 하늘로 날아오른다.

　대지의 음악, 어머니의 노래는 가족들의 겨드랑이에서 솟아난 날개에 머물렀고, 그동안의 시행착오와 눈물을 바람의 속삭임으로 충분히 씻어주었다. 더 이상의 곤두박질은 없다. 모두가 기뻐하고 모두가 파랑새처럼 힘차게 상승하며 모두가 승리하는 삶이다. 유등천의 아기 비행기들이 힘차게 이륙한다. 솟아오른다. 파랑새가 포롱 포롱 포롱 날개 치듯 무려 열 번이나 계속 비상한다. 푸른 연못에는 미호종개, 감돌고기, 참마자, 밀어 등의 온갖 물고기들이 춤을 춘다. 피아노는 신의 집에서 축배를 높이 들고, 큰 목소리로 어머니의 부활을 힘차게 외친다.

　축배의 술이 가득 찰 때마다, 관현악은 신의 집에 함께 올라가며 브라보,를 외친다. 함께 따라 올라가는 관현악은 피아노의 단순한 들러리가 아니다. 깊은 애정을 가지고 함께 신의 집에 들어가 서로 한 몸을 이루어, 함께 구름이 되고 함께 바람이 된다. 함께 애정을 가지고 우주로 흐르는 하나의 우주가 된다. 함께 신의 집이 된다.

피아노가 대지를 열심히 달리며 땀을 흘리면서 대지 위에 펼쳐진 신의 집에 들어가면, 관현악은 단순히 대지에서 흘리는 피아노의 땀을 닦아 주는 손수건이 아니다. 관현악은 이 땅의 땀을 함께 흘리며 피아노와 하나 되어 이 땅에 펼쳐진 신의 집으로 들어간다. 함께 신의 집이 되어 유등천으로 흐른다. 함께 달려 오르고 내려가면서, 피아노와 관현악은 하늘과 땅이 하나 되어 흐르는 유등천이 된다.

이미 신의 집에서 유등천 강물로 흐르는 어머니는 자신의 실을 따라 계속 상승하며 두 아들을 신의 집으로 부르고 있다. 김현준과 김현석은 영원한 아리아드네의 실, 어머니의 실을 따라 어머니의 몸이 된다. 피아노와 관현악은 서로 춤을 추면서 실을 따라 어머니의 몸으로 어머니의 가슴으로 되돌아간다. 모두 어머니의 '나'가 되어 흐른다. 완벽하게 하나 되어 흐른다. 그리고 다시 어머니는 큰아들이 되고 형은 동생이 된다. 김현석은 어머니가 되고 다시 김현준이 된다. 모차르트의 감동적인 물결이 영원히 떠나지 않는 제전적(祭典的) 전환을 이루고 있다. 끊임없이 솟구치는 환상적인 화성(和聲)은 김현준과 김현석의 몸에서 불꽃이 되어 넘실거리는 어머니의 춤이다.

그러나 신의 집에서 벌어지는 어머니의 축제에도 여전히 이 땅의 어두운 그림자가 어른거린다. 끊임없이 관악기의 목소리로 울려 퍼지는 저음은 줄기차게 비상하는 피아노와 관현악의 발목을 붙들고 있다. 그 반복되는 저음은 때로는 달밤의 음산한 짐승소리처럼, 때로는 웅덩이에서 꿈틀대는 이무기의 용트림처럼 그렇게 끈질기게 살아난다.

구름 위에서 때 묻지 않고 대지의 삶을 살아갈 수 없듯이 대지의 모듬살이는 스스로 제한될 수밖에 없는 수많은 아픔과 고통을 여전히 가지고 있다. 그 아픔과 고통은 종종 너무나 애절한 호소력을 가진다. 형과 동생의 아름다운 상승은 여전히 이 땅에서의 눈물과 상처를 짊어지고 있다.

대지의 삶에서 피어오르는 처절한 고통의 하소연을 들으면서, 형제는 지속적인 상승을 시도한다. 끈질기게 위협하는 삶의 무게와 아픔에 갇히지 않기 위하여, 그리고 그 아픔을 절대화하거나 그것이 상처가 되지 않도록, 형제의 상승은 새처럼 머리를 앞으로 내밀고 끊임없이 위로 솟아오르는 자기와의 투쟁이다. 삶의 고통을 끌어안고 그 밑바닥을 질주하면서, 현재의 새로운 가능성과 모듬살이의 새로운 문명을 창조하기 위해 결코 포기할 수 없는 모차르트의 상승이다.

그러나 삶의 애절함이나 비극은 더 이상 절대적인 힘을 가지고 있지 않다. 모듬살이의 발목을 매고 있던 모든 불신과 의혹이 풀렸고, 형제의 사랑과 용서 속에서 더 이상의 질투와 미움과 좌절은 존재하지 않기 때문이다. 이제 형제들의 아픔은 사랑의 다양한 상황이요, 고통은 화해를 이루어 가는 축복의 다른 이름일 뿐이다. 아픔과 고통마저 상대방의 발목에 머물러 있지 않다. 그것은 오히려 신의 집을 더욱 풍성하게 만드는 삶의 사랑스런 현장이다. 사랑과 용서의 삶 속에서 아픔과 고통은 더 이상 치명적인 독니를 품고 있지 않기 때문이다.

피아노와 관현악의 상승 속도와 강도가 더 높아질수록 저음부의 음역도 역시 더 깊어지고 넓어진다. 삶의 애환이 더 깊어진다면, 사랑의 강도 역시 더해질 것이다. 그 골짜기를 주시하면서 서로 부둥켜안고 달리기만 하면 될 것이다. 서로 손을 잡기만 하면 될 것이다. 피아노와 관현악은 계속 상승을 시도한다. 어떤 아픔과 고통의 순간도 결코 두 형제의 발목을 붙잡는 하얀 천이 될 수 없다. 음악의 힘은 이제 사랑의 힘으로 모든 유족을 사로잡는다.

사랑의 춤을 추는 천사는 모든 가족의 얼굴에 하얀 꽃가루를 뿌린다. 그 꽃가루는 떠나가는 어머니에 대한 아쉬움의 눈물이 아니다. 증오와 미움의 꽃가루는 더더욱 아니다. 함께 신의 집에서 영원히 살아가는 승리의 함성이다.

피아노의 화려한 솔로처럼 하늘을 높이 올라가던 김현준은 관현악이 되어 춤을 추고 있는 여동생 김현주를 바라본다. 어머니의 꽃가루가 뿌려진 그 얼굴에는 더 이상 남편이 구타한 보라색 웅덩이가 보이지 않는다. 그녀의 몸은 더 이상 잡초처럼 버려진 육신이 아니다. 거친 파도를 바라보며 이따금 물 위에 떠오르는 죽은 생선이나 건져 먹는 축축한 영혼이 아니다. 그 아픔의 웅덩이에서는 자신을 치유하는 모차르트의 놀라운 관악기가 솟아나고 있기 때문이다. 김현주는 깊은 저음으로 시작하여 어느 순간 피아노가 뿜어내는 고음의 무지갯빛 명주실을 자아내고 있다. 그 아름다운 명주실을 따라 드넓은 대지를 날며 포롱 포롱 포롱 춤을 추는 파랑새가 된다. 푸른 춤을 추는 파랑새는 타박네의 인생에 종지부를 찍고, 오로지 자기 자신의 삶을 수놓으며 그 자체로 끊임없이 신의 집을 장식하고 있다.

김현준의 무거운 손을 잡아 이끌던 그 명주실은 이내 동생 김현석의 몸에서 울리는 모차르트가 된다. 피아노가 솜 망치로 울림줄을 강하게 두드릴 때마다 김현석의 몸에서 하늘로 퍼지는 명주실은 여동생 김현주의 눈물을 닦아 주는 손이 된다.

대지의 눈물을 닦아 주는 그 큰 손이 더욱 아름다운 서우림은 큰시누 김현자를 바라본다. 항상 한 옥타브 더 높이 올라서서 스스로 삶의 아픔과 고통을 견디지 못하던 그 얼굴에 어머니의 승리가 머물고 있음을 본다. 어머니와 함께 신의 집에 계속 오르면서, 어머니의 실로 연결된 김현자가 곧 자신임을 발견한다. 신의 집에서 흐르는 잔잔한 시냇물에 뛰어들며 시누와 올케는 서로 물장구를 치는 어린이가 된다. 어머니를 독차지하기 위해 올케를 경쟁자로 낙인찍는 대신 또 그럴 필요도 없이, 모두가 어머니의 가슴 위에서 한 젖을 물고 응석을 피우는 사랑스런 아이들이다.

서우림은 신의 집에 대문이 없음을 발견한다. 그곳에는 친정의 대문과 시집의 대문이 별도로 존재하지 않았다. 모두가 신의 자녀가 되어 모두가 한 신의 집을 살고 있을 뿐이다. 어머니가 열어 놓은 그 놀라운 화해의 공간에서 서우림은 시누가 신이 되는 것을 보았다. 한 옥타브 높은 시누의 목소리는 더 이상 듣그럽지 않았고, 오히려 온 우주를 자기 집으로 단장하기 위해 뿌리는 신의 꽃가루처럼 더욱 사랑스러웠다. 서로를 아프게 하던 눈물은 이제 서로를 더욱 뜨겁게 치유하는 강물로 흐르고 있다.

중심과 언저리가 별도로 나누어지지 않는 삶. 옳고 그름으로 사랑과 증오의 차별을 만들지 않는 삶. 서우림은 단점과 연약함이 인간의 지극히 사랑스런 냄새라는 것을 알아차렸다. 모두가 한 강물을 마시는 어머니의 몸이다.

천사의 춤을 추는 김현준의 파트너는 아내를 바라보는 큰누이다. 이미 대문이 존재하지 않는 신의 집에서 신이 되어 버린 누이는 신처럼 춤을 이끌어 갔다. 지나치게 몰강스럽기도 하고 때로는 넉살이 과하기도 했지만, 그것은 대지의 사람이 갖는 대지의 냄새일 뿐, 그것이 춤을 거부할 만큼 치명적인 과실이 되지 않았다. 누구보다 열심히 춤을 추는 누이에게 어머니는 관현악이 되어 그녀의 눈물이 되고 있다. 김현준은 대지의 춤을 추는 큰누이보다 더 높고 더 강렬한 음을 내는 피아노를 보지 못했다.

큰누이는 천사의 꽃가루를 뒤집어쓰고 있는 동생 김현준을 본다. 아버지의 집, 어머니의 가슴을 독차지하고 싶은 그 삶의 욕망마저도 하얀 꽃가루처럼 온 우주를 장식하는 자연의 선물이었다. 그의 가슴에서 박동하는 욕망은 대지를 망가뜨리는 탐욕처럼 보이지 않았다. 그것은 오히려 신의 집을 풍요롭게 가꾸는 어머니의 본능이었다. 어머니의 강렬한 심장이 동생의 두 눈에서 팔딱거리는 것을 보면서, 큰누이는 이미 대지 위에서 사랑의 언어를 쓰고 있었다. 대지는 누가 독차지할 수 있는 것이 아님을 기록한다.

김현준은 신의 집에서 모두가 어머니의 강물이 되어 흐르고 있음을 보았다. 아니 신의 집에서 김현준은 모든 가족의 얼굴로 살아난다. 아내와 큰누이, 여동생과 현석이, 모든 가족은 자신의 얼굴이요, 모든 가족은 한 어머니의 서로 다른 얼굴이다. 그 안에서 서로간의 흉하적은 사위어진다. 이들은 모두 영원히 살아 있는 어머니의 실로 연결되어 조금씩 다르게 움직이는 어머니다.

유등천에 던져진 오시리스의 주검을 통하여, 모든 식구는 축제적 존재로 살아났다. 서로의 경계선을 넘나들면서, 끊임없이 다중적인 삶을 살아간다. 어머니의 숨을 쉬고 살아가는 자는 예외 없이 모두가 대지의 얼굴을 가진 축제적 존재라고 김현준은 생각했다.

어느새 집례자는 마지막 세 번째 신의 언어를 다듬고 있다. 인간의 영세불망(永世不忘), 영원불멸(永遠不滅)의 삶에 대한 것이었다. 땅에서 나그네로 잠시 거하다가, 이제 죽음을 통하여 거처를 다른 곳으로 옮기는 것이라고 했다. 좋은 집을 소유했다 해도 그 집은 영원한 소유가 될 수 없고 임대에 지나지 않는다고 했다. 오직 신이 인간을 위해 예비해 놓은 집만이 영원히 거할 수 있는 집이라고 했다. 오 목사는 그 집을 천국이라고 했다.

김현준은 어머니가 열어 놓은 신의 집이 단순한 임대용 거처일 뿐인가, 자문해 보았다. 영원히 거할 수 있는 집을 인간이 기다린다면, 그것은 어머니의 가슴을 짓밟은 전혀 새로운 별천지가 아니라, 어머니의 진실함과 어머니의 따스함이 여전히 숨 쉬고 있는 그런 대지일 것이라고 믿었다.

'대지에서 자신을 발견하고, 대지에서 모듬살이의 서로 다른 존재가치를 발견하며 살아간다면, 신이 그 이외의 삶의 가치를 창조했을 리가 없다. 어머니의 가슴이야말로 영세불망, 영원불멸의 가치가 아니고 무엇이랴. 우리 인간이 인간처럼 사는 것, 그것이야말로 우리 인간이 신처럼 살아가는 것이다.

　인간의 감각을 진실하게 모아 최선의 삶을 살아갈 때, 우리는 누구도 흉내 낼 수 없는 신적 삶으로 보상을 받을 것이다. 현재에 최선을 다하는 자에게 미래는 선물로 주어질 것이다. 모든 거짓된 그림자를 걷어 내는 삶. 그것이 우리가 힘써야 할 영원불멸의 삶이 아닐까.'

　김현준은 대지 위에서 머무르는 동안 모든 어머니의 자식들이 끊임없이 스스로를 경계선 위에 올려놓는 축제적 존재로 살아갈 가능성을 믿고 있었다.

　'모차르트가 흐르는 강에서 대지의 법칙은 누구에게나 동일하게 적용되는 것. 강물로 흐르면서 스스로 강물로 흘러가 버린 어머니. 자식들과 함께 영원히 살아간다.'

　김현준은 어머니의 강물에서 문득 구한말의 사상가인 최수운(崔水雲)의 유훈을 생각해 보았다.

등이 물 위에 밝았다

한 틈의 어둠도 없다

기둥은 죽어 말랐다

그러나 그러기에 힘이 남아 있다

(燈明水上無嫌隙 柱似枯形力有餘).

　마치 자신이 신인 것처럼 한 틈의 어둠을 용납하지 않고 자신을 밝혀 치열하게 대지를 살아가는 삶. 그것이야말로 강물로 흐르는 어머니의 힘일 것이다.

신神의 집

눈물을 타고 흐르는 김현준의 조사가 산골짜기를 깊이 울리는 동안, 벽
오동나무의 가장 높은 꼭대기에 홰를 틀고 있던 모차르트의 봉황이 내려
와 어머니의 넓은 가슴에 유등천을 흐르게 한다. 골짜기에 울리는 메아
리는 봉황이 날개 치며 비상하듯 온 하늘로 뿜어져 올라가는 고인의 물
줄기가 되었다. 그 물줄기는 유등천의 물가에 심겨진 복 있는 버들가지
들의 이파리를 영원히 마르지 않게 하는 우주의 젖줄이다.

고인의 평화로운 안식을 기원하는 뜨거운 눈물방울 속에서, 서우림은
친정과 시댁의 대문들이 그 어느 곳에도 보이지 않는 가장 평화로운 안
식을 취하고 있다. 친정과 시댁은 이제 고인의 광중에서 새롭게 설계되

어 대지 위에 지어진 '신의 집'이다.

패역부도하다는 말과 거친 상처를 가진 자식들이라는 형의 표현을 들으면서, 김현석은 입천장까지 차오른 가족들에 대한 증오와 갈등의 묵은 상처를 어머니의 대지 위에 석회가루처럼 모두 뱉어 버린다. 자신의 손에 들려 있는 하얀 완장을 바라보면서 김현석은 형과 더 나은 반쪽으로 자신을 묶지 못했던 지난 세월들을 반추하고 있다. 김현석의 구둣발을 타고 무릎까지 올라간 석회가루는 어머니의 가슴에서 온 우주로 하얗게 뿌려지면서 결코 발의 흔적을 남기지 않는 그의 소리 없는 헌신과 섬김이다.

어머니의 가슴에 남겨진 길쭉하고 깊은 신발자국에는 서로 삶의 양식이 다른 두 아들을 뜨겁게 뿜어내는 아버지의 땀으로 가득하다. 대지를 풍요롭게 가꾸는 생명의 땀이었다. 농가에서 올라온 타박네야의 구성진 노랫가락을 타고 춤을 추는 김현주는 어머니의 가슴에 얼굴을 묻고 흐르는 강물을 마음껏 마시고 있다.

광중은 충분히 깊고 넓었다.

김현준은 그 속으로 들어가는 어머니가 유등천을 영원히 비옥하게 만드는 오시리스의 주검이 될 것이라고 믿었다. 검은 웅덩이에 들어간 꺽다리가 하얀 촉루가 되어 줌으로써 이 여인은 영원히 대지로 돌아오는 것이다. 온전히 자취를 감추듯 어머니는 날마다 깨끗한 대지로 부활할 것이다. 깊고 넓은 신의 집에서 유등천을 지키며 영원히 자신의 버들가지를 소생케 할 것이다.

함께 다정하게 누워 있는 아버지와 어머니. 더 이상 강경 친정이나 처가로 달려갈 필요가 없는 두 사람의 완전한 공간이 자식들의 춤과 웃음으로 가득 메워졌다. 모차르트를 따라 춤을 추던 모든 자녀는 대지에서 온전히 연합하는 두 분의 신혼방을 위하여 신의 집에서 폐백을 드렸다. 파란 실과 붉은 실을 영구(靈柩)의 동쪽과 서쪽 아래에 각각 놓고 예(禮)를 두 번 표하였다. 김현준은 두 분의 영원한 합방에 말할 수 없는 희열이 차오름을 느꼈다.

광중과 영구 사이의 공간에는 영구의 높이와 수평으로 푸른 흙을 채우면서 하얀 달을 걷어 내고 봉황이 머물 수 있는 오동나무 횡대(橫帶)를 올려놓았다. 오동나무 횡대를 놓아둠으로써, 세월이 지나 영구가 온전히 삭아져 대지와 하나 될 때, 어머니의 노래를 더 이상 기억하지 못하는 흙이 내려앉아 하얀 몸을 덮어 누르면서 모차르트의 봉황을 다시 잃어버리는 일이 없도록 미리 예방하려는 것이다. 횡대를 올리고 그 위에 어머니와 자식들의 생명을 하나로 연결하는 하얀 석회가루와 새벽을 충분히 섞어 덮었다. 어머니와 자식들은 서로 끈끈하게 엉겨 붙을 것이다.

서로 단단하게 잘 연합하도록 유등천의 물을 뿌리며 발로 밟아 다지는 자는 바로 폐백을 받는 어머니 자신이었다. 빙빙 돌며 춤을 추면서 그렇게 광중을 다 메우고 나서, 어머니는 자신의 넓은 대지를 평평하게 고르고 다지는 평토(平土)를 하였다. 자신이 다진 대지 위에서 자식들이 하나도 빠짐없이 춤을 추며 평등한 삶을 살아갈 수 있도록.

평등한 땅의 모듬살이가 성숙해지도록, 광중의 중간 뒤쪽에 막대기를 길게 꽂아 중심을 삼고, 아직 멀리 소외되어 있던 어머니의 자식들을 불러모아 둥글게 봉분(封墳)을 만들었다. 그 봉분은 모든 자식이 매달리며 열심히 응석을 부리던 대지의 부푼 가슴이었다. 그 무성한 가슴은 대지의 얼굴에서 유달리 우뚝 솟아 있는 길쭉한 아버지의 코를 닮았다. 그 코의 생기를 타고 수많은 자식들의 씨가 대지의 가슴에 뿌려졌던 것이다. 모든 자식을 빠짐없이 밥상에 앉히는 아버지의 축축한 손은 여전히 김현준의 목덜미를 뜨겁게 덮고 있다. 폐백을 마친 아버지와 어머니는 우주 위에 펼쳐진 신의 집에서 자신들이 뿌렸던 자식들을 영접하며 끊임없이 자신이 되어 돌아올 것이다.

아버지와 어머니의 신방 앞에서 드디어 대지의 위대한 잔치가 펼쳐진다. 김현석이 어머니의 노래가 되어 돌아왔다.

어머니,
나는 낙타처럼 무릎을 꿇는 시절을 살지 못했습니다
어머니가 요구하던 모든 교육과 훈련을 받으며
책임 있는 존재로 살지 못했습니다
내가 받아야 할 교육과 훈련
내가 짊어져야 할 책임은
고스란히 어머니의 무릎을 짓누르는 짐이 되었습니다
어머니 무릎이 내 어린 시절의 복종을 대신하였습니다
어머니는 나의 무릎이었습니다

어머니,
나는 청년의 짐을 짊어지는 사자로 걷지 못했습니다

사자처럼 힘을 내지 못했습니다

그러나 어머니는 무거운 짐을 지고 일어나

비틀거리면서도 광야에 나아가 뛰도록

걷지도 못하는 나를 쫓아보냈습니다

나 자신의 길을 발견할 때까지

내 광야에 던져진 무거운 등짐을 견딜 수 있을 때까지

거대한 용과 싸우게 했습니다

용을 죽이지 못하면 너는

여전히 자신의 길을 모르기 때문에

돌아올 수 없다

어머니,

나는 눈에 불을 켜고

한 손에 도끼를 세워 들고

모든 거짓된 미래, 나 자신과 싸워 이기는

사자가 되었습니다

사람들이 말하는 성공의 허울을 던져 버리고

나는 나 자신의 길에 우뚝 서서

대지에 내 배를 붙이고

나의 길을 가는 어른이 되었습니다

어머니,

내가 어른이 되는 사자 싸움은

어머니의 대지 위에서 가장 위대한 투쟁이었습니다

광야에서 혼자 맞서는 사자는

자기 운명의 끝을 거짓된 용에게 맡기면서

자신의 사나움에 눈물을 흘리는 고독한 영웅이 아니라

도끼로 대지를 찍으며 자기 스스로를

전쟁의 대상으로 찍는 어리석은 영웅이 아니라

들꽃처럼

바람과 시냇물과 넓은 대지와 함께 춤을 추는

모듬살이의 어린아이로 부활되었기 때문입니다

자신이 삶의 흐름의 일부임을 느끼면서

거짓된 긴장을 풀고

그 흐름과 함께 움직이는 데서

어린이처럼 행복을 누릴 수 있기 때문입니다

신의 집에서 어린아이처럼 행복한 동생의 숨소리를 느끼면서, 김현준은 자신의 붉은 심장에서 잉크를 찍어 아버지와 동생에게 긴 영혼의 편지를 띄워 보냈다.

아버지,

아버지는 나를 아버지의 자식이 아니라고 생각했으면서도

친자식 이상으로 사랑해 주었습니다

아버지는 자식이 아닌 나를 내 자식이라고,

사랑할 수 없는 자를 사랑하는 자식이라고 불렀습니다

사생아

사생아는 신뢰할 수 없는 뿌리로부터 생겨났다는 이유로

눈총과 경멸을 받으며 사람들로부터 격리된 삶을 살아갑니다

그러나 가장 사랑스러운 동생처럼

그들의 눈물을 닦고 그들을 깨끗이 씻어 주며,

가장 사랑하는 그들의 형이 되어,

그들도 자랑스러운 아버지의 자식임을 알게 할 것입니다

아버지는 사람들의 모든 통상적인 기대를 역전시켜

나에게 엄청난 특권과 지위를 베풀어 주었기 때문입니다

아버지,

아버지는 나에게 늘 함께 교제하는 아버지를,

늘 함께 삶을 서로 나눌 수 있는

따뜻한 가정을 베풀어 주었습니다

아버지의 가정은 나에게 당연한 권리가 아니었습니다

삶의 상처와 굴곡 때문에,

가정의 온기와 사랑이 박탈당할 위기에 몰려 있었지만,

아버지는 나에게 사랑을 알게 해 주었고

가정의 행복을 누릴 수 있도록 배려해 주었습니다

나는 따뜻한 가정을 모르는 고독한 삶으로

얼마든지 버려질 수 있었습니다

나에게 베풀어 주신 특별한 사랑과 행복이

나만을 위한 이기적인 특권이 되지 않도록

모든 대지의 동생들을 사랑하겠습니다

사생아

가정의 형제들과 단순한 잠자리마저 몰수된

수많은 길거리의 동생들도

동일한 두려움과 공포에 떨며,

언젠가 나타날 동일한 아버지의 행운을 꿈꾸고 있습니다

삶의 무게에 짓눌려 굶주림과 상처의 허연 배를 드러내고

아메리카의 웅덩이에 빠져

온갖 백로들의 폭압에 먹힘을 당하는 타박네들도,

정당한 동생으로 신의 집에 함께 초청되어

동일한 축제의 삶을 살아가야 합니다

이 세상에 나만의 행복을 정당화할 만큼 형에게 무시받고

아버지에게 버림받아야 하는 사생아란 없기 때문입니다

사생아

아버지의 품에 한 번도 안겨 보지 못하고

단 한 번도 가족의 사랑을 받아 보지 못한 채

그렇게 쓸쓸하게 죽었을 사생아

그 아이는 아버지와 어머니의 따뜻한 사랑을 받고

아름다운 청년으로 잘 자랐습니다

가정의 자랑이 되고

사회에서 칭찬을 받고 존경을 받는 장년이 되었습니다

그는 자신의 출생 과정을 알게 된 이후

유등천의 수석 간호사가 되었습니다

허연 배를 드러내고 숨을 헐떡이며 죽어 가는

어린 물고기들을 백로들의 날카로운 이빨로부터 건져내어,

더운물에 씻어 주고 배꼽처리를 해 줄 것입니다

그들에게 밥을 먹여 주고 옷을 입혀 준 다음,

따뜻한 유등천으로 돌려보내 줄 것입니다

유등천을 살리는 미호종개가 되어,

모듬살이 전체에 생명을 불어넣어 줄 것입니다

미호종개인 아버지와 어머니를 보고 배웠기 때문입니다

아버지,

나는 이제 깨닫게 되었습니다

아버지의 사랑을 더 받기 위해 할 수 있었던 일이

도무지 아무것도 없었다는 사실 말입니다

내가 아버지를 감동시킬 만한 일 때문에

아버지의 사랑을 받은 것이 아니라는 사실입니다

내가 동생을 끝까지 받아들이지 못하고

기뻐하지 못했던 이유는,

내가 아버지의 사랑을 독차지할 만큼

고매한 인격과 의로운 행동을 했기 때문이라는

어리석음 때문이었습니다

그래서

분대가 심했던 동생을 향한 아버지와 어머니의 너그러운 행동을

도저히 이해할 수 없었습니다

그의 밥그릇을 뺏기에만 정신이 없었지,

그도 아버지와 어머니의 사랑하는 자식이라는

너무나도 평범한 사실을 받아들이지 못했던 것입니다

아버지,

아버지가 나에게 보여 주신 사랑이

나의 출신 성분이나 내가 행한 결과에 근거하지 않았듯이,

이 세상 그 무엇으로도

나에 대한 아버지의 사랑을 약화하거나

빼앗아 갈 수 없음을 알아차렸습니다

그 사랑은 모든 동생들에게도 동일하며

결코 나만을 위한 배타적인 사랑이 아님을 깨닫습니다

아버지,

나는 해외 입양 가는 두 갓난아이를 둘러 업고 유학을 떠났습니다

그런데 두 번의 학위를 수여받고

짧지 않은 외국생활을 정리하면서

나는 많이 울었습니다

수많은 고통과 어려움의 순간들을 지내면서,

나는 고통 속에 감추어진

삶의 진정한 가치를 배우게 되었습니다

학위 그 자체보다, 나의 삶이

이렇게 끌어안고 사랑할 만한 가치가 있었던 것인가, 하고 말입니다

밑바닥을 뒹굴면서

나는 인간의 눈물의 무게와 사랑의 가치에 눈을 뜨기 시작했습니다

삶의 고비마다

무엇보다 아내와 자녀들과 함께 나누었던 처절한 순간들이

더없이 고귀한 감동으로 생생하게 돋을새김 되었습니다

나는 계속 사랑의 의미를 더듬었습니다

사랑 없이 외롭게 이 세상을 살아가는 것이 얼마나 고통스러운지를

그리고 모듬살이 속에서

함께 사랑을 나누며 살아가는 것이

얼마나 고귀한 것인지를

그 사랑이 허락된 자는

얼마나 행복한 것인지를

대지의 가슴을 애무하듯 온 세상에 가득한 아버지의 숨결이 목덜미를
타고 심장에 점점 충만해지는 것을 김현준은 느꼈다. 아버지는 안개처럼
아들에게 속삭였다.

아들아,

내가 준비한 축제는

어느 한 자녀도 가난하거나 무식하다고 쫓겨나지 않고,

어느 누구도 몸에 병이 있거나 장애를 가진 자라고

벌레처럼 저 바깥으로 소외당하지 않는다

사람들이 사생아니 하인이니 말하지만,

나에게는 모두가 똑같이 사랑하는

나의 자녀들일 뿐이다

나의 가정 안에서는 중심도 없고 언저리도 없다

옳고 그름의 판단이

내 공동체의 원리가 아니다

우리의 모듬살이는

옳고 그름의 시시비비로 문제가 해소되지 않는다

오직 인간들 모두가 서로를 사랑하고

서로를 용서하는 일체가 되어 아버지를 즐거워하는 일,

그것이 진정한 거룩을 회복하는 길이요,

최선의 삶이다

서로를 받아주는 용서와 화해의 마당에서

모두가 오래 저장된 포도주의 맛을 보며

기름진 일류 음식으로 배를 불리고

모두가 나의 춤을 추게 된다

나는

훗날 내 뜻이 너를 통해 아름답게 이루어지는 꿈을 가지고

너를 특별히 사랑했다

너에 대한 내 사랑의 직설법은

동시에 명령법으로 존재한다는 사실을

너는 이제 알게 되었지

네가 동생들을 용서하고 사랑해 줌으로써만

네가 아버지의 엄청난 사랑을 받은 자라는 증명이

비로소 가능하다

동생들을 용서하고 사랑해 주기 전까지는

너에 대한 나의 사랑 역시

아직 완성된 것이 아니라는 사실을 잊지 말아야 해

살리에리의 축복

나의 동생 김현석에게.

　너는 어제 나에게 살리에리 같다는 듣그러운 소리를 했다. 그 말을 듣
는 순간, 나는 온통 벼락을 맞은 기분이었다. 그러나 그 말은 나의 진정한
모습을 직시하도록 해 주었다. 모차르트는 내 삶에 수많은 영감을 준 샘
터라고 믿었고, 그래서 늘 나 자신과 동일시한 모차르트만을 주목해 왔
었다. 살리에리가 나와 상관이 있을 거라는 생각은 추호도 해 본 일이 없
었기에.

　네가 영화를 통해 알고 있겠지만, 안토니오 살리에리는 독실한 신자로

서 자기 실력으로 신에 대한 불후의 찬미곡을 만들겠다고 신과 약속했었다. 그렇지만, 자신에게는 그런 음악적 재능이 없다고 안타까워하면서, 신의 영광을 위해 최고의 재능을 허락해 달라고 늘 몸부림했다. 그런데 그가 그토록 간절히 원하던 최고의 재능은 누구보다 망나니였고 부정하게 보였던 모차르트에게 있었던 것이다. 살리에리는 신에게 울부짖으며 따졌다.

"어떻게 가장 고상한 목적을 가진 저에게는 침묵하시고, 대신 형편없이 천박한 불목하니에게 그런 엄청난 재능을 주실 수가 있습니까."

그런데 무엇보다 그를 고통스럽게 한 것은, 가당치도 않은 철부지에게 신이 베푼 천재성을 늘 가까이에서 지켜보아야만 했던 가혹한 운명이었다. 엄청난 실력 차이 때문에 살리에리는 여러 차례 모차르트에게 조롱을 당했고, 그래서 그의 갈등과 분노는 극에 달했다. 살리에리는 모차르트의 천재성 때문에 그를 스스로 죽게 만들려고, 레퀴엠이라는 장례 미사곡을 만들어 달라고 했다.

네 말대로 살리에리의 비극을 생각해 보면서, 나는 문득 살리에리가 왜 그렇게 불행한 삶을 살게 되었는지를 깨닫게 되었다. 네가 지적한 대로 문제는 너무나 간단했다. 살리에리의 불행은 신으로부터 받은 놀라운 축복을 발견하지 못했다는 점이다. 남의 재능만 큰 줄 알았지, 자신의 축복은 미처 헤아려 보지 못했던 것이 비극의 원인이었다.

살리에리의 축복! 그것은 살리에리가 모차르트 음악의 위대성을 발견할 수 있었고 바로 옆에서 그의 음악을 생생하게 감상할 수 있었던 데 있다. 다른 사람들은 모차르트의 가치를 충분히 알아차리지 못했지만, 살

리에리만큼은 모차르트의 재능이 전대미문의 창조적인 것임을 인식했
다. 그것만으로도 그는 너무나 큰 축복을 받은 사람이었다.

그러나 그는 모차르트의 재능을 탐욕의 눈으로만 바라보았지, 그것을
진정 자신의 행복을 위해 누릴 수 있는 여유가 없었다. 모차르트의 재능
을 알아볼 수 있는 탁월한 눈을 소유함으로써 오히려 살리에리는 끊임없
는 경쟁의식 속에서 불행한 삶을 살아갔다. 경쟁의 초조감에 사로잡혀
신이 자기에게 내려준, 인류를 위해 봉사할 수 있는 최고의 기회마저 날
려 버린 셈이다.

네 말대로 나는 모든 면에 일인자가 되어야 한다는 망상을 가졌다. 나
와는 사뭇 다른 동생들을 지켜볼 수 있는 탁월한 기회를 이제껏 낭비해
왔던 것이다. 너의 재능과 탁월함이 오히려 나를 불행하게 만든다는 엉
뚱한 생각을 해 왔던 것이다. 우리 모두는 서로가 서로를 필요로 하고, 서
로가 서로에게 의존해야만 하는 모듬살이의 존재일 뿐인데.

5 대지로 돌아오는 신들의 여행, 후궁탈출

빛을 쏟아 내는
　　봉황의 서식처, **광교산**

쌀쌀하던 날씨가 제법 눅졌다. 삼한사온은 옛말이 되었다지만, 며칠 추우면 사람들은 여전히 다시 따뜻해지기를 기대하고 믿는다. 음력 정월 날씨치고는 제법 포근했다.

장례를 치르고 일주일이 지나지 않아, 동생 김현석이 김현준을 식사에 초대했다. 그렇지 않아도 한번 자리를 마련할 계획이었는데, 동생에게 기회를 빼앗기고 말았다. 외국생활을 마치고 돌아온 후, 집안 식구들과 공동으로 만나기는 했어도 형제가 부부끼리 따로 바깥에서 만나는 것은 이번이 처음이었다. 어머니 궂긴 충격이 다소 진정되자, 동생 김현석이 먼저 행동으로 옮긴 것이다. 김현석이 수원 외곽의 어느 한식집으로 장소를 잡고 전화를 했다. 김현준은 서우림과 어머니의 짐을 어떻게 할지 상의하고 있던 참이었다.

동생의 전화를 받고, 김현준 부부는 약속 시간 한 시간 전에 서둘러 집을 나섰다. 경부 고속도로를 타고 신갈-안산 고속도로로 가면 15분이면 충분했지만, 오늘은 고속도로를 타고 싶지 않았다. 대신 에둘러 가는 42번 국도를 택했다. 용인과 수원 사이를 이동하는 수많은 사람들과 차량들로 도로는 항상 초만원 상태였지만 어서 차를 빼라는 성급한 경적이 끊임없이 울리는 북새통 속에서도, 가슴과 어깨를 부딪치고 땀 냄새를 주고받으며 정겹게 오가는 사람들이 있는 그 길이 결코 싫지 않았다.

수원 인터체인지를 지나 구륜사와 천등사를 좌우로 바라보면서 동수원 인터체인지로 올라가는 좁은 북쪽 간이도로에 접어들었다. 자주 다니는 길은 아니었다. 주택과 상가가 경성드뭇하게 눈에 띄었다. 간간이 얼굴을 드러내는 아담한 주택들이 김현준의 나들이 길을 열어 주었다.

원천저수지를 바라보며 둔치에 형성된 좌안도로를 타고 10분을 더 들어갔다. 물길을 따라 길게 군락을 이루고 있는 억새풀들이 어머니의 음부에서 자라던 나일강변의 파피루스처럼 호루스의 탄생을 알리려는 듯 하늘거렸다. 저수지의 풍부한 수량은 호루스를 가슴에 안고 젖을 물리고 있는 이시스의 넉넉한 가슴으로 살아 숨 쉬고 있었다.

김현준은 동생이 알려준 대로 원천천의 이하교를 찾았다. 이하교 좌측으로는 하천을 따라 완만한 경사를 이루며 탁 트인 구릉지가 아름답게 누워 있었다. 머지않아 그곳에 국내 첫 생태도시 겸 첨단 행정 신도시가 건설되고, 광교 테크노밸리가 조성된다는 소문이 있었다. 광교산(光教山)

에서 발원하는 수원천과 원천천이 남북으로 흐르고 광교산 자락의 수목 군락지가 적당하게 남북으로 자리 잡고 있어서, 쾌적한 주거단지 조성에 최적의 조건을 갖춘 곳이라고 생각했다. 김현준은 구릉지를 달리면서 문득 사람 냄새가 살아 있는 삶의 공간이 그리웠다. 민틋한 구릉지를 이끌고 김현준에게 바특이 다가선 광교산은 단아한 자태를 드러냈다.

광교산.

본래 서봉산(棲鳳山)으로 불렸는데, 고려 태조 왕건이 산에서 나는 빛을 보고 이렇게 명명했다는 사실을 마을 소식지에서 본 적이 있었다. 수도권에서 청계산 자락을 타고 가장 남쪽까지 길게 그 산세를 이어오다가 바로 이 광교산에서 산세를 쉬고 넓은 수원펀더기를 맞이하는 형세 때문에 그렇게 보였을 것이라고 생각했다. 넓은 들판에 쏟아지는 빛이 광교산의 남쪽 얼굴에 환하게 모아졌을 것이다. 물론 역으로, 산 끝으로 푸르게 모아진 빛이 넓은 들녘을 가슴처럼 끌어안으면서, 쏟아지는 정기를 어머니의 젖줄처럼 그렇게 먹여 주었을 법도 했다.

서봉산―봉황이 깃들어 있는 산.

어머니와 아버지의 시신이 벽오동나무에 둥지를 틀었던 신의 집. 김현준과 김현석이 어머니의 가슴에서 만나고, 온 식구들이 서로 축제적 존재로서 신세계를 체험하였던 곳. 지금 김현준은 벽오동나무에 오르듯 그곳을 향해 조금씩 올라가고 있다. 틀림없이 동생과 함께 이 광교산 자락에서 봉황의 신세계를 체험할 것이라고 기대되었다.

광교산은 수원천과 원천천 형제들뿐만 아니라, 오른편 가슴의 한 자락에 또 하나의 자매 하천을 거느리고 있다. 그것은 풍덕천(豊德川)인데, 광교산 동북쪽의 고기리 골짜기를 비롯해 광교산의 높고 깊은 여러 골짜기의 물줄기가 모여드는 곳으로 골짜기를 빠져 나오자마자 낙생 저수지에서 한 번 쉬어 간 뒤, 동쪽의 죽전 들판을 적신다.

풍덕천은 평소에도 그렇지만 장마 때는 죽전 마을 자체를 휩쓸 정도로 그 수량이 많았다. 그것은 죽음의 물이었다. 특히 옛날에는 제방시설이나 하상 정지 작업이 제대로 안 되어 있던 터라, 물난리는 아주 빈번하게 일어났다. 더욱이 저 멀리 선장산에서 발원한 구성면 물까지 풍덕천 발치로 몰려들기 때문에, 장마철만 되면 풍덕천과 맞닿은 온 들판이 죽음의 바다가 되기 십상이다. 오랜 세월 물난리를 겪은 주민들은 풍덕천의 횡포에 오금을 떨었다.

그러나 그렇다고 거친 난봉꾼만은 아니었다. 원래 물이 풍부하다는 뜻으로 풍성할 풍(豊) 자를 썼을 것이고, 풍부한 물은 언제나 농사를 짓는 사람들에게 큰 덕을 베풀어 주는 것이기에 이것을 수덕(水德)이라 했을 것이다. 그래서 하천의 이름이 '풍덕천'이 된 것.

풍덕천. 그것은 사람들을 죽이기도 하고 살리기도 하는 물. 아니 더 정확하게 말한다면, 죽음과 삶은 언제나 항상 서로 공존하고 있는 한 몸이 아니던가. 사실은 유등천도 그러하고, 요단강도 그러하고, 또 수원천과 원천천도 그렇다고 김현준은 생각한다. 죽음 속에 삶의 힘과 지혜가 있고, 삶에는 항상 죽음의 여백과 쉼이 함께한다. 김현석은 유등천의 가족들에 대하여 삶이었고 동시에 죽음이었다. 김현자는 두 형제에 대하여 힘이었으며 동시에 쉼이었다. 하나의 산자락에서 남북으로 흐르는 강도 태어나고, 동서로 흐르는 강도 태어났다.

삶과 죽음. 그것은 하나의 존재원리로서, 산이 들판을 거느리고 들판이 산을 포용하고 있듯이, 그렇게 서로 다정한 것이다. 때로 산은 왕성한 코부리처럼 엄청난 생명력을 뿜어내어 대지의 온 가슴을 죽음으로 덮어 버린다. 그때마다 대지는 싫어하거나 도망하지 않는다. 그것을 온몸으로 받아들인다. 사납게 몰아닥치는 파도 속에 온 대지를 꽃피우는 생명이 부화하기 때문이다.

광교산은 그러한 삶의 원리를 조용히 실행하면서, 다가오는 순례자들을 맞이하고 있다.

원천천 遠川川의
지혜

김현준은 광교산의 자태를 넌지시 엿보면서 원천천의 제방을 따라 좌회전했다. 넓고 시원하게 트인 들판을 달리는 길이었다. 원천천을 타고 상쾌한 샛바람이 자동차 안으로 가득 불어왔다. 원천천의 작은 물줄기가 따뜻한 햇살 속에서 더욱 맑고 다정하게 반짝거렸다.

원천천은 이하교 부근에서 특이한 흐름을 하고 있다. 원천천은 광교산 형제봉에서 발원하여 남쪽으로 광교저수지와 불당골의 신대저수지 사이에 있는 원천저수지까지 흐르는 지방하천이다. 그런데 남류하던 원천천은 산의 초등학교 부근에서 신봉군(新鳳君) 묘소를 끼고 감돌아 좌회전하면서 이의동(二儀洞)까지의 1.1킬로미터가량을 동서로 흐르고 있다. 거의 모든 수원시내 하천들은 북에서 남으로 흘러 아산만으로 들어가는데, 유독 원천천의 이 구간만큼은 좌우로 흐르는 것이다.

김현준은 동생을 만나기 위해 동서로 흐르는 시냇물을 따라 상류 쪽으로 더 올라갔다. 시냇물은 서에서 동으로, 그리고 김현준은 동에서 서로 마주하며 달렸다. 동생부부는 동수원 인터체인지를 통해 서에서 동으로 달려올 것이다.

순간 김현준은 강물의 흐름이 심상치 않음을 느꼈다. 동서로 흐르는 강. 좌우로 흐르는 강. 동과 서가 만나고, 좌와 우가 서로 만나는 강.

남북으로 흐르던 유등천에서 두 형제는 새로운 대지의 아들로 탄생되었다. 두 형제는 아버지와 어머니의 시신 위에서 진정한 자식으로 입양되는 여행을 체험하였다. 대지 위에서 두 사람 모두가 모듬살이의 동일한 존재가치로 다시 입양되어, 함께 살아가는 삶의 법칙을 발견하였기 때문이다.

남북으로 흐르는 유등천에서 개인의 자리를 다시 발견했다면, 김현준은 이제 동서로 흐르는 이 원천천을 달리면서 형제가 진정한 모듬살이의 존재로 자리매김할 수 있기를 간절히 기대했다.

'나는 하늬바람을 몰고 동생을 향해 달려가고, 동생은 샛바람을 타고 형에게로 나아온다. 우리 형제는 이제 원천천의 바람을 타고 좌우의 날개로 나는 벽오동 가지의 봉황이 되는 것인가.'

피아노 협주곡 20번 KV 466의 2악장이 어머니와 김현준 사이에서 남북으로 흐르고 있었다면, 피가로의 결혼과 마술피리 그리고 또 다른 피아노 협주곡 23번 KV 488의 3악장은 김현준과 동생 사이를 동서로 흐르고 있었다. 아버지는 남북으로 흐르는 모차르트였다면, 어머니는 동서로 흐르는 모차르트였다.

수직으로 흐르는 강. 그리고 수평으로 흐르는 강. 여동생과 김현준은 남북으로 미처 흐르지 못하는 강을 느끼던 모차르트였다. 아내 서우림과 큰누이는 결코 좌와 우로 흐를 수 없었던 단절과 갈등의 대문에 갇혀 그대로 연못에 고여 있던 모차르트였다. 김현준은 동과 서가 마치 삶과 죽음의 인위적인 가름처럼 그 자체가 허상의 개념이 아닌가, 하는 생각이 들었다.

'동과 서가 과연 따로 존재하는가. 그것은 서로가 상대방의 얼굴을 바라보는 방향일 뿐일 것이다. 동과 서가 있다면, 그것은 서로 한 몸에서 행해지는 동시적인 사건이다. 내가 '동'을 바라볼 때 그는 이미 서를 형성하는 몸으로 있는 것이고, 내가 '서'를 바라볼 때 그는 이미 서를 향하는 동으로 서 있을 뿐이다. 인위적으로 선을 그어놓은 그 허상을 깨기 위해 유등천은 남북으로 흘렀고, 이제 원천천은 그 가슴속에서 동서를 하나로 묶어 주는 거멀못이 되고 혈관이 된다.'

'동과 서. 어머니의 한 대지 위에서 각자의 개념 규정에 묶여 한 걸음도 앞으로 나아가지 못한 채, 서로를 신뢰하거나 연민하는 대신 오히려 타도의 대상으로만 보아 오면서, 불만과 증오의 상처만을 더욱 키워 왔던 세월. 그 고통은 고스란히 각자의 몫이었고, 그대로 어머니에게로 돌아갔다.'

신의 집에서 김현준의 모든 식구는 동서로 움직이는 모차르트의 춤을 추었다.

‘현석이는 동서로 흐르는 이 원천천을 어떻게 멋지게 건너올까.’

오른쪽으로 돌아 얼굴을 드니 김현준의 눈에 광교산의 끝자락을 붙잡고 있는 어린아이 같은 아늑한 한식집이 눈에 들어왔다. 광교산의 훌륭한 지혜를 하나도 빠짐없이 받아 적고 있는 착실한 학동(學童)의 모습이었다. 김현준은 동생과 함께 그 지혜를 배우는 어린이가 되고 싶었다. 아무것도 거부하지 않고, 모든 것을 받아들일 준비가 되어 있는 아이.

새로운
입양 여행

김현석 부부는 이미 도착하여 훗훗한 방 안에서 쉬며 기다리고 있었다. 형을 맞아 반갑게 인사를 했다. 싱싱한 상추와 쑥갓 그리고 씀바귀와 치커리 등의 푸성귀가 상에 푸짐하게 차려져 있었다. 광교산 자락에서 재배한 채소들이라고 주인은 수줍은 공치사를 늘어놓았다. 광교산이 식탁 구석구석에서 숨을 쉬고 있었다. 광교산의 지혜를 먹고 자란 채소를 또 먹으면서, 김현준은 동생과의 식사자리가 광교산의 훌륭한 지혜를 한수 배우는 서당자리가 되기를 소원했다. 전남 목포에서 직접 배달된다는 한우고기를 내왔다. 속살이 빗살처럼 퍼진 아주 맑고 선명한 육질이었다. 목포와 광교산은 풍성한 먹거리가 되어 김현준과 김현석의 식탁에서 너무나 잘 어울렸다.

먼저 장례식에 왔던 여러 조객들에 대한 이야기를 가볍게 시작했다. 동생은 그분들에게 인터넷으로 한꺼번에 인사를 하겠다고 했다. 김현준은 동생을 찾아온 조객들이 대부분 직장 동료이기에 그렇게 할 수 있겠다, 생각은 하면서도, 조객들에게 인사를 한다는 사실이 아직 선뜻 마음에 내키지 않았다. 어머니의 의미를 좀더 깊이 묵상하면서 마음에 파인 상처들이 어느 정도 아문 한참 뒤에나 가능할 것 같았다. 오랜 시간이 걸릴 것 같았다.

식사 분위기가 무르익어 가면서, 김현석은 마음에 준비된 이야기를 끄집어내듯 조심스럽게 하고 싶은 말보따리를 풀어 놓았다. 이미 오래전부터 시작된 이야기를 중단하고 있다가 다시 시작하는 것처럼, 동생의 첫 말은 아주 자연스럽게 장례식에서의 그 어느 시점을 잇고 있었다.

"형이 그랬던 것처럼, 나도 늘 지혜를 따라 살며 더 많은 지혜를 배우려고 더 많은 지혜를 얻으려고 몸부림을 해 왔어. 참 지혜라는 것이 과연 어디에 있으며 어떻게 얻어질까, 나 역시 어릴 때부터 아버지의 말씀 속에서 그 가치를 늘 갈구해 왔어. 그래서 남들이 하지 않는 엉뚱한 일들을 참 많이 했어. 형 말대로 그렇게 몸부림하다가 결국 내가 아버지를 돌아가시게 했는지도 모르겠어.

어릴 때였지만 내가 친구들을 데리고 선유도까지 내려가 탐험을 하려고 했던 것도, 사람들로부터 떨어져서 좀더 근원적인 지혜가 무엇인지 알고 싶어서였어. 그때는 그렇게까지 생각하지는 않았지만, 결국 그런 거였어. 그런데 뗏목을 만들기 위해 나무를 베어 내려고 친구들과 이리저리 돌아다니다가 숲에서 이상한 사람을 만났어. 마치 미치광이 같기도 하고 도를 닦는 사람 같기도 했는데, 동네 사람들의 얘기에 의하면, 물에 빠져 죽었다가 사흘 만에 물에 허옇게 떠올라 희한하게 살아난 사람이라고 했어. 마을에서 멀리 떨어져 외딴 숲에서 혼자 30년을 살았대. 그런데 그 사람이 나를 보더니, 알 수 없는 이상한 소리를 해 주었어.

'너는 너의 길을 가고 있구나. 그러나 지혜는 고통을 통해서만 이를 수 있는 것이다. 너처럼 그렇게 도망치듯 이곳에 와서 얻을 수 있는 지혜가 아니란다.'

나는 상투를 틀고 바위 위에 앉아 있던 그 노인의 말이 무슨 뜻인지 도무지 알 수가 없었어. 참 지혜가 무엇이며 고통을 통해 이를 수 있다는 말이 무슨 뜻인지 관심도 없었어. 그러나 그 말이 평생 내 마음을 사로잡았어."

동생은 20여 년 전의 사건을 더듬듯이 창문으로 보이는 광교산을 바라보며 말을 이었다.

"나는 직장을 다니면서 많이 생각했어. 고통을 통해서 참 지혜에 이를 수 있다는 말이 무슨 뜻일까. 수많은 사람들이 지혜를 얻으려고 얼마나 몸부림을 하고 있어. 그런데 그들은 고통 없이 그냥 비구니에 상품을 주워 담듯이 그렇게 지혜를 얻을 수 있다고 생각하는 것 같았어. 나는 그렇게 해서는 결코 참 지혜를 얻을 수 없겠다는 확신이 들기 시작했어. 자꾸 무엇을 채우고 또 다른 사람의 것을 빼앗는 방식으로 얻을 수 있는 지혜가 아니라고 말이야. 나는 지혜가 정반대의 자리에 있다는 것을 알게 되었어."

정반대의 자리. 김현준은 동생이 무슨 말을 하려는지 전혀 짐작할 수가 없었다.

"끊임없이 무얼 차지하려고, 또 무엇을 빼앗으려는 탐욕으로는 결코 지혜를 얻을 수도 없을 뿐만 아니라, 늘 두려움과 불안에 사로잡혀 살 수밖에 없다는 사실을 말이야. 진정 지혜를 얻기 위해서는 이 세상의 고통을 벗어 던지는 것이 아니라, 세상 속의 사람들에게 있는 고통 속에 머물면서, 오히려 내가 가지고 있는 무거운 것들을 하나씩 버려야 하는 것이 아닌가, 하고 말이야. 그렇다면 참 지혜는 외부에서 얻을 수 있는 것도 아니고, 어느 학교에서 책을 통해 배울 수 있는 것도 아니라는 생각이 들었어.

미안하지만, 내가 형을 바라볼 때, 가장 아쉽게 생각되는 것이 바로 그 면이었어. 형은 지혜를 얻기 위해 엄청난 돈을 썼지. 그러나 지혜는 돈으로 살 수 있는 것도 어떤 책에서 한두 번에 퍼서 쓸어 담을 수 있는 그런 것이 아니잖아.

이런 생각이 들어. 바깥에서 무얼 더 가지려고 날뛰는 것이 아니라, 내 삶의 현장에서 진리를 발견해야 하지 않는가. 무거운 것들을 버리기를 즐겨 하지 않는다면, 우리의 기도나 심지어 참선도 모두 쓸데없는 것이 아닐까. 우리들의 목표는 풍부하게 소유하는 데에 있지 않고, 풍성하게 존재하는 것이지.

언젠가 형이 책상 위에 써 붙여 놓은 글귀를 봤어. 한 방울의 물을 영원히 마르지 않게 하려면, 그것을 바다에 내다 버려라. 나는 그 말이 20년 전 선유도에서 만난 노인네가 내게 해 준 말의 핵심이 아닌가 문득 그런 생각이 들었어."

'풍성하게 존재하는 것.'

김현준은 동생이 곧 자신의 고민을 그토록 오래도록 품고 있었다는 사실에 경악했다. 십여 년의 긴 유학생활을 통해서 늘 마음에 갈급하던 그 길을 동생은 직장을 다니면서 함께 걷고 있었던 것이다.

김현준은 두 아이를 둘러 업고 허둥대며 떠난 오래전의 입양 여행을 다시 시작하는 기분이었다. 높은 비행기 트랩을 오르듯이 어지러웠다. 자신도 까마득히 잊고 있었던 경구를 동생은 그토록 오랫동안 깊은 내면의 세계에 간직하고 있었던 것이다. 김현석은 한 걸음 더 나아갔다.

"우리는 고통을 회피하기 위해 이 세상을 벗어나려고 해서는 안 된다고 생각해. 고통을 벗어남으로써 우리는 행복해질 수 있다고 생각하지만, 그것은 큰 착각이야. 물론 누구든 고통을 좋아할 사람은 없어. 그러나 고통에서 진정 벗어나고 싶다면, 그 고통이 바로 우리의 삶 자체라는 것을 인정해야 해. 죽음이란 곧 삶의 한 부분일 뿐이라는 말과 같아. 고통 역시 우리가 이 땅에서 살아가는 동안 우리가 품고 사랑해야만 하는 존재라는 거야."

김현준은 깜짝 놀랐다. 기독교의 원리주의적 신앙을 갖고 있는 줄만 알았던 동생에게 그런 깊은 고민이 있었다니. 동생은 거기서 멈추지 않았다.

"형, 배움이 있고 없고의 문제가 아니라, 배움이라는 이름으로 탐욕을 끊임없이 증폭시키면서 배움 없음을 두려움의 대상으로 만들어 버린 것이 문제가 아닐까. 배움이든 건강이든 재물이든 명예든 배우자든 그것이 무엇이든지 더 나은 것을 추구하려는 그 밑바탕에는 자기 자신을 두려움의 대상으로 만들면서 끊임없이 자기 자신으로부터 도망하게 만들어. 그래서 삶의 고통을 벗어 버려야 한다는 끝없는 몸부림을 하게 만들지. 그렇게 무엇을 가져서 채워야 한다는 끝없는 욕망 때문에 오히려 우리 인간은 더 불행하게 되지.

나는 직장생활을 하면서, 그것을 내 마음의 중심에 두고 깊이 간직하며 살았어. 어머니 장례를 치르면서 형이 그것을 발견한 것 같아 내 마음이 기뻤어. 사람들은 죽음이라는 처절한 실존 앞에서 바로 그런 체험을 하기도 하거든.”

광교산.

김현준은 동생의 속내를 들으면서 계속 광교산의 모습이 떠올랐다. 두 형제가 앉아 있던 수원 들판의 끄트머리까지 줄기차게 달려오던 옥녀봉, 청계산, 국사봉, 바라산, 형제봉. 수도권 정남방향으로 위협적인 세력을 확장해 오던 산세가 그 욕망을 절제하고 바로 그곳에서 차분하게 들녘의 숨소리를 듣고 있었다.

‘끝없이 정복함으로는 결코 자신의 부족함을 채울 수 없으며 자신의 고통에 귀 기울이지 못하게 됨으로 결국 행복해지지 않는다는 동생의 법칙을 따르고 있었던 것일까. 물론 이곳을 개발하면 결국은 수도권의 끊임없는 확장을 위한 정복과 탐욕을 더욱 가속화하는 셈이 될 것이다. 대지에 고통을 전가하려는 인간의 천박한 생각은 결국 더 큰 고통을 당하게 되면서 때로는 삶 자체를 송두리째 잃어버리기도 한다. 인간의 끊임

없는 탐욕과 고통 그리고 불행.'

광교산은 이곳에 이르러 대단히 겸손할 뿐만 아니라 지족의 지혜를 머금고 누워 있다. 자신과 상관없는 단순히 객관적인 상대로서 펀더기를 만나는 것이 아니라, 펀더기와 함께 공동의 작업을 통하여 넓은 배의 형상을 만들어 내고 있다. 거칠게 몰고 내려왔던 자신의 흐름이 펀더기를 위협하며 짓누르기보다는, 바다 위에 함께 떠서 삶의 고통을 조용히 어루만지는 배의 모습이다.

그 웅덩이는 위도 없고 아래도 없는, 서로의 구별이 필요 없는 하나의 배다. 한쪽이 빼앗고 다른 한쪽이 빼앗기는 관계였다면, 결국 둘은 각자의 고통이 더욱 증폭되는 가운데 영원히 불행한 삶을 살아가게 될 것이었다.

무엇보다 광교산의 지혜로운 처신 때문에 이곳 산과 들판은 이곳에서 하나의 웅덩이를 회복하며 아름다운 조화와 상생의 삶을 살아가고 있다고 김현준은 생각했다. 그래서 원천천은 조화와 상생의 지혜를 배워 흐르기에 호루스의 탄생을 지켜보는 파피루스로 가득했다. 원천저수지는 다툼의 웅덩이가 아니라, 그 가슴으로 축제의 자녀들을 품어 젖을 먹이는 신의 집이 되었다.

산과 같이 높은 자와 펀더기처럼 낮은 자, 많이 가진 자와 갖지 못한 자, 달리는 자와 쉬고 있는 자, 웃는 자와 우는 자, 그 모두가 이시스의 몸에서 자라난 자식들이다. 그들에게는 어머니의 아름답고 찬란한 광채가 살아 숨 쉬고 있다.

'이미 광교산의 봉황이 되어 버린 동생. 지금 내 앞에 서 있는 김현석

이 내 동생이었단 말인가.'

　김현준은 도무지 믿을 수가 없었다. 두려움이 몰려 왔다. 마치 럭비공처럼 어디로 튈지 알 수 없는 예측불허의 망나니 같은 삶을 살았다고 그렇게 단정하면서 아예 사람취급을 하지 않았던 동생에게 이런 고민과 깊은 깨달음이 있었을 줄이야.

　선유도로 도망가던 김현석.

　김현준에게 그것은 지혜를 추구하는 구도자의 모습이 아니라, 괴덕스러운 미치광이 그 이상도 이하도 아니었다. 김현준이 그토록 오랫동안 매도하였던 그 미치광이. 어느 누구도 손을 댈 수 없는 미치광이의 모습은 김현준이 고교 시절 고문(古文) 시간에 배운 〈공무도하가〉(公無渡河歌)를 통하여 오랫동안 각인되어 있었다.

　"公無渡河 公竟渡河 墮河而死 當奈公何(공무도하 공경도하 타하이사 당내공하). 그대는 건너지 마오. 그대가 그예 건너시네. 물을 건너다 빠져 죽으니. 장차 그대는 어찌하리요."

　마치 머리가 허옇게 센 미치광이처럼 온통 제정신을 잃어버린 채 아내의 울부짖는 만류를 뿌리치고, 술병을 쥐고는 죽을지 살지도 모르고 어지러이 흐르는 강물을 건너는 그 모습 그대로였다. 술만 마시면 선유도로, 무녀도로, 방축도로 무작정 건너려고 고함을 치던 그런 미치광이. 아무리 식구들이 하소연을 해도 결국 아무 소용없이 끝내 물에 빠져 죽고 말았던 그 미치광이. 그는 어느 누구의 말도 듣지 않고 또 바로 잡을 수 없었던 동생 김현석의 모습이었던 것이다.

　'아버지를 완전 탈진하게 만들고 결국 아버지를 죽음으로 내몰았던 바로 그 미치광이가 아니던가. 여동생의 턱을 쪼개고 위아래 치아를 열 개나 뽑으며 꽃다운 소녀의 삶을 송두리째 날려 버린 미치광이. 어머니의 뽀얀 허벅지 살에 뜨거운 물을 부어 문둥병같이 움푹 팬 흉한 상처를 만들었던 그 장본인이 아니었던가.'

그러나 김현석은 그렇게 미치광이처럼 보였던 사건들을 겪으면서 김현준이 알지 못하고 들여다보지 못한 자신만의 세계를 줄기차게 추구하고 있었던 것이다.

김현석의 흐르는 강은 멈출 줄을 몰랐다. 어머니의 푸른 시냇가에 심긴 나무에는 표현할 수 없는 지혜의 과실들이 너무나 풍성했다.

"형, 그런데⋯⋯."

김현준은 순간 동생의 눈이 빛나는 것을 보았다. 긴 이야기를 나누는 동안, 김현석은 마치 껍질을 벗듯이 천천히 자신의 새로운 모습을 형에게 드러내고 있었다.

엄청난 짠돌이로만 알았던 김현석이 김현준이 모르는 사이에 고향 교회의 건축비를 절반이나 헌금했고, 또 종친회 장학재단에 엄청난 금액을 기부했다는 사실만으로도 대단히 감동적이다.

“얼마 전부터 형과 상의하고 싶은 것이 있었어. 갑작스런 어머니 상 때문에 형과의 관계가 이상하게 꼬였지만 말이야. 어머니가 괜히 비밀을 말해서 알려지기는 했지만. 고향 교회 있지? 두 달 전에 교회 장로님을 만났는데, 교회 측에서 나한테 대지 500평을 영구 임대해 주기로 했대.”

“500평이나?”

“응. 말로는 임대지만 사실 모든 사용권을 나에게 맡긴 거야. 매각처분은 하지 않기로 했대. 재작년에 그 교회에 건축헌금을 했는데, 아마 그것 때문에 나에게 대지 사용을 일임하는 것 같아. 그 땅을 어떻게 사용했으면 좋을지 형의 의견을 듣고 싶어. 형이 하자는 대로 할게.”

김현준은 그렇게 배려하는 동생의 마음이 고마웠다. 김현준은 동생의 손을 잡았다. 한 어머니의 젖을 먹고 자란 아기의 뽀얀 손이었다.

김현준은 어린 시절 동생의 손을 잡고 산비탈을 타면서 재미있게 다녔던 고향 교회의 모습을 회상했다. 유등천을 내려다보면서 늘 고요한 묵상에 잠겨 있는 교회의 정경은 그 모습 그대로가 바로 어린 시절의 아름다운 추억을 말해 주는 고향의 상징이었다.

하늘을 찌르듯 뾰족한 첨탑 대신 둥그런 돔의 지붕을 한 고향 교회의 모습은 멀리서도 쉽게 알아볼 수 있었다. 그것은 이슬처럼 내리는 하늘의 은총을 받아들이면서, 조용히 몸을 열어 새 생명의 씨앗을 잉태하는 어머니의 둥그런 배였다. 하늘과 땅이 서로 대결하는 것이 아니라, 서로 귀를 기울이고 서로를 몸으로 받아들이며 서로를 섬김으로써, 가장 환상적인 아름다움에 빠져 있는 신이 묵상하는 저녁의 풍경이었다. 어머니의 열정과 모든 식구의 숨소리가 영원히 머물러 있는 그리운 고향이었다.

그런데 지난번 새롭게 건축하면서 복잡한 부속건물들을 모두 정리하고 대지의 절반은 그대로 놔두었다고 했다. 지역주민을 위한 교육센터나 청소년 복지문화센터를 생각하고 있는데, 교회 재정으로는 감당할 수 없고, 뜻이 있는 교인이나 독지가를 찾고 있었다는 것이다.

김현준은 그토록 오랜 세월 자신의 살갗을 맴돌고 있었던 어머니의 뼈 아픈 상처와 고통을 생각했다. 그것은 가장 직접적이고 구체적인 아픔이었지만, 그동안 불감증 환자처럼 아무것도 느끼지 못한 상처였다. 그것은 너무나 가까이 머물러 있었기에 단 한 번도 알아차리지 못한 상처였다. 그러나 그것은 바로 그의 살갗 아래에서 언제나 소리 없이 울부짖으며 긴 세월 잠복되어 있었던 가장 처절한 아픔이었다.

김현준이 무섭게 매도하였던 미혼모 사촌 여동생의 고통이 어머니에게 그대로 겹쳐졌다. 단칼에 베어내듯 문전 박대하여 쫓아낸 여동생이 지금 어디서 무엇을 하고 있을지, 김현준은 그 잔인함의 죄를 평생 짊어져야 할 것 같았다.

김현준은 자신의 매정함과 당당함이 뼈가 저리도록 미안했다. 원치 않는 임신으로 수많은 세월을 어쩔 줄 몰라 혼자서 전전긍긍하며 떠도는 사촌 여동생의 눈물, 아니 어머니의 눈물이 소나기처럼 후드득 떨어졌다.

"석아, 그 공터에 미혼모 쉼터를 세웠으면 싶다."

"미혼모 쉼터?"

"그래. 임신으로 인해 갈 곳이 없거나 분만의 도움이 필요한 청소년들을 위한 시설 말이다."

김현준은 그동안 단 한 번도 마음 편하게 쉬지 못했을 어머니를 다시 생각했다. 사촌 여동생이 다시 오버랩 되었다. 그리고 사회의 타박네들이 그들과 함께 있었다. 그들의 울부짖는 함성이 끌어 올랐다.

"정신적, 육체적, 심리적인 고통 속에 있는 미혼모들을 위한 공간이지. 그들이 건강한 사회 구성원으로 새 출발 할 수 있도록 도와주는 시설. 미혼모들도 편안하게 분만할 수 있고 따뜻하게 보살핌 받을 수 있는 시설이 필요해."

"괜찮은 것 같네. 교회 측에서도 좋아할 거야."

김현준은 타박네들에게 모든 불안과 고통이 사라져 버린 안락한 분위기를 만들어 주고 싶었다.

"작은 규모지만 가족적인 분위기로 미혼모들이 편안하게 지낼 수 있도록 하면 돼. 처음에는 대략 열 명 정도 수용할 수 있는 시설을 만들고, 차차 늘려서 좀더 많은 미혼모들이 함께 생활할 수 있도록 해 보자."

"형, 나는 현주가 종종 부르던 노래를 들으면서 늘 떠올리는 것이 있었어. 그 노래를 왜 그토록 열심히 불렀는지는 아직도 잘 모르겠지만, 비행장에서 다친 이후로 자신이 버려진 아이라고 생각했던 것 같아. 그런데 그 노래는 엄마 젖을 먹고 싶어 울부짖는 어린아이의 울음소리야."

"너도 그렇게 느꼈다고?"

"내가 그렇게 만들었잖아. 현주를 내가 직접 챙겨 줄 생각이야. 어머니 장례를 지내면서 많은 생각을 했어."

"그래, 너나 나나 모두 엄마의 사랑을 더 많이 차지하려고 싸운 또 다른 타박네들이다. 특히 나한테는 그 타박네 정신이 누구보다 더 강했다는 생각이 든다. 다른 식구들보다 엄마 젖에 대한 애착본능이 더 심했던, 다른 형제들을 모두 밀어내고 엄마 젖을 독차지하려는 그 위기의식 말이다."

"장남이라서 그랬을 거야."

김현준은 자신의 지난 과거를 꺼내면서 얼굴이 화끈거려 견딜 수가 없었다. 아버지의 사랑을 엄청나게 받고 있으면서도 그것을 동생들에게 빼앗기지 않기 위해 공황상태에 가까운 생존의식과 경쟁의식에 빠졌던 자신이었다. 그러다 보니 모든 것을 쉽고 평범하게 받아들이기보다는 쓸데없는 경쟁심과 피해의식을 가지고 바라볼 수밖에 없었다.

김현주뿐만 아니고, 김현준 역시 유등천의 아련한 그리움이 또 다른 타박네의 정서로 바뀌어서 그의 무의식 세계에 깊이 자리 잡고 있었던 것이다. 김현준은 어느 새 자신도 모르게 암기하고 있던 그 민요 가사를 조용히 따라가고 있었다. 버려진 아이의 서러움을 고스란히 담은 노래였다.

"형, 미혼모들을 위한 창업 프로그램을 추진하면 좋지 않을까. 아이를 키우며 혼자 살아가는 미혼모에게 취업은 하늘에 별따기일 텐데."

김현준은 동생이야말로 미혼모 쉼터의 근본 취지를 더 잘 이해하고 있다고 생각했다.

"형, 그런 기업체도 본 일이 있어. 청주의 사촌 누나가 미혼모였잖아. 내가 담당하고 있던 한 중소기업체가 바로 이런 양육 미혼모들이 모여 결성된 곳이었는데, 그곳 사장이 바로 사촌 누나였어. 회사에서 가끔 만나."

"뭐라고?"

김현준은 벼락을 맞은 듯 온몸이 얼어붙었다.

"그 누나가 집에서 쫓겨난 후 여기저기 모자원을 떠돌았어. 그때의 경험으로 미혼모 가정이 얼마나 열악한 현실에 처해 있는지 알게 되었는데, 그들을 돕기 위해 회사를 세웠어. 나도 그 미혼모 가정들이 대단히 큰 고통을 당하고 있는 모습을 본 적 있거든.”

“사촌 누이는 어떻게 됐는데?”

“사촌 누이는 미혼모들을 중심으로 여러 개의 기업을 직접 돕고 있어. 그 후 결혼은 하지 않았어.”

김현준은 사촌 여동생 이야기를 들으면서, 숨을 제대로 쉴 수 없었다. 어려운 가운데도 자립에 성공한 사촌 여동생이 너무나 고마웠다.

“형, 내가 알기로 지난해 보건복지부는 미혼모들의 생계를 돕기 위해 미혼부가 양육비를 일부 부담하도록 하는 법안을 상정했는데, 시기상조 라는 이유로 통과되지 못했어.”

“우리 실정이 그렇다. 우리 사회는 미혼모만 있고 미혼부는 없는 사회 라고 할 수 있지.”

김현준은 미혼모가 아이를 시설에 보내면 그 아이의 양육비용은 국가 가 책임져야 한다고 생각했다. 그리고 혼자 몸으로라도 아이를 키우고자 하는 미혼모들을 위해 미혼부가 일정 정도 책임을 져야 하는 것은 너무 도 당연하다고 여겨졌다.

그동안 쌓여 있던 자신과 동생 사이의 엄청난 갈등의 더께가 전혀 근거 없는 것이었음을 생각하니 온몸에 소름이 돋았다. 동생은 쉼터가 필요한 순례자가 아니라, 쉼터를 만드는 순례자로서 김현준 앞에 당당하게 서 있었다.

미움 대신
사랑을 믿고 따르리라

"형, 내가 그런 시설에 관심을 갖게 된 이유가 있어. 얼마 전 회사에서 있었던 일인데, 이전에도 유사한 일이 몇 번 있었지만, 내 옆에서 진행되는 과정을 가까이서 보면서, 엄청난 충격을 받았지."

미혼모 시설에 동의하는 김현석의 마음은 갑작스런 것이 아니었다.

"내가 우리 회사에서 직접 거래하던 한 중소기업이 있었어. 휴대폰 외장재를 생산하는 회사였는데 생산품 전체를 우리 회사에 납품해 왔지. 거래를 한 지 한 3년 되었어. 그런데 어느 날 회사 간부회의에서 납품 단가를 40퍼센트 깎아야 한다는 결정을 내렸어. 그래서 그 회사 사장에게 40퍼센트를 깎는다는 통보를 했어. 대개 그런 납품 가격은 협상의 대상

이 아니거든. 그대로 수용하든지 아니면 납품을 포기하든지 둘 중 하나
를 선택해야 해.

단번에 납품 가격을 절반 가까이 깎는다는 결정에 박 사장은 펄펄 뛰었
어. 그 단가로 납품한다면 사실상 그 업체는 문을 닫아야 하거든. 그 사람
은 내게 달려와 통사정을 했지. 그러나 이미 간부회의에서 결정된 일이
라서 변경할 수 없다고 했지.

결국 박 사장은 울며 겨자 먹기로 그 가격으로 납품을 할 수밖에 없었
어. 공장이라도 계속 돌리면 지금은 적자지만 시간이 지나면 좀 나아질
것이라고 위로 삼더라고. 그런데 우리 회사 측에서는 작년 말에 다시 15
퍼센트를 더 깎을 것을 박 사장에게 통보했어.”

“또 깎았단 말이야?”

“이미 적자 상태로 출혈생산을 하던 그 업체는 외환위기 때 큰 빚을 지
고 나서 한참 재기를 위해 몸부림쳐 왔었는데, 이번 통보는 사실상 그 중
소업체와 거래를 하지 않겠다는 선언이었어. 우리 회사만 믿고 기술개발
을 하고 공장을 세웠던 박 사장은 청천벽력 같은 소리를 듣게 된 거지. 그
회사는 마침내 2백억 원 부도를 내고 말았어.”

김현석은 오늘날 한국의 대기업과 중소기업의 현주소를 생생하게 펼
쳐 보이고 있었다.

“그 해 우리 회사는 사상 초유의 수익을 올렸어. 15조 원이라는 영업이
익을 낸 거야. 나는 그 숫자의 의미를 너무나 생생하게 읽게 되었어. 15조
원 이익과 파산한 하청업체. 나는 밤새도록 잠을 이루지 못했지. 그 15조
원 안에는 바로 박 사장과 같은 중소기업들의 등을 쳐서 피를 짜내듯 얼

어 낸 이익이 들어 있었으니까.

일본의 어느 자동차 회사는 하청업체 직원의 급여도 본사 직원의 90퍼센트 수준까지 맞추어 납품 단가를 보장해 준다고 하는데, 우리는 대기업 살자고 중소 하청업체의 씨를 말리는 게 아닌가 싶어 너무나 답답했어."

"말하면 뭐하니? 국민의 혈세로 공적 자금을 받아 회생한 은행들이 다른 것도 아니고 국민들에게 수수료 강탈해서 연간 수십조 원의 이익을 올리고 있지 않니. 물에 빠져 죽어 가는 놈 꺼내 줬더니, 보따리 내놓으라고 칼을 빼는 날강도하고 조금도 다를 바 없어. 그게 오늘날 우리 현실이다."

"그 중소기업체의 기술력 때문에 몇 년간 우리 회사 제품이 전 세계적으로 큰 호응을 얻었거든."

"날강도가 따로 없네."

"그런데 간부회의에서 흘러나오는 소문에 의하면, 그 중소기업체의 기술을 이미 우리 본사가 다 파악을 하고 본사에서 그 유사제품을 출시하려고 한다는 거였어. 이거야말로 정말 날강도나 하는 짓이 아니겠어."

순간 김현준은 가슴속 깊이 찌르는 그 무엇을 느꼈다. 지난 세월 자신이야말로 가족 중에서 강자 혹은 우월자의 입장에서 동생들을 대상으로 부모의 모든 사랑과 관심을 완전 독점하려고 했기 때문이었다. 아버지의 절대적인 사랑을 받아 회생했으면서, 동생들에게 자비를 베풀지 못하고 오히려 무정한 각다귀가 되어 더 날뛰었던 것이다. 김현준은 자신이야말로 날강도였다고 생각되었다. 김현준은 고개를 들 수 없었다.

"형, 그런데 기절초풍할 사실은, 우리 회사 다른 팀에서는 또 어느 중소기업을 대상으로 기술력을 강탈하는 프로젝트가 은밀하게 진행되고 있다는 거야.”

“뭐라고?”

“이전에도 종종 그런 시비가 있었다고 들었지만, 내 직장에서 그런 일이 벌어지고 있다고 생각하니 정신이 아찔했어. 나는 망치로 뒤통수를 맞은 것 같은 기분이었어. 이건 사람이 할 짓이 아니라고 말이야.”

“너를 죽이지 않으면 내가 살지 못한다는 극단적인 위기의식이 외환위기 이후 우리 사회에 뿌리내린 가장 비극적인 기업의식이다.”

김현준은 동생이 고통스럽게 생각하는 소위 우리 사회의 양극화 현상이 위험수위에 달했다고 생각했다. 그래서 한쪽 끄트머리에 있는 미혼모들의 쉼터를 생각한 것이었다. 동생도 그것을 본 것이다.

“나는 부도난 박 사장을 볼 면목이 없어. 박 사장 부인은 빚 독촉에 견디다 못해 도망가고, 자녀들도 어디론가 뿔뿔이 흩어졌다고 해. 그 소식을 듣고 나는 박 사장을 생각하면서 생전 처음 밤새도록 소주를 마셨어. 술이 억병이 된 상태에서 이렇게 결심했어. 이런 회사라면 더 이상 그곳에 기웃거릴 이유가 없다고 말이야.”

“회사를 그만두겠다고?”

“요즈음 우리 사회는 잘사는 사람이 더 잘살게 되고 못사는 사람이 더 못살게 되는 것을 보면서도, 단지 경제가 어려워 그렇다는 허망한 말에 모두 수긍하고 있어. 잘사는 소수를 만드는 과정이 비참한 다수를 만드는 신자유주의 질서를 어쩔 수 없는 대세로 받아들이는 우리의 모순적이고 위선적인 모습을 과연 언제 심각하게 돌아보게 될까.”

"그러게. 이제는 경쟁의 결과 소수의 강자만 살아남음으로써 양극화 현상이 심화되고, 경쟁력을 잃은 대부분의 사회적 약자들은 벼랑 아래로 끝없이 추락하지. 그러한 상쟁이 소수의 삶은 윤택하게 할지 모르지만 대다수 서민들은 오히려 나락으로 떨어뜨리는 것을 지금 뼈저리게 체험하고 있는 셈이다. 하지만 우리는 아직도 그 엄청난 변화의 의미와 비극성을 여전히 실감하지 못하고 있지. 더 늦기 전에 경제하는 사람들의 이기적인 경제 행위가 우리 전체의 삶을 풍요롭게 할 것이라는 거짓된 신화에서 벗어나야 돼. 서로간의 경쟁만으로는 함께 살아갈 수 없음을, 오히려 그것이 두루 몰락을 재촉하는 길임을 깨달을 때가 된 것 아니겠니."

두 형제는, 함께 행복해지는 사회를 만들기 위해 계속 위만 바라보며 끝없이 더 소유하기 위해 투쟁하는 삶을 사는 것이 아니라, 진정한 행복을 누리기 위해 오히려 가진 것을 줄이고 가진 것을 나누는 삶을 그리워했다.

김현준은 자기 형제의 모습에서 여동생 김현주의 신비스런 모습이 오버랩 되는 것을 보았다. 철없어 보이던 김현석도 바로 그 신비로운 세계를 꿈꾸고 있던 것이다. 더 많이 가지고 더 나은 것을 쟁취하기 위해 더욱 소모적인 삶을 살아가는 것이 아니라, 고통스러운 자리로 내려가, 오히려 상승의 삶을 살면서도 불행한 사람들을 진심으로 위로하는 것, 가진 것이 별로 없지만 나보다 더 갖지 못해 고통당하는 사람들의 아픔을 포옹하는 것, 사회의 변두리에 머물러서 소외되고 주목받지 못하는 자이지만 끝없이 중앙으로 향하며 수많은 혜택을 누리면서도 두려움의 삶을 떨치지 못하는 자들을 평안하게 해 주는 것, 김현준은 지금 동생에게서도 그런 세계를 경험하고 있는 것이다.

김현준은 문득 로시난테를 타고 달리던 돈키호테의 외침과 열정이 자신과 동생의 가슴속에서 박동치기 시작함을 알아차렸다.

"그 꿈을 이룰 수 없어도 싸움을 이길 수 없어도 힘껏 팔을 뻗으리라. 사랑을 믿고 따르리라!"

일체즉일 一切卽一,
아버지를 따르는 길

　　김현준은 동생 부부와 함께 광교산 자락을 천천히 거닐면서, 눈앞에 펼쳐진 세상이 이렇게 반드러울 수가 있을까 새삼 깊은 감회를 느꼈다. 도무지 꿈을 꾸고 있는 것만 같았다. 도저히 믿을 수가 없었다. 그토록 아름다운 일들이 바로 이 광교산 자락에서 창조되었다. 이제 모든 불신과 증오는 산 아래의 칠흑 같은 어둠 속에 영원히 묻혔다.

　　그들은 한 밥상에 둘러앉은 형제들이었다. 마치 신발 코를 움푹 눌러 두 짝을 서로 이어 만든 제무시 트럭처럼, 서로 손 깍지를 낀 형제와 며느리들은 광교산에서 모두 큰형님이 되었다.

　　그들은 광교산이 저 아래 세상에게 파송하는 두 무리의 제자들이었다.

세상을 바라보는 그들의 눈동자는 아버지와 어머니의 사랑이 별빛처럼 쏟아져 유등천 강물을 이루었다.

광교산에서 태조가 보았던 그 광휘는 이제 산 아래로 파송되는 형제자매들로 인해서 비로소 성취의 순간을 맞이하는 것이다. 산 아래에서 그들의 삶에 대한 사랑과 믿음을 시험할 것이다.

동생 부부와 헤어지면서 김현준이 광교산 자락에서 내려다본 수원의 넓은 펀더기는 마치 어머니의 품 안에 쉬고 있는 사랑스러운 자식들 같았다. 아픔과 상처를 끌어안고 또 각자 삶의 짐을 부둥켜안고, 각자의 삶의 냄새를 사랑하면서, 각자가 처한 그 자리에서 그렇게 이 밤도 잠을 청할 것이다.

원천천은 동서로 다시 길게 흐르면서, 그들의 고단한 삶의 자리를 어루만지며 잔잔히 흐르고 있다. 김현준과 김현석이 밟고 있는 대지의 가슴에는 서로의 삶을 동서로 연결해 주는 뜨거운 혈액이 흐르고 있다. 사랑이 풍성하게 흐르는 원천천의 밤.

김현준은 어려서부터 교회를 다녔지만, 한 가지 줄기차게 사라지지 않는 고민이 있다고 서우림에게 말했다. 서우림도 김현준의 오랜 고민을 잘 알고 있었다.

"그토록 아름다운 사랑의 복음(福音)이 전파되었는데, 도무지 그 신앙을 가진 사람들이 대다수를 이루는 사회에도 빈부의 고통과 상처가 줄어들기는커녕 여전히 심각하고, 오랜 세월 서로 다른 이념의 차이를 넘어서지 못하는 갈등 역시 여전히 한 걸음도 더 나아가지 못하고 있어. 과연 무엇이 문제일까?"

"또 그 고민."

"침략과 파괴, 착취와 약탈, 살인과 인종청소가 오히려 기독교 신앙의 이름으로 빈번하게 벌어지고 있고, 그것은 역사 이래 개선되기는커녕 갈수록 더 심해지고 있지 않아?"

"그러게 말이야. 신앙의 이름으로 남의 소중한 삶의 자리를 침략하고, 더 많이 갖고 있는 자들이 더 갖기 위해 짐승의 얼굴을 하고 가장 가난한 자들의 것을 빼앗는 포악한 사회가 되어 가고 있는 것 같아."

아내의 맞장구를 따라가면서, 김현준은 특히 미국의 아프가니스탄과 이라크 침략을 생각했다. 근본적으로 서구적인 기독교 전통에 바탕을 둔 오늘날의 교회 형태에 큰 회의를 가지게 된다는 점을 털어놓았다. 서우림도 여러 번 들었다.

"그 사람들은 그냥 두어도 자기들 스스로 짊어진 삶의 고통스런 무게 때문에 곧 무너지고 쓰러질 수밖에 없지. 아무것도 없는 그 허허벌판에, 약이 없어 제대로 치료도 하지 못하는 사람들의 가슴과 다리에, 그토록 무지막지한 공포의 무기를 쏘아대면서 수백만 시민들의 무고한 목숨을 앗아 갔던 거야."

"이라크 말이야. 첨단의 네이팜탄 한 발 값이면 그곳 10만 명 어린이들에게 몇 년간 우유를 먹일 수 있대. 그 아이들은 도대체 누구의 아이들일까. 미국 원리주의자들이 말하는 형제나 자매의 범위는 도대체 어디까지일까."

눈물과 고통을 주는 복음이 과연 복음인지 김현준은 광교산의 지혜를 다시 더듬었다.

"종교적 이념이 우리의 모듬살이에 흉기가 되어서는 절대 안 돼. 종교의 핵심은 모듬살이의 인간들이 서로 나눠질 수 없는 한 몸이라는 사실을 깨닫게 하는 데 핵심이 있어. 나사렛 예수처럼 서로 맺힌 갈등을 풀어 주고, 상처를 싸매며 위로해 주는 거 말이야. 그것이 아닌 모든 교리와 해석들은 종교를 가장한 인간의 탐욕일 뿐이지."

서우림은 남편 김현준이 나사렛 예수의 삶에 매료된 경험을 여러 차례 들은 적이 있다. 김현준은 원천천의 치맛자락을 매만지면서 과거의 뭉클한 감동이 다시 한 번 살아나는 것 같았다.

"나사렛 예수는 삶에 던져진 아픔과 상처들의 원인 규명보다는, 있는 그대로의 고통과 상처를 자신이 끌어안고 그것들을 줄이기 위해 자신을 희생 공여물로 제단에 던진 인류 역사상 가장 찬란한, 진정 혁명적인 모범이었어. 그러나 내가 바라보는 작금의 기독교가 지배한 서구 2천 년의 역사는 피에 굶주린 광기의 역사, 그 이상도 이하도 아니야. 기독교는 늘 사랑을 가르쳐 왔지만, 실제 역사에 나타난 흔적을 보면, 철저히 투쟁 인식에 사로잡힌 개인 혹은 국가주의적인 욕망 추구 그 이상도 이하도 아니야. 빼앗고 죽이는 착취와 유린의 역사일 뿐이었어."

"그만해."

"답답해. 우리 가족이 다시 화목해지기 위해 어머니의 죽음이 필요했듯이, 혹시 또 다른 예수의 죽음이 필요한 거 아냐?"

"또 다른 죽음?"

"서구 기독교는 일관되게 역사주의와 언어 계시의 주석을 핵심으로 하는 주석종교로서의 범위를 전혀 벗어나지 않았어. 오히려 그러한 주석 혹은 해석전통이 갈수록 심화되었지. 그것은 특별히 기독교가 동서 교회로 나누어지면서 서방 교회에서 두드러지게 나타난 현상이야."

"무슨 말이야? 좀 알아듣게 말해 줘."

"물론 그 분열도 전형적인 동서 이데올로기의 대립이었어. 서방 교회는 종교의 초점을 인간의 삶 자체에 맞추기보다는, 철저히 문법주의 혹은 문자주의로 환원시키면서 신의 뜻을 문자 안에 가두는 폐쇄적 해석 행위에 집중해 왔어."

"누가 옳고 누가 그른가 하는 문제로 말이야?"

"그러한 문자놀음은 2천 년 역사를 모두 들추지 않더라도, 분명 문자적 해석의 수혜를 얻는 소수의 기득권 그룹을 옹호하는 절대적 이데올로기로 기가 막히게 활용되어 왔지. 연약한 사람들을 늘 기존의 굳어진 틀에 가두고 감시하는 지배자 중심의 교리였던 거야. 그 중심에 서 있던 종교 이데올로기의 대표가 바로 죄나 의에 대한 가르침이었어.

그러나 동방 교회에게는 죄(罪)나 의(義) 문제보다는, 어떻게 하면 모듬살이의 인간들에게 하나님의 거룩한 형상이 회복될 수 있을까, 하는 것이 가장 중요한 관심이었지. 어찌 보면 갈등해소가 궁극적인 관심이야."

"죄 문제와 하나님의 형상 문제? 둘 다 중요한 거 아냐?"

"예수는 가난하였지만, 예수 전통을 지켜야 한다고 제사의 중요성을 부르짖던 문자주의 정통파들은 백성들의 기름과 피로 배를 불려 왔어. 예수는 화해와 용서를 가장 중요한 덕목으로 행동하고 가르쳤지만, 역사 속에서 서구 기독교인만큼 파괴하고 피를 흘리고 빼앗는 데 용감한 사람들은 없었을 거야.”

“나도 그렇게 생각해. 예수가 보인 것은, 인간은 인간에 대하여 끝까지 사랑하고 끝까지 용서할 권리밖에 없다는 것, 오직 그것뿐이었지. 그것이 아니라면, 처음부터 십자가를 말하는 예수교는 성립될 수 없었다고 생각해. 예수는 십자가에서 억울한 죽음을 죽을 때까지 거짓된 기득권에 항거하고, 절망적인 증오 속에서도 끝까지 사랑의 힘을 믿으며, 십자가에서 가장 힘없는 자로 죽음마저 거부하지 않은 그 아름다움 위에 지금도 서 있다고 나는 믿고 있어.”

“정말 답답해. 오늘날 지구 공동체에 끔찍한 일들이 종교의 이름으로 매일 반복되는 이유는 간단해. 달을 보려 하지 않고 손가락만 보며, 그 손가락의 문자적 원리를 진리의 핵심으로 둔갑시킨 종교가 되었기 때문이야.”

김현준은 오래전에 읽은 파우스트의 고민을 잊지 못한다고 말했다.

“파우스트 박사가 부활절 아침의 환상적인 체험 이후 산책길에서 돌아와 새로운 의욕으로 신약성경을 독일어로 번역하기 시작했어. 그런데 그는 성경의 가장 상징적인 첫 구절인, 태초에 로고스가 계시니라, 에서 로고스를 독일어로 어떻게 번역할까 심각하게 고민했어.”

“요한복음 1장 말이야?”

“응. 처음에는 로고스를 ‘das Wort’(말)라고 했다가 만족스럽지 못해 ‘der Sinn’(뜻)이라고 할까 망설였어. 그런데 그것도 너무 소극적인 것 같아 다시 ‘die Kraft’(힘)라고 했어.”

"왜?"

"그러나 그것으로는 방향을 잡을 수 없기에 다시 최종적으로 'die Tat' (행위)라고 규정했어. 왜 그런지 알아?"

"괴테의 고민이 무엇이었는데?"

"태초에 '행위'가 있었다는 뜻이야. 말이 아니라 행동. 우주의 근원에 존재하면서 만물을 지배하는 창조적 본질과 그 힘을 말하는 로고스를 단순히 소극적이고 추상적인 개념으로 오해할 수 있는 언어사건으로 축소하지 않도록 고민했던 거야."

김현준은 산 아래의 42번 도로를 멀리 바라보면서 좀더 본질적인 내용을 꺼내기 시작했다. 서우림은 대화가 너무 추상적인 문제로 발전되는 것 아닌가, 생각하며 좀 지루해했다. 큰 도로 가의 네온사인들이 현란하게 돌아가는 모습들이 보였다. 김현준은 좀더 복잡한 문제를 다루기 시작했다.

"근대 이후 서구 주류사회의 신앙의식은 로고스 중심주의(logocentrism)라는 강박관념에 근거하고 있어."

"로고스 중심주의? 그게 뭔데."

"문자 그대로, 말이 중심이 된다는 사고방식 아니겠어? 그것은 인간 역사의 통전적 조명 대신, 역사적 사건의 언어적 분석과 해석에만 초점을 맞추는 특징을 말해."

"언어적 분석과 해석 중심에 무슨 문제가 있어?"

"그것이 지나치다는 데 문제가 있지. 언어분석과 해석에 지나치게 집중하면서, 현실적인 생활 안에서의 실천을 소홀히 하게 된 거야. 그 대신 오로지 신의 배타적인 은혜만을 수동적으로 관람할 것을 가르쳐 온 셈이지."

"행동 대신 현란한 말의 연구와 구경만 하는 신앙?"

"그렇지. 부끄럽지만 그게 오늘날 현실이야. 사실 그러한 서구적 분석 신앙은 구체적인 역사 현실에 감동적으로 몰입되지 못하고 오히려 현실로부터의 후퇴를 그 자체 논리 안에 내포하고 있어. 항상 총체성 혹은 보편성의 논리를 가르치면서, 굳어진 틀을 그대로 받아들일 것을 강요해 왔거든. 교회는 오직 수동적으로 주어질 유토피아를 낙관적으로 혹은 종말적으로 기대하면서 구체적인 역사의 책임으로부터는 한발 물러서 있도록 만들지."

"어휴, 뭐가 그리 복잡해. 간단히 말하면, 사람들이 너무 '은혜'만을 추구한다는 말이 아니야?"

서우림은 김현준의 떨리는 손을 잡았다. 동생을 만나 느꼈던 모처럼의 감동을 간직하면서 눈앞에 부글거리는 삶의 답답함을 그렇게 표현할 수밖에 없었던 남편을 이해하려고 노력했다. 남편과 이런 문제로 깊은 대화를 나눈다는 그 자체가 의미 있다고 생각했다.

동생과의 만남과 대화가 남편에게는 모처럼의 감동이었는데, 그 감동은 곧바로 삶의 현실에 대한 부담감이었다. 그것은 종교가 모듬살이의 갈등과 상처를 풀어 주는 유등천의 미호종개나 대보화강암이 되기보다는, 오히려 갈수록 갈등과 위기를 조장하는 검은 웅덩이로 확대되어 가고 있기 때문이다. 종교는 확장되어 가고 있지만, 허연 배를 드러내고 백로의 먹잇감으로 사라져 가는 타박네들이 점점 더 늘어 가기 때문이다.

더욱 가열되어 가는 때 아닌 남편과의 종교토론을 통하여, 서우림은 남편의 깊어져 가는 눈을 함께 따라 들어가고 있었다. 커브를 돌면서 자동차가 심하게 흔들렸다. 김현준은 오른손으로 서우림을 붙잡아 주면서 말을 계속했다.

"서구 역사를 살펴보면, 절대주의나 객관주의 유혹에 이끌리어, 인간은 스스로도 놀랄 만큼 찬란한 문명을 일구었다고 생각해. 그러나 절대주의의 유혹에 사로잡힌 만큼 인간은 고독한 삶을 살 수밖에 없어. 끊임없는 진보와 극복이라는 비판정신이 바로 서구 역사의 토대와 근원이 되었지."

"그것은 장점이 아니겠어?"

"그렇지 않아. 인간의 찬란한 문명과 진보의 역사는 오히려 증오, 차별, 편견, 식민지 만들기, 이기심을 더욱 부풀리면서, 남만 죽이는 것이 아니라 자기 목숨까지 빼앗는 엄청난 부조리의 삶을 양산해 왔을 뿐이야."

"나도 그 점이 늘 안타깝게 생각돼. 신을 믿는다면 누구보다도 가장 겸허한 삶을 살지 않겠어?"

"맞아. 지역과 국가 간의 지나친 경쟁과 환경에 대한 지속적인 파괴는 두말할 필요도 없이 바로 그러한 신앙과 철학의 산물이지. 오늘날 세계화라는 탈을 쓴 신자유주의의 모토는 가장 많이 가진 미국의 패권을 인정하라는 제국주의적 가치관 그 이상도 이하도 아니야. 그것은 세계 모든 나라가 미국이라는 유일 강대국의 기준에 맞추라는 씁쓸한 구호일 뿐이야."

"세계화? 기독교 원리주의 신념을 빙자해서, 자신들의 탐욕을 절대화하는 행동이겠지. 가장 반기독교적 행동이잖아."

"청교도의 후예를 자처하는 대서양을 끼고 있는 두 나라들 때문에, 아니 자신들이 선(善)의 중심에 서 있다는 새로운 선택론을 믿는 앵글로-색슨 기독교 백인 우월주의, 그러니까 WASP 때문에, 온 지구촌의 기독교 인들이 엄청난 가치관의 혼란에 빠졌어. 정말 헷갈리게 만들어."

서우림은 기독교 문명의 왜곡 현상에 대하여 벌써 여러 차례 남편으로 부터 들어 왔다. 김현준은 공동체를 잃어 가는 기독교 원리주의의 위험 성을 말하려는 것이었다. 결국 서로가 서로를 살리는 인식의 대전환, 그 것이 나사렛 예수의 삶에 대한 진정한 이해라고 남편은 침을 튀며 말해 왔다. 그리고 그의 결론은 항상 동일했다. "나는 더불어 산다, 그러므로 나는 존재한다." 그것은 더불어 사는 공동체적 존재로서의 나를 인식해 야 한다는 말이었다.

"나는 이렇게 생각해. 기독교 신앙이란 개인을 중심으로 하는 것이 아 니라, 공동체적 경험이요 동시에 상호 관계의 경험이라고. 나는 공동체 를 파괴하고 개인주의에 탐닉하여 이기적인 한 개인으로 이탈되었던 것 이 바로 타락이라고 생각해. 그래서 나는 오늘날의 기독교 공동체가 총 체적인 타락에 빠졌다고 믿어.

반대로 그 개인주의에 함몰된 인간이 다시 공동체적 존재로 회복하는 과정이 구원, 즉 구속(救贖)이 아니겠어? 신의 최고 관심은 신·인간·자 연 사이의 무너진 공동체를 다시 회복하는 거야. 그렇다면 최악의 죄는 바로 공동체를 깨는 행동이지. 성서에서 인간들에게 내려진 이 땅을 다 스리라는 신의 문화명령 혹은 노동명령은, 인간 상호관계를 통하여 공동 체를 완성해야 하는 책임을 말하는 거야."

"우리 주위의 모든 사람들을 창조주의 형상을 가진 형제와 자매로 인 식하라는 말이겠지?"

"그럼으로 해서, 인간의 가능성은 극대화되고, 조물주의 기쁨은 충만해지는 거야. 사실 그것은 화엄(華嚴)의 지혜와 결코 다르지 않다고 생각해. 일즉일체(一卽一切), 일체즉일(一切卽一)."

"일체즉일? 무슨 말이야?"

"지푸라기 한 오라기라도, 내 몸의 어느 세포 하나라도, 그 존속을 위하여 다른 존재를 필요로 하지 않는 존재나 세포가 있을 수 없다는 말이야. 아버지가 자주 들려주신 말이지."

서우림은 조용히 눈을 감으며 들었다. 서우림은 김현준의 그런 열정 자체를 좋아하고 즐겼다. 김현준이 열변을 토하고 무언가 흥분하게 되면, 그것을 가장 즐기는 사람은 아내 서우림이었다. 특히 오래 공부하면서 사변적인 인간이 되기보다 점점 인간 삶의 땀과 냄새를 사랑하는 살아 있는 인간이 되어 간다고 은근히 바람을 불어넣었다. 서우림은 누구보다 김현준이 추상적인 인간이 아니라, 일체즉일, 즉 구체적인 삶에 애착을 가지는 인간이 되기를 희망해 왔다.

김현준과 서우림은 광교산 자락을 거닐면서 원천천의 시원한 강바람을 마음껏 들이켰다. 까만 하늘에는 아름다운 한 쌍의 미호종개가 기다란 대보화강암 띠를 이루며 반대편 저쪽 끝까지 긴 꼬리를 잇고 있었다. 어머니와 아버지의 숨소리가 온 대지를 감싸고 있는 동안 모든 존재는 미호종개로 살아났다.

신앙공동체가 상실하고 있는 상생과 조화의 원리를 두 사람이 계속 더듬는 동안, 만남과 대화의 아름다운 밤은 별처럼 사랑스럽게 흘러갔다.

김현준의 뜰 안에서 피어나는 밥 짓는 연기

마주 달려오는 차의 강한 불빛을 맞으면서, 김현준은 조심스럽게 원천천의 이하교를 건넜다. 광교산 자락에서 삶의 애증이 뒤섞여 있는 현실 세계로 다시 돌아온 것이다. 그러나 서우림의 이야기는 강한 여운을 가지고 김현준의 머리를 계속 맴돌았다.

사랑과 관용. 아내 서우림과의 긴 대화는 유령같이 묶여 있던 김현준의 손과 발에 따스한 해방의 기름을 부어 주었다. 가깝게는 아내와의 관계에서 사랑과 관용이 강물처럼 흐르는 그런 가정을 만들지 못했고, 그동안 어머니와 큰누이, 그리고 동생들을 모듬살이의 진정한 형제로 받아들이지 못했었다.

　광교산은 이미 오래전부터 지금까지 변함없이 수원 편더기에서 모아 진 빛을 뿜어내고 있었다. 그러나 그 안에 살아가고 있던 인간들만이 그 모듬살이에서 제 몫을 하지 못하고 있었다.

　이제 어머니의 죽음이라는 충격과 동생과 광교산의 환한 빛이 김현준을 비추어 주면서, 김현준과 김현석은 함께 모듬살이의 미호종개로 돌아왔고, 모든 식구는 다시 원래의 자리로 돌아가게 된 것이다. 김현준은 서우림에게 속삭이듯 중얼거렸다.

　"우리가 살아가는 이 세상에 완벽한 모듬살이란 꿈에 불과할 거야. 그러나 적어도 사랑과 관용을 모토로 하여 최선을 다해 노력하다 보면 좀 더 진일보한 모듬살이가 될 수 있겠지. 물론 상처도 있고 실패도 있겠지만, 사랑과 관용이라는 꿈을 잃지 않고 포기하지 않는다면, 우리의 모든 과정 자체가 사랑과 관용을 체험하는 삶의 자리가 될 거야. 그 어느 것도 결코 실패라고 단정할 수 없는 소중한 삶이야. 미리 불가능이라는 한계를 정해 놓지 말고, 적어도 대지를 살아가는 동안, 인간 삶의 최고 가치를 위해 최선을 다하자."

　"그래. 우리가 인간과 그들의 세상을 진심으로 경외하게 될 때에라야, 비로소 우리 모두는 신 앞으로 나아갈 수 있는 거야."

　"저 세상인 천국의 초월적 가치는 이 땅의 사람들에게는 여전히 선언적일 수밖에 없고, 그 선언적 가치는 오직 이 땅에서 구체적으로 표현되는 내재적 가치, 즉 이해와 관용, 인내와 상생 등의 온전한 수행으로 증명되어야만 하는 것이 아닐까. 말과 선언은 궁극적인 실재가 아니니까."

　김현준은 자신의 손과 발을 유심히 살펴보았다. 서우림의 손과 발도 들여다보았다. 과연 어느 손과 발이 더 진실할까. 중국의 다이 호우잉(戴厚英)이 김현준에게 속삭인다.

"실천이 진리를 검증하는 유일한 기준이야. 인간이건 귀신이건 또는 신이건 역사의 거대한 손길에서 벗어나는 것은 불가능해. 실천의 검증을 받지 않고 끝낼 수는 없어. 누구나 다 자기의 장부(帳簿)를 제출하고 자기의 영혼을 제시하지 않으면 안 돼. 두 손을 햇빛 아래 펴 놓고, 손에 묻은 것이 혈흔인지 먼지인지를 검사하지 않으면 안 돼. 장부는 스스로 결산하지 않으면 안 되며, 영혼은 스스로 심판하지 않으면 안 되고, 두 손은 스스로 깨끗이 씻지 않으면 안 되는 거야."

'그래. 이제는 실천의 검증을 받는 삶을 향해 나아갈 것이다. 무엇보다 인간관계라는 역사에 어떤 흔적을 남겼는지가 문제일 것이다. 그것은 상생의 삶에 대한 검증이다.'

김현준이 다니던 중학교는 불교재단이었기에, 한 주마다 예불을 행하고 불교 교리를 가르치며 매 학기 교리 시험을 보았는데, 오래도록 기억에 남는 선생님의 가르침이 있어 서우림에게 들려주겠다고 했다.

"마룬구야라는 석가모니의 제자가 있었는데, 늘 철학적인 명상을 즐겼어. 그리고 스승에게 항상 질문했어. 이 세계는 유한한가 무한한가, 영혼과 신체는 동일한 것인가 아니면 구별되어야 하는 것인가, 인간은 죽음 이후에도 존재하는가 존재하지 않는가, 라고 말이야. 그런데 스승은 그런 질문에 속 시원하게 대답해 주지 않았어.

불만에 가득 찬 마룬구야는 대답을 자꾸 회피하는 스승에게 속세로 돌아가겠다고 최후통첩을 했어. 스승은 물끄러미 제자를 바라보다가 한참 만에야 입을 열어 말해 주었지.

'마룬구야여, 여기 한 사람이 있는데 독화살에 맞았다고 해 보자. 그때 그의 친구들은 마음이 급해 마을로 달려가 빨리 의사를 모셔 올 것이다. 그런데 독화살을 맞은 사람이 의사에게 치료를 받기에 앞서, 자기를 쏜 사람이 누구이고 자기를 맞힌 화살과 활은 어떤 모양인지 해명되지 않는 한 이 화살을 뽑을 수 없고 치료도 할 수 없다고 주장한다면, 과연 어떻게 되겠는가. 아마도 그 환자는 그 사실을 알기도 전에 죽고 말 것이다.

마룬구야여, 세계가 유한이냐 무한이냐, 영혼과 신체가 동일한가 별개인가, 인간은 사후에도 존재하는가 존재하지 않는가, 내가 그런 문제에 대답한다 해도, 우리들의 고된 인생문제는 하나도 해결되지 않는다. 그런 문제에 탐닉하기보다는 현재의 고된 인생을 극복하기 위해 행동하며 노력해야 한다.'

졸업 이후에도 오랜 세월 그 독화살의 비유가 항상 내 마음속에 있었어. 거창한 존재 외적인 세계에 대한 관념적인 질문이나 인간존재에 대한 추상적인 개념 규정, 그리고 이에 대한 부질없는 논쟁보다는, 삶의 고통스런 독화살을 맞고 피를 흘리며 신음하는 현재의 고된 인생을 위로하고 눈물을 닦아 주는 삶, 그것이야말로 지금 여기에서 우리가 관심을 기울이고 공을 들여야 하는 절실한 문제가 아니겠어?"

"현재의 고된 인생을 위로하고 눈물을 닦아 주는 삶이라고?"

"카르페 디엠(*Carpe Diem*)이라는 시구 들어 본 적 있지? 미국 하버드 대학 교정의 시계탑에 각인되어 있는 말인데, 지나치게 관념화된 꿈을 좇는 젊은이들에게 필요한 가장 적절한 경구야."

"현재를 즐기라는 말과 위로해 주라는 말이 같은 뜻은 아니잖아."

"현재를 즐기라는 의미는, 현재를 붙잡고 씨름하며 현재에 몰입하라는 거야. 그것이야말로 황량한 유대벌판에서 외쳤던 나사렛 예수의 중심적인 가르침이 아니겠어? 그의 제자 마태가 종교적 묵상의 올바른 방향과 묵상의 목적을 가르치던 스승의 가르침을 요약하면서 강조한 것이었어."

"마태가? 성서에 그런 것도 있어?"

"주기도문이야. 아버지의 뜻이 하늘에서 이루어진 것과 같이 '땅에서도' 이루어지도록 기도하라고 했지. '땅'에서 '왜'라는 문제보다 '어떻게' 살아가야 하는지의 문제가 그의 제자들에게 가장 긴급했기 때문이 아니었을까."

"그러게. 우리는 너무 '왜'의 문제에 목숨을 걸고 있는 거 같아."

"그래. 그것은 대지를 살아가는 우리 인간들의 영역이 아니야. 이 땅에서 당하는 독화살의 고통이야말로 가장 본질적이면서 우리가 고민해야 하는 가장 우주적인 난제가 아닐까?"

서우림은 꽃을 바라보듯 빙긋이 웃었다. 그리고 김현준에게 중학교 시절의 추억을 좀더 이야기해 달라고 부탁했다.

앞에서 달려오는 차가 과속방지턱을 넘으면서 전조등 불빛으로 김현준의 얼굴을 환하게 비춰 주었다. 김현준의 얼굴이 강렬하게 빛났다.

아내의 요청에 따라 김현준은 학교 이름에 대한 의미를 자세히 설명해 주었다.

"중학교 이름이 보현보살(普賢菩薩)과 문수보살(文殊菩薩)의 첫 글자를 따서 지은 보문(普文)이었어. 보문중학교. 흔히 듣는 이름 같지만, 깊은 뜻이 있어. 특히 보현보살에 대한 교리학습은 매우 인상적이었어. 문수보살이 석가모니의 왼편에 위치하면서 경전을 손에 쥐고 지혜를 말하고 있는 데 반해, 보현보살은 석가모니의 오른쪽에 위치하여 석가모니의 행덕(行德), 즉 중생을 위한 실천적 덕목을 맡고 있었지.”

“행함을 맡고 있는 보현이라고?”

“그래서 대행(大行) 보현보살이라 부르기도 해. 문수보살과 같이 모든 보살의 으뜸이 되어 언제나 석가모니의 중생제도를 돕고 선양했지. 삶 속에 뛰어들어 자신의 행동으로 중생들을 구제하고, 중생들의 목숨을 길게 하는 덕을 가졌다고 ‘보현 연명보살’ 또는 ‘연명보살’(延命菩薩)이라고도 불러.”

“보살이 무슨 뜻이야?”

“교회에서 일상적으로 신앙심이 좀 나은 사람을 ‘집사님’ 하고 부르듯이 불가에서는 ‘보살님’ 하고 부르지만, 원래 보살이란 영생의 진리를 깨달았으면서도 스스로 자진해서 이 세상에 내려와 기꺼이 이 세상의 슬픔에 동참하는 자를 말해.”

“남의 고통에 뛰어들어 그들과 더불어 슬퍼하는 자란 말이야?”

“그래. 그것을 불교에서는 보살이라고 하고, 그와 비슷한 의미를 기독교에서 굳이 찾는다면 ‘성육신’이라고 할 수 있어. 흔히 보현보살은 흰 코끼리 혹은 연화대 위에서 손을 합장한 모습으로 그려지는데, 세상 속에 뛰어들어 실천적 구도자의 모습을 띠고 활동하는 보현을 상징하지.”

“그럼 우리 기독교에서는 마구간에 태어난 아기 예수라고 할 수 있을까?”

“그래. 세상 속에 뛰어들어 세상 사람들과 함께 살아가는 모습을 말하는 거지."

서우림은 이제야 남편이 안두(案頭)에 붙어 앉아 입으로만 외치던 탁상공론의 서리를 떨쳐 버리고 인간이 살아가는 대지에 뛰어드는 것인가 싶어 감회가 새로웠다.

'그렇다면, 남편은 우리 모듬살이에서 진정 보현의 꿈을, 아니 진정한 예수의 꿈을 이 땅에 실현할 수 있지 않을까. 돈벌이를 위한 판매용 신앙이 아니라, 진정한 삶을 위해서.'

김현준은 경주 석굴암에 수학여행 갔을 때 유심히 살펴보았던 석굴암의 보현보살상 이야기를 서우림에게 들려주었다.

"당신도 석굴암 가 보았지? 보현보살을 기억해?"

"아니."

"석굴암 이외에도 보현보살의 이름을 따 창건된 사찰들이 많아. 묘향산의 보현사, 강릉의 보현사, 남원 보현사 등이 대표적이지. 그런데 수많은 보현보살상 가운데 세계적으로 유명한 것이 국보 47호인 석굴암 보현보살상이야. 주실 오른쪽에 있는 198센티미터 높이의 보현보살은 앙련좌(仰蓮座) 위에 서 있는데, 머리에는 큼직한 원형 후광이 둘러 있어. 요즘에는 들어가지 못하게 유리문으로 막아 놓았지만."

김현준은 마치 눈앞에서 보살상을 보며 만지기라도 하듯이 시적으로 운율을 넣어 가며 세밀하게 묘사했다.

"부드러운 천의(天衣) 자락은 마치 바람에 나부끼듯 매우 유려하고, 목에 늘어진 장식과 옷의 늘어진 주름이 서로 겹치면서 입체감과 부드러운 조형미를 보여 주고 있어. 그 장식은 장엄하고 화려하기 그지없어. 둥글고 작은 주발을 받들고 있는 오른손과 밑으로 내려 천자락을 잡고 있는 왼손은 한없이 섬세하고 미려해. 조용하면서도 온화한 미소가 더욱 복성스러워, 보현보살상은 석굴암 조각 가운데서도 가장 훌륭한 작품으로 평가받고 있어."

"보살이 주발을 들고 옷자락을 잡고 있다는 것이 무슨 뜻이야?"

"그게 내가 당신에게 말해 주고 싶은 부분이야. 경서(經書)를 들고 있는 문수와 달리, 보현은 오른손으로 밥그릇 같은 작은 주발을 들고 있고, 왼손으로는 그 아래쪽으로 내려진 소박한 인간들의 옷자락을 잡고 있어. 보현이 추구하는 그 담백한 신앙의 세계를 잘 표현해 주고 있지. 보현의 두 손이 벌이고 있는 퍼포먼스야말로 가장 인간적인 것이야."

"무엇을 말하는데?"

서우림은 김현준이 던져 주는 낯선 이야기가 무척 신기했다. 그런 알쏭달쏭한 세계가 남편의 무의식 세계에 깊이 잠재되어 있다가, 이제 모듬살이의 부활을 위한 성충으로 깨어난 것인지…….

"인간세계는 책임질 수 없는 헛된 말과 글이 난무하는 세계야. 체험해 보지 못한 추상적인 말과 글, 체험할 수 없는 순전히 이론적인 언어와 문장, 그리고 속이고 빼앗는 데 능숙한 논술과 교리가 가득한 세계. 우리는 말과 글과 그 해석으로써 천국을 제시하기도 하고, 모든 것을 재단하며 모든 일을 해결할 수 있다고 생각해. 손과 발은 대지에 붙어 있지 않은 채, 항상 경서를 들이대면서 옳고 그름을 분석하고 재판하기를 좋아하지.

그러나 수유(須臾)의 세상에서 누가 정통인지를 가름하려는 자에게는 오직 다툼만이 일어날 뿐 아니겠어? 그 다툼은 진정 경서를 존중하는 지혜로운 삶이나 행원을 지향하는 자비의 동기에서라기보다는, 오히려 가장 어리석고 쉽게 분노하며 궁극적으로 인간됨을 훼손하는 탐욕에 의한 것이야. 아니 자신도 확신할 수 없는 경서의 세계를 빌미로, 남의 밥그릇을 채뜨리려는 탐욕적인 행동일 뿐이지.

그래서 보현은 행동으로 구체화되지 않는 말과 글을 신뢰하지 않았던 거야. 그가 실천했던 일은 한마디로 인간과 더불어 먹고, 인간에게 밥을 먹여 주는 일이지.”

김현준은 인간 세상의 모듬살이를 구축하기 위한 상생의 구체적인 방법을 오래전에 배웠던 보현의 모습에서 풀어내고 있었다. 김현준은 동생과 더불어 광교산의 식탁에 함께 앉음으로써 이미 보현의 밥그릇과 옷을 들고 있었다. 그들은 서로를 먹고 먹여 줌으로써 비로소 서로를 진심으로 존중하는 보현의 도반이 되었다.

서우림은 김현준의 강렬한 눈빛에서 흐르는 보현의 두 손을 보았다. 그 두 손은 광교산 자락의 원천천을 헤엄치는 두 형제의 손이었다. 어머니의 가슴에서 빚어진 고사리 같은 손들이었다. 그들은 이렇게 외치고 있었다.

'진실과 거짓을 구별하는 기준은 그가 무엇을 말하느냐에 달린 것이 아니라, 그의 손과 발이 구체적으로 이 땅에서 사람들의 먹을 밥과 입는 옷을 제공하는 사랑으로 움직였느냐에 달려 있다.'

'경전은 우리의 삶 속에서 무엇이 옳으니 무엇이 그르니 따지며 편을 가르는 데 사용하는 육법전서가 아니라, 진정 신의 거룩한 형상을 닮기 위해 우리의 손과 발로써 어떻게 행동해야 하는지를 보여 주는 현장 매

뉴얼로 삼아야 한다.'

'우리가 인간과 그들의 세상을 진심으로 경외하게 될 때, 비로소 우리 모두는 신 앞으로 나아갈 수 있다.'

서우림은 그러한 것들이야말로 예수의 가르침의 핵심이라고 말하는 남편의 의도를 충분히 이해했다. 이 땅에서 갈등을 풀고 화해를 통한 상생의 삶을 살아가는 방법을 말하려는 것이다. 서우림도, 누가 더 규범적이냐, 하는 다툼은 무익한 일이라고 생각했다. 그런 규범적 다툼은 남편이 겪었던 지난 세월의 고통만으로 이미 충분했기 때문이다. 남편의 말대로, 오직 모든 생명에게 밥을 먹여 주기 위해, 묵묵히 사랑을 실천하는 손과 발만이 중요할 뿐이라고 생각했다.

"신라의 원효대사는 말과 글로써는 진리를 전달할 수 없다고 했지. 문어비의(文語非義), 의어비문(義語非文)."

"그건 또 무슨 알쏭달쏭한 말이야?"

"일상 언어의 속성에 집착해 문자나 표현에 얽매이게 되면 진정한 의미를 알지 못하게 돼. 일상적인 문자나 표현에 얽매이지 않고 그 집착을 뛰어넘어야 해. 그래야만 그것이 지향하는 더 큰 세계의 실체를 파악할 수 있고, 또 그것을 행동함으로써 진리를 드러낼 수 있다는 거야."

서우림은 마치 김현준의 내장까지 훤히 들여다보는 기분이었다. 하나의 세계가 무너지고 있었다. 그리고 새로운 또 하나의 세계가 깨어나고 있었다. 아니 두 세계는 항상 식탁에 함께 앉아 있었지만, 그동안의 안이한 삶으로 혼란한 가운데 그것들을 보지 못하고 살아왔던 것이다.

"보현은 더 이상 말과 글의 분석 행위를 통해 끊임없는 거짓과 속임수,

살인과 착취의 서리에서 살지 않고, 오직 밥그릇과 옷, 자비와 긍휼의 실천적 행동을 통해서 땅 위의 인간들의 삶을 구출하려고 몸부림했던 사람이었어. 그에게 있어 온 우주는 결국 먹고 먹임이라는 이벤트의 집합일 뿐이야."

김현준은 원천천을 뒤로 하면서, 아버지가 생전에 가르쳐 주었던 맹자의 말로 마무리를 지었다.

"하늘은 말하지 않아. 하늘은 오로지 행동과 일로써 보여 줄 뿐이야."

(天不言 以行與事示之而已矣)

김현준의 하늘은 그의 내면의 뜰에서 인간과 그들의 세상을 진심으로 경외하는 밥을 짓고 있었다. 그 하늘은 인간을 결코 유령으로 만들지 않았다. 하늘의 아들이 되어 김현준과 모든 인간은 비로소 신 앞으로 나아가고 있었다. 아니, 살아 있는 모든 인간은 신이 되었다.

서우림과 김현준의
후궁탈출

말하지 않고, 먹이는 행동으로써만 말하는 성육신과 보현의 이야기를 들으며, 서우림은 자신의 내면세계를 들여다보았다.

'분명 남편은 신과 인간의 관계는 물론 이 땅에서의 인간 모듬살이를 구름 너머 딴 세상에서 벌어지는 허황된 교리로 만들지 않기 위해 몸부림을 하고 있다. 아니 자신을 씻어 유등천과 원천천의 단절된 고리를 잇기 위해 치열한 투쟁을 하고 있다. 그는 그 망각되고 유기된 책임을 자기 안에서 처절하게 묻고 또 묻는다.

그것은 경전과 교리를 얼마만큼 잘 외우고 누구보다 더 경건하고 감동적인 자세로 그것을 고백하느냐, 하는 종교의식의 문제가 아니라, 헐벗고 굶주린 타박네들을 향해 내려가 그들과 함께 먹고 먹여 주느냐, 하는 손과 발의 문제라고 했다. 그렇게 인정되지 않는다면, 그 순간 성육신과 보현보살은 빼앗고 착취하는 제국주의적 속임수로 돌변하게 된다.'

서우림은 자신도 모르게 눈물을 흘렸다. 흐르는 눈물 속에 한 아이가 서 있었다. 그 아이는 오랜 세월 왜곡된 가족관계의 아픔을 고스란히 가슴에 잉태하고 살았던 또 다른 타박네였다. 그 아이는 어머니로부터, 큰시누로부터, 그리고 시동생으로부터 소외되고 무시받아, 거친 탁류에서 굶주림에 허덕이며 늘 허연 배를 드러내고 어쩔 줄 몰라 불안과 초조에 떨며 살던 물고기였다.

모두가 경건한 신앙으로 머리끝부터 발끝까지 무장을 하고 있었지만, 서우림은 항상 유등천의 검은 웅덩이에 갇혀 있었다. 성육신이나 보현보살의 규범과 교훈은 늘 범람했지만, 가정에서 서우림을 먹여 주는 진실된 밥상은 한 번도 차려진 적이 없었다.

성육신과 보현보살의 이상적인 공동체를 꿈꾸는 남편 김현준에게 식민주의적 속임수와 거짓이 가장 심각하다고 느껴졌다. 일상의 음식으로 먹고 먹여 주는 상생의 삶을 행하기보다는 여전히 그것을 세련되게 표현하고 다듬는 일로 세월을 보내고 있었기 때문이다. 그 이상적인 상생을 구현할 일차 대상은 저 멀리 떨어져 있는 대중들이 아니라, 가장 가까이에서 살을 맞대고 사는 바로 서우림 자신이었다.

상생과 유유상종(類類相從), 먹고 먹여 줌의 성육신과 보현보살은 곧 김현준과 서우림 사이의 구체적인 존재원리가 되었어야 했다. 그러나 진정 아내를 더 나은 반쪽으로 삼지 못하며 서로를 진심으로 나누는 밥상에

한 번도 앉지 못했던 남편의 삶. 그의 삶은 어찌 보면 보현이라기보다는 문수에 가까웠고, 문수에 가까움으로써 허연 배를 드러내고 헉헉대던 자신을 낚아채기에 바쁜 백로의 삶이었다.

누구보다 뜨거운 삶의 열정을 가슴에 품고 있는 남편이었지만, 여전히 둘 사이에는 유등천과 원천천이 서로 소통하지 못하는 높은 장벽을 가지고 있었다. 과거와 현재는 아직도 규범 속에서만 추상적으로 존재했다. 서우림은 오랜 세월 불구가 된 현재라는 감옥에 갇혀, 남편과 시댁 가족들이 만든 혼자만의 식탁에 방치된 채 외롭게 살아왔던 것이다.

'진정한 부부관계는 육체적인 거리감을 줄이는 행위만이 아니고, 부부로서의 존중과 섬김, 만남과 대화의 모듬살이를 이룰 때라야 가능할 것이다. 그것이야말로 온 우주를 걸고 투쟁해야 할 가장 시급하고 중요한 문제가 아니던가? 그것이 자신의 말과 글을 행동으로 증명해야 할 가장 구체적이고 현재적인 과제가 아닐까? 자기 아내야말로 제국주의의 개가 아니라는 것을 보여 줄 가장 분명한 실습 대상이 아니던가?'

말과 글만이 난무하는 공허한 부부관계 속에서 진정 가난한 타박네로, 가장 서럽게 울고 있는 장본인은 바로 서우림 자신이었다고 생각되었다. 시장 바닥에 던져져 가부장적 전통과 성적 차별의 불의에 방치되어 무수한 돌팔매를 맞고 망가진 막달라 마리아였다. 하늘이 땅에서 멀게 느껴지듯, 남편은 언제나 가해자의 일방적인 정당성을 지키기에 바빠 희생자 숫자를 줄이기에 혈안이 된 미국이었고, 자신은 언제나 피해자의 억울함에 사로잡혀 희생자의 숫자를 늘려 계산하기에 바쁜 아프가니스탄이요 이라크였다.

서우림은 김현준의 성육신과 보현 이야기를 들으면서, 그 상생의 모듬살이가 이 땅에서 이루어지기를 간절히 빌고 또 빌었다. 김현준은 눈물이 흐르는 서우림의 얼굴에 입을 맞추었다. 그의 긴 상처를 핥으며, 속죄의 밥그릇과 옷으로 보현처럼 붙안아 주었다. 김현준과 서우림은 긴 입맞춤으로 이심전심의 소통과 만남을 즐겼다. 서우림의 눈물은 상처와 회한을 뛰어넘어, 원천천을 조용히 흘러가는 용서와 화해의 눈물이었다.

서우림의 두 눈에 모차르트의 후궁탈출이 마지막 3막을 펼쳐 가고 있었다.

"나로 인해 당신이 희생되는구려. 아, 콘스탄체, 이런 비참한 일이."
"당신 탓이라고 괴로워 말아요. 죽음이란 안식으로 가는 길, 그리고 당신 곁에 영원히 잠들죠. 그건 축복의 예감이에요."
"아, 난 그대를 무덤 속으로 끌고 가네. 나 때문에 죽게 되겠군. 아, 내 감히 눈을 뜰 수가 없소. 난 그대에게 이렇게 죽음을 예비하고 있는데."

터키의 한 비밀스런 정원을 탈출하려다 발각된 벨몬테와 그의 연인 콘스탄체. 군주 세림 파사에게 납치되어 그 음모가 드러나고 잔인한 사형 집행을 기다리고 있다. 군주의 사랑을 단호히 거부하던 콘스탄체에게 더 이상의 동정은 기대할 수 없었다.

그러나 원수의 아들임에도 불구하고 벨몬테를 사면해 주고, 볼모로 잡고 있던 콘스탄체를 돌려보내는 세림 파사의 갑작스런 용서 선언으로 두 사람의 극적인 후궁탈출이 이루어진다. 두 연인의 진실된 연가를 듣고, 쿠블라 칸의 환락궁을 그들에게 돌려준 것이다. 두 사람은 이제 곧 유령이 될 수밖에 없는 자신들의 처지를 원망하는 대신, 절망과 위기의 순간에 가장 반짝이는 사랑을 노래하고 있다.

> "벨몬테, 당신이 나로 인해 죽는 거예요. 내가 당신을 파멸로 몰았어요."

서우림은 제너두를 만들지 못하는 책임을 남편보다는 오히려 자신에게 돌리고 있다. 그리고 오히려 불행 때문에 온전한 행복을 발견하게 되었고 그와 온전히 연합할 수 있는 계기가 되었다고 믿었다.

쿠블라 칸의 제너두는 서우림의 감동적인 고백으로 사랑의 절정을 꽃피운다. 김현준과 서우림은 비로소 서로를 먹고 먹여 주는 진정한 환락궁과 알파강을 헤엄쳐 가고 있다. 죽음마저 '함께 먹음'의 음식 재료로 삼는 미호종개가 되었다.

> "당신과 함께 죽어서는 안 되나요. 이 부름은 내게 기쁨이랍니다."
> "사랑이여, 당신 위해 사는 것이 내가 추구하던 모든 것이라오."
> "당신을 위해 난 기꺼이 내 생명을 바치리. 아, 이보다 더한 축복은 없으리."

남편 김현준은 콘스탄체의 고백에 넋을 잃고 클라리넷의 긴 떨림과 함께 공중의 쿠블라 칸 궁전으로 떠오른다. 불가능을 가능의 세계로 이끌어 내는 클라리넷의 독보적인 연주가 계속 반복된다. 서우림의 열정을 대표하는 그 마술적인 클라리넷의 독특한 음색은, 죽음에 이르는 상처와 고통 속에서 오히려 환상적인 쿠블라 칸의 오르가슴을 노래하고 있다. 스스로 모든 것을 다 내려놓을 수 있는 그 자유 때문에, 부부의 사랑은 절정의 환락궁을 맴돈다. 그 완벽한 사랑 속에서 잃었던 제너두는 다시 회복되었다.

서우림의 진정한 사랑고백 앞에 세림 파사는 깊이 감동하고, 드디어 용서와 이해와 관용의 정신을 회복하는 계몽 군주가 된다. 아니 사랑이 무엇인지를 아는 남자가 된다. 용서를 선언하면서 자신의 부족함과 부끄러움을 고백한다.

서우림과 김현준의 사랑의 힘으로 세림 파사마저 원천천을 헤엄쳐 가고 있다. 두 연인의 환상적인 듀엣으로 온 우주는 용서와 화해의 모듬살이 공간을 창조하고 있다. 분노와 상처 그리고 온통 소란스러웠던 일상들이 그 음악 속에서 희미해진다.

그런데 긴장과 갈등 국면을 아퀴지으려는 세림 파사의 용서 선언은 갑자기 주춤한다. 강력한 증오와 분노에 사로잡혀 있던 파사의 신하 오스민은 열고가 나서 결코 용서와 화해를 허락하지 않았다. 용처럼 당당한 오스민의 타오르는 격정은 경계선을 허물려는 그 어떤 시도도 용납하지 않겠다는 귀족사회의 서슬 퍼런 칼날이었다.

잔뜩 움츠려 있던 사람들은 그 권위와 위협 때문에 다시 절망에 빠진다. 평화를 제안하며 은근히 진대 붙는 벨몬테의 시종 페드릴로에게 한바탕 분노에 찬 욕설을 퍼붓는다. 그러나 그의 분노는 단지 귀족사회의 오만과 편견이 아니었다. 선지자의 수염을 달고 밤낮 쉬지 않고 명상하였던 자기 나름대로의 고통과 분노를 털어놓는다.

"널 멋있게 죽일 방법을 생각해 내기 위해, 우선은 사지를 자르고, 그 다음엔 목을 매달고, 그 다음엔 꼬챙이에 꿰어서, 불타는 침대 위에 올려놓아야지. 그 다음엔 태우고, 그 다음엔 못박고, 그 다음엔 물에 빠뜨리고, 마지막으로 가죽을 벗기리라."

오스민의 분노는 곧 모차르트의 분노였다. 그것은 유등천의 검은 웅덩이 저 아래 깊이 똬리를 틀고 있던 서우림의 분노였다. 쉽게 잊히거나 용서하기 힘든 아픔과 상처에 대한 본능적인 저항이었다.

후궁을 침입한 모든 서양 오랑캐들. 여자의 뒤꽁무니만을 따라다니는 부랑아, 난봉꾼, 호색가처럼, 서민들의 고단한 삶을 끊임없이 침탈하는 악마의 자식들, 곧 서구 제국들의 황제와 봉건 제후들이었다. 그것은 상생의 모듬살이를 위협하는 모든 거짓된 교리와 가르침을 향한 외침이었다. 가공할 육체 학대와 살인, 그리고 복수에 불타는 분노는, 오히려 벨몬테와 콘스탄체의 사랑을 대변하는 연약하고 소외된 타박네들의 터질 듯한 함성이었다.

그러나 그 함성은 피를 부르지 않았다. 험악한 모든 분노와 복수를 극적으로 반전시키는 파사의 너그러운 선언이 곧 뒤따르기 때문이다. 그 놀라운 용서가 타박네 서우림의 입술에서 선언되었다. 자신의 사랑을 불구자로 만들었던 그 고통스러운 현실을 받아들이며, 자신을 먹잇감으로 낚아채던 모든 백로들마저 용서한다.

서우림의 가슴에 원천천이 흐른다. 용서와 화해의 눈물이다. 서우림은 모듬살이의 우주공간을 용서의 낙원으로 전환시킨다.

"미움을 미움으로 보복하지 않고, 선행으로 갚는 것이 훨씬 더 큰 보복이 되나니, 이제 어서 가시오. 복수보다 추한 것은 없네. 그와는 반대로 선량함만이, 계산하지 않고 용서하는 것만이 큰 마음을 가진 사람의 일이지."

파사의 진정한 용서와 화해로 인해 더 이상 눈물 흘리며 고통 받는 형제는 보이지 않는다. 권세를 쥐고 흔들던 자나 감옥 같은 삶을 살던 자나,

궁전 안에 있던 자들이나 궁전 밖에 살던 자들 모두가 사랑이 정지된 비밀정원에서 예외 없이 성공적으로 탈출한다.

유등천이 흐른다.

고기를 잡고 미역을 감느라고 정신을 잃은 채, 하루해가 꼴까닥 넘어가는 줄도 모르는 삶이었지만, 그런 일상의 사랑과 미움, 기쁨과 상처를 모두 끌어안고 유등천은 흐른다. 먼 길을 달려오느라 더럽혀지고 찌꺼기를 운반하느라 그 순수성을 상실하기도 했지만, 유등천은 막히지 않고 흐른다. 숨이 가쁜지 은빛 배를 드러내며 물위로 뛰어오르는 물고기들이 쏟아 내는 눈물과 고통을 묵묵히 받아 주면서 유등천은 자기의 갈 길을 잘 달려왔다.

종종 날아드는 하얀 백로들의 반갑지 않은 방문을 받기도 하고, 자라 등을 타고 나타난 강태공들의 위협으로 많은 주름이 있기는 하지만, 유등천은 두려워하지 않고 어머니의 대지를 유유히 흘러간다. 군데군데 깊은 웅덩이가 만들어져 삶의 상처와 아픔이 쌓이기도 했지만, 단 한 사람의 예외 없이 모두에게 식탁을 차려 주면서, 사랑과 미움의 모듬살이를 조용히 흐른다. 유등천 안에서 모든 살아 있는 사람들은 신이 되어 살아난다.

서우림은 할렘을 벗어났다. 이제 용서와 화해의 강을 함께 흐르고 있다. 후궁을 탈출한 것이다.

피아노와 바이올린을 위한
안단테

모차르트의 〈피아노와 바이올린을 위한 안단테〉가 모듬살이의 모든 장벽을 허물고 있다. 피아노와 바이올린은 새처럼 일어나 날개를 펼치며, 김현준과 서우림이 자신들의 삶에서 발견한 화해와 용서의 법칙을 모듬살이의 새로운 원리로 창조하고 있다.

먼저 피아노.

바이올린을 의식하면서 깊은 감동에 젖은 듯 그리고 다소 촉촉한 눈물이 묻어 있는 연주를 시작한다.

역시 가장 좋아하는 '솔'이 첫 음이다. 우주의 질서를 자연스럽게 정리하고, 모두의 개성이 다양하게 존중되는 신의 뜻을 분별하는 혜안을 가졌다. 그러한 선택은 축복이다. 조심스러우면서도 당당하게 으뜸화음을 이끌며, 동생들이 아름다운 화해의 삶을 살아갈 수 있도록 조절한다. 그것은 그동안 자신의 삶으로부터 학습된 가장 아름다운 음악 세계다. 그러나 솔은 솔로서만 솔이 되는 것이 아니라, '미'가 있고 '도'가 있어서 솔이 되고 솔의 아름다움을 들을 수 있다는 사실을 잘 알고 있다. 동시에 솔은 미와 도를 위하여 존재한다는 사실도 알고 있다.

'도'는 가장 겸손하고 삶의 기본을 소중하게 붙들고 있으며 모든 음에 귀를 기울이는 지극히 포용적인 삶이다. 모든 삶을 받쳐 주고 품어 주며, 자녀들의 꿈을 지탱할 여유와 넉넉함을 가진 어머니의 대지다. 그것은 때로 너무 수줍어하는 것처럼 보인다. 책상물림처럼 삶의 규범을 강조하면서 행동할 줄을 모르는 답답함이 엿보이기 때문이다. 그러나 대지는 하늘의 미소와 사랑을 주고받으면서 결코 수동적이지 않다. 그곳에 성소가 보인다.

'미'는 도를 딛고 일어선다. 김현석처럼 긴 인생길을 바라보면서 힘차게 일어선 용기가 담겨 있다. 무엇인가 행동하려는 것이다. 아직 충분하지는 않지만, 자기에게 던져진 삶을 자기가 짊어지고 가꾸어 가려는 사자의 용기가 스며 있다. 그의 용기는 조화와 화해의 미덕을 품으려는 지혜로운 것이다. 너무 수동적이지 않고 그렇다고 너무 앞서나가지도 않는다. 양쪽을 붙들고 모두가 생존할 수 있도록 지혜로운 징검다리를 만들고 있는 것이다. 적절히 일어서고 적절히 내려앉는다.

이 모두를 이끌어 가는 '솔'은 왕처럼 당당한 모듬살이의 형이다. 그것은 하늘의 음성을 듣고 벌떡 일어서는 선지자의 몸짓이다. 온 대지의 소리를 지휘하여 하늘에 전달하는 제사장적 행동이다. 솔은 성육신처럼 도와 미의 부족함을 채워 완성되게 한다. 도의 든든한 규범적 기초를 딛고 일어서며 미의 지혜로운 지지와 충고를 받으며, 솔은 행동하는 우주를 향하여 화해의 합창을 연주한다. 자기 삶에 주어진 창조적 잠재 가능성을 행동으로 펼쳐 내, 공동체 속의 다른 동생들을 치유하려는 연주다.

그러나 알레그로 아사이의 첫 솔처럼 그렇게 당당하지 못하고 아직은 여리고 소박하다. 여전히 삶은 더 살아 봐야 하고, 함께 달려가야 할 미지의 세계가 아직 더 많다는 사실을 알아차렸기 때문이다. 사랑은 단지 학습된 것이나 훈련된 것일 수가 없기 때문이다. 그것을 자기의 것으로 살아내면서 솔은 더욱 야무지고 단단해질 것이다.

솔은 미숙함에도 불구하고 자신의 동료들과 더불어 전혀 새로운 세계를 꿈꾸고 있다. 그것은 더 많은 사랑을 받기 위해 경쟁적으로 목을 쳐드는 대신, 좌우를 살피면서 음산한 저 아래 구덩이에서 아우성치는 타박네를 향해 허리를 굽히는 혁명이다.

도와 미를 먹여 주면서 솔은 자신이 먹는 법을 배운다. 도와 미와 솔이 한 식탁에 둘러앉아 서로를 먹고 먹여 줌으로써 모듬살이가 살아난다. 모두가 신이 된다. 서로를 먹여 줌으로써 자신을 성취하는 법을 알아차린 것이다. 세 음정이 서로를 듣고 서로를 울려 주면서 으뜸화음이라는 온전한 존재로 깨어난다. 피아노는 조화와 상생의 세계를 행동으로 구체화한다.

피아노는 신에게로 날아간다. 하늘과 땅은 신의 한 자락으로 살아난다.

완벽한 창조가 이루어진다. 높음도 없고 낮음도 없다. 모두가 으뜸화음이다. 으뜸화음의 인간들이다. 서로를 으뜸화음으로 바라보는 인간은 누구나 신이 되는 것이다.

바이올린은 바통 터치 하듯 피아노의 뒤를 따라 피아노가 부른 그 으뜸화음의 세계를 노래한다. 피아노의 선율을 그대로 유지하며 그것을 조금씩 발전시켜 나간다.

남성적이고 깊고 단호한 피아노의 단조로움이 바이올린의 여성적이고 부드럽고 훨씬 더 풍부한 울림으로 확장된다. 마치 피아노가 앞으로 길게 강물처럼 질주해 나가는 물줄기라면, 바이올린은 그 좌우의 들판을 넓게 열어 가며 대지의 온갖 희로애락의 목소리를 어린아이들처럼 업고 가는 바람이다.

피아노가 삶의 정점을 향하여 부단히 올라가는 지아비의 꿈의 노래라면, 바이올린은 어두움의 골짜기에서 신음하는 대지의 자식들을 어루만지는 지어미의 따스한 약손이다. 바이올린은 화려한 꿈과 축제의 기름지고 배부른 세계에 가려져 빵 조각을 찾아 헤매며 이 땅의 그늘과 상처와 고통을 먹고 사는 가슴 아픈 타박네들의 눈물을 담고 있다.

피아노와 바이올린은 서로를 먹여 주는 김현준과 김현석이요, 먹고 먹여 줌으로써 서로 신이 되어 버린 그들의 아버지요 어머니다. 피아노가 높은 꿈을 꿈꾸며 자기의 목소리를 가지고 들판에 서면, 바이올린은 낮은 곳에서 조용히 그 노래에 귀를 기울이며 피아노의 꿈이 이루지 못한 틈을 어루만지고 있다.

바이올린이 때론 강물처럼 자신을 주체하지 못하고 격렬하게 그 쓰러지는 몸을 대지의 한가운데로 흘려보낼 때, 피아노는 그 높은 산에서 일어나 저 낮은 곳 흐르는 강물을 바라보며 가슴을 열고 귀를 기울이며 함께 흐른다. 바이올린으로 다시 태어난다.

혼자서 외롭게 산을 타고 골짜기를 달리는 것이 아니라, 서로의 산과 골짜기에서 갈라지고 터진 상처와 아픔을 보듬어 주는 시냇물이 되고 봉우리가 되어 준다. 달려가다 지친 피아노의 영혼은 바이올린의 편안한 가슴에서 눈을 감는다. 바이올린의 피곤하고 고달픈 육체는 피아노의 넉넉한 등에 업혀 눈물을 닦고 거친 숨을 달랜다. 피아노와 바이올린은 인간과 그들의 세상을 진심으로 경외하게 되면서, 그들은 모두 신 앞으로 나아가는 신이 된다.

시계의 두 바늘처럼 피아노와 바이올린은 욕심내지 않고 자기 삶의 독특한 속도를 잃지 않으면서 같은 방향을 향하여 높고 낮음을 서로 채워 주고 있다. 길고 짧게 그리고 가늘고 굵게 서로의 얼굴을 어루만진다. 피아노와 바이올린의 대화는 단순한 계약이 아니라 지속적인 영적 수련이다.

피아노와 바이올린은 현실을 이탈하는 낭만적인 안단테가 아니다. 자신들의 삶의 속도를 조절하는 용서와 관용, 이해와 사랑의 안단테다. 막연하고 불확실한 방식으로가 아니라, 밥그릇이 되고 옷이 됨으로써 구체적이고 긍정적인 방식으로 사람들의 음식이 되고 온기가 된다. 서로를 먹여 주는 삶. 너는 나를 연주하고, 나는 너를 연주한다. 너는 나를 듣고 우리는 우리를 듣는다.

피아노와 바이올린은 함께 잔치자리 끝으로 내려간다. 한 번 진 빚을 도저히 갚을 능력이 없는 모듬살이의 타박네들을 잔치의 윗자리에 초청한다. 잔치에 합법적으로 초청될 자격이 없다고 선언된 그런 무자격자들, 그러나 사랑하는 아우들이다. 가난한 자들, 늙고 병이 들린 자들, 장애를 가진 자들, 유령이라고 낙인찍힌 공동체의 사생아들이 모두 한 식탁에 둘러앉는다. 밤새도록 잔치가 벌어진다.

삶의 무게를 감면해 주고 빚을 탕감한다. 그들은 이제 아름다운 띠앗으로 모듬살이를 만들어 가는 형과 아우들이다. 어머니의 붉은 가슴에서 흐르는 맑은 젖을 함께 먹고 자란 자식들이다.

신의 사랑을 머금은 모차르트의 한 방울 물이 바다에 던져진다. 절벽 끝에서 깜깜한 바다로 떨어지는 장미.

"영원히 여성적인 것이 우리들을 이끌어 올리노라. 그러한 순간을 향해 나는 이렇게 말할 수 있으리. 머물러라, 그대는 진정 아름답구나. 내 이 세상에서의 삶의 흔적은 영겁의 시간 안에서 결코 소멸되지 않을 것이다."

보현의 밥그릇에 하얀 밥이 가득하다. 모든 인간의 뼈에 살이 붙고 생기가 불어온다. 눈에 총기가 돌아오고 움푹 팬 얼굴에 기름기가 돈다. 보현의 하얀 옷자락이 온몸을 감싼다. 그는 모듬살이를 지키는 든든한 군대가 되어 일어선다.

줄탁축제

그날 밤 김현준은 버들가지를 머리에 쓰고 있는 아버지의 꿈을 꾸었다. 큰 잔치를 베풀었던 바로 그 아버지의 집이었다.

아버지의 넓은 집을 관리하는 한 청지기가 있었다. 그런데 그 청지기가 아버지의 뜻과 상관없이 재산을 깝살린다는 소문이 자자했다. 아버지는 즉시 그 청지기를 불러 확인했다.

"내가 자네에 대하여 여러 가지 나쁜 소문을 들었는데 어찌된 일인가."

그러나 청지기는 아무 말도 하지 못했다.

"그동안 자네가 하던 일을 중단하고 장부를 나에게 제출하게. 더 이상 일을 계속할 수 없어!"

청지기는 쫓겨나듯 문을 나서면서 속으로 생각했다.

'큰일이다. 주인이 나를 내쫓는다면 앞으로 어떻게 살아가야 하나. 이 나이에 막노동을 하자니 늙은 몸에 힘이 없고, 그렇다고 동네에 다니면서 부끄럽게 사발농사를 할 수도 없고.'

고민하던 청지기는 고민하다가 가장 좋은 방법을 찾아냈다.

'이렇게 하면 주인어른에게 틀림없을 거야.'

청지기는 놀랄 만한 행동을 시작했다. 그는 주인에게 빚진 소작인들을 모조리 불러들였다. 그리고 맨 먼저 온 농부에게 물었다.

"자네의 빚이 얼마나 되더라."

"예, 참기름 백 말입니다."

"그러면 여기에 와서 네 빚 문서에다 오십 말이라고 써라."

그는 눈이 휘둥그레졌다. 청지기는 다음 농부에게도 물었다.

"자네는 빚이 얼마나 되는가."

"예, 쌀 백 가마입니다."

"그래. 이리 와서 네 빚 문서에 팔십 가마라고 고쳐 써라."

그런 방식으로 모든 소작인의 빚이 엄청나게 감면되었다.

엄청난 빚에 쪼들려 한 해를 버티는 것이 말 그대로 완전 죽음이었던 농부들은, 갑작스런 빚 감면 조치에 모두들 입이 딱 벌어지고 할 말을 잃었다. 수십 년 묵은 빚 때문에 집은 물론 자식까지 팔고 심지어 아내마저 이미 노예로 빼앗긴 지 오래였기 때문이다. 그 소작인들은 농사의 결과에서 철저히 소외된 단지 삽과 괭이에 불과한 머슴들이었다. 평소에 거만하고 목이 뻣뻣하던 그 청지기는 농부들을 벌레처럼 취급하면서, 그들을 채찍과 회유로 쥐어짜고 수탈하였을 뿐이었다. 그런데 이런 일이 있으니, 이렇게 좋은 세상도 올 수 있는가 싶었다. 지금껏 한 번도 없었던 일이었다.

그들은 역사 이래 처음으로 청지기의 손을 잡으며 눈물을 흘렸다. 더 이상 사랑하는 가족이 뿔뿔이 흩어져 산천을 헤매거나, 생계를 이어 가기 위해 부자들의 재산을 약탈하거나, 근본적으로 세상을 뒤집기 위한 피의 혁명을 생각할 필요가 없어졌기 때문이다. 신들이 눈물을 흘리며 춤을 추었다.

> "오, 너희 신을 믿는 자들아. 그날이 오기 전에 신이 너희에게 주신 것을 쓰도록 해라. 그날엔 거래도 없고, 우정도 없고, 중재도 없을 것이다."

소작인들은 청지기와 함께 둥그런 밥상에 앉으며, 주인의 높은 공덕을 밤새도록 칭송했다. 청지기는 처음으로 같은 식탁에 앉아 소작인들과 유유상종이 되었다. 풍성한 식탁자리에서 소작인들은 처음으로 자신들에게 밥을 먹여 주는 신을 보았다. 아니 그들은 서로 신이 되었다. 그들은 음식을 나누고 먹여 주면서, 서로를 신처럼 위로해 주었다.

"이제 우리는 편안히 발 뻗고 잠잘 수 있어."

청지기와 소작인들은 형과 아우가 되어 서로의 눈물을 닦아 주었다. 형과 아우로서의 띠앗을 성취한 그 잔치자리에 더 이상 타박네는 존재하지 않았다. 오래 저장된 포도주와 기름진 음식으로 서로를 먹여 줌으로써 처음으로 서로에게 책임을 지는 진정한 형과 아우가 되었다.

둥그런 밥상에서 퍼져 가는 형과 아우의 웃음소리가 울타리를 뛰어넘었다. 사랑과 용서의 유등천 물길이 혈관이 되어 그렇게 온 우주를 흐벅지게 흘렀다.

아버지는 청지기의 행동을 유심히 지켜보았다. 김현준은 오지랖이 넓은 청지기의 행각에 아버지가 펄쩍 뛰지나 않을까 걱정되었다. 그러나 아버지는 전혀 분노하지 않았다. 어찌된 일인지 오히려 더 기뻐하며, 심지어 청지기가 지혜롭게 행동했다고 칭찬까지 해 주었다. 아버지가 바라던 대로 청지기가 처리했다는 것이다.

'아니, 아버지는 바보가 아닌가. 자기 재산을 가지고 사기를 친 청지기를 칭찬하다니, 이게 말이나 되나.'

김현준은 아버지의 기뻐하는 모습을 바라보면서, 아버지가 청지기를 칭찬한 의도를 헤아려 보았다. 아버지는 자기 재산의 증식 여부보다, 청지기가 소작인들을 동생처럼 받아주고 그들에게 밥을 먹여 주는 일, 그리고 더불어 살아가는 형제의 띠앗을 보고 싶었던 것이다. 청지기는 자기를 세워 준 아버지의 진의를 뒤늦게 알아차렸던 것이다. 잃었던 동생들이야말로 가장 소중한 아버지의 보물이었기 때문이다. 아름다운 줄탁의 순간이다.

서로를 용서해 주고 잃었던 띠앗을 다시 회복함으로써 모듬살이가 온전해지고, 그래서 아버지의 실추된 명예는 다시 회복되었다. 그래서 아버지는 청지기의 지혜가 그 무엇보다도 뛰어나다고 했다. 아버지는 50퍼센트나 20퍼센트가 아니라, 완전한 100퍼센트 탕감이 이뤄지는 세상을 바랐지만 그것은 좀더 기다리기로 했다.

아버지는 유등천의 물줄기처럼 흘렀다. 함께 먹으러 가자는 아버지의 목소리가 계속 메아리 되어 흘렀다. 그 메아리는 하늘의 해와 달에서, 땅의 풀과 이슬에서, 그리고 가정과 직장의 눈물과 웃음 속에서 동시에 울려 퍼지고 있었다.

아버지는 김현준을 향해 속삭였다.

"내 집은 신과 인간이 함께 먹는 밥상이다. 온 우주와 인간은 함께 나누어야 할 너의 형제요, 돌보고 섬겨야 할 신이란다. 우주의 존재법칙은 경쟁과 발전이 아니라 서로가 서로를 먹여 주는 모듬살이로 사는 것이다. 그렇게 서로를 진정 신처럼 만나는 것이다.

지금 네가 맡고 있는 모든 것은 다 내 것이다. 내 것으로 동생들을 용서해 주어라. 내 것으로 동생들에게 밥을 먹여 주고 옷을 입혀 주어라. 네가 그들을 신으로 만나고 그들의 삶을 진심으로 경외하게 될 때, 네 동생들이 영원한 신의 집으로 너를 맞아들일 것이다."

글을 맺으면서

교회는 한 사회의 불의를 지속시키는 사회적 신화의 거짓됨을 폭로해야 하며,
그런 환상의 그릇됨을 예시하는 행동을 제시할 수 있어야 한다.
_하비 콕스

우리는 전혀 종교가 없는 시대를 향해 나아가고 있다. 과연 종교 없는 시대에 어떻게
신에 대하여 말하며, 세속적인 형식으로 어떻게 신에 대하여 말할 수 있을 것인가.
_디트리히 본회퍼

경기도의 한 수도원에서 학술발표회가 있었다. 여러 학술 발표자들의 논지는 어떻게 하면 대학이 학원 복음화에 좀더 효율적으로 나설 것인가 하는 고민들이었다. 참석자들의 열띤 토론 가운데 내 눈을 번쩍 뜨이게 한 것은 '세속화'(secularization)라는 화두와 그에 따른 여러 논쟁들이었다. 미국의 하버드 대학교나 예일은 물론 프린스턴에 이르기까지 왜 크리스천 지도자 양성과 복음화라는 당초의 설립 취지를 벗어나, 단순히 학문의 수월성만을 중시하는 일반 대학으로 탈바꿈되었는지를 진지하게 토론하였다. (물론 세속화의 개념이나 그 성격에 대한 합의를 생략한 채 획일적인 시각으로 그런 대학들을 단순하게 평가하는 것은 매우 위험한 일일 것이다.)[1]

무엇보다 나는 굴지의 기독교 명문대학들이 직접적인 복음화의 동력

을 상실한 이유는 시대변화와 다양한 도시문화의 도전에 대응하여 기독교 대학의 다양한 역할과 기능을 염두에 둔, '세속화'로의 적절한 전환에 실패하였기 때문이라고 지적하였다. 그리고 오늘날 우리 한국 사회는 하비 콕스의 《세속도시》(*Secular City*)를 거꾸로 이해하여, 복음의 적절한 세속화 과정이 방해를 받거나 지연 혹은 실패함으로써 오히려 '세속주의'(secularism)로 빠지게 되었다는 지적을 덧붙였다.[2] 감옥에서 처형되었던 독일의 신학자 디트리히 본회퍼는 '기독교 국가'(Christendom) 혹은 '종교화'의 허상에 매달려 있던 당시 교회가 나치 정부와 결탁하여 허무하게 무너져 내린 모습을 바라보면서 세속화에 실패한 교회가 얼마나 세속주의의 유혹에 무기력하게 넘어갈 수밖에 없었는지를 가장 뼈저리게 체험한 사람이었을 것이다. 세속화를 거부한 종교는, 기독교이든 회교이든, 결국 패권주의의 유혹에 사로잡혀 종교의 이름으로 무슨 짓이든 할 수 있기 때문이다. 마치 기독교 국가를 자부하는 작금의 미국처럼 말이다. 세속화에 실패한 종교는 끊임없는 이원론(二元論)의 갈등과 논쟁에 휘말릴 수밖에 없고, 결국 공동체의 삶에 치명타를 가하거나 스스로 붕괴를 초래하는 세속주의와 결탁할 수밖에 없다.

---

1) '세속'(secular)이란 단어는 시간적 경과를 의미하는 '세상', 즉 역사세계를 지칭하는 라틴어 "세쿨룸"(saeculum)에서 비롯되었는데—헬라어로는 흔히 '아이온'(*aeon*)으로 번역된다—이는 서양에서 공간적 세상을 의미하는 또 다른 라틴어 '문두스'(*mundus*)—이것은 헬라어로 '코스모스'(*cosmos*)로 번역되었다—와 차별화되어 왔다. 다시 말하면, 공간 세계는 높고 종교적인 것이었다면, 시간적인 역사세계는 낮고 열등한 것으로 이원화되었다. 이러한 오해가 중세를 지나면서 성서를 왜곡하고 결국 신앙공동체를 분열하게 만드는 근거가 되었다.

2) 하비 콕스, 《세속도시: 현대 문명과 세속화에 대한 신학적 전망》(구덕관 외 역, 대한기독교서회, 2002, 신판 8쇄), 29. '세속화' 과정이, "역사적 과정 속에서 사회와 문화를 종교적 지배, 폐쇄적인 형이상학적 세계관으로부터 구출해 내는 것"이라면, '세속주의'는 그와 반대로, "하나의 이데올로기, 새로운 종교와 똑같은 역할을 하는 새로운 폐쇄적 세계관을 의미한다."

미국은 물론 한국의 명문 사립대학들이 동일한 실수를 범하고 있는 가장 뼈아픈 이유가, 복음화의 주체들이 지나친 원리주의 혹은 문자주의에 집착한 나머지, 중세 11-15세기적 해답을 가지고 21세기의 딜레마에 대답을 주려고 하는 데 있다. 원리주의(fundamentalism)를 나 개인에게 적용할 때는 최고의 양약(良藥)이 될 수 있다. 그러나 그것이 다른 사람들을 향하는 잣대가 될 때는 복음화의 의사소통을 방해하는 치명적인 독소로 돌변하게 된다. 왜냐하면 '복음화'(evangelization)란—기독교인이든 비기독교인이든—끊임없는 의사소통의 과정을 근거로 하기 때문이다. 그래서 원리주의와 자유주의는 궁극적으로 한 통속이다.

나와 함께 고민하던 한 토론자는 중세의 암흑기를 종식시킨 16세기 종교개혁(Reformation)이야말로 복음을 '교회 안에서' 교회 밖의 '모든 삶의 영역으로' 확장시킨 가장 본질적인 세속화 사건이라고 규명하기도 했다. 가장 종교적이라고 외쳤던 '수도원 안에서'의 활동이나, 저속하고 열등한 것으로 여겨졌던 '교구 활동'이나 모두 하나님이 통치하는 영역이기 때문이다.

이러한 고민들이 이 소설을 쓰게 한 원동력이다. 사실 복음의 세속화 과정은 해석학(Hermeneutics) 분야에 대한 나의 가장 오랜 고민이다. 교회 안에서의 나의 존재에 대한 정체성을 교회 바깥 모든 영역에서 어떻게 유지하고 드러내며, 고대 사회에서 기록된 신적(神的) 텍스트의 의미를 현대인들에게 어떻게 효율적으로 이해시키며 그들을 어떻게 복음화할 수 있을 것인가 하는 문제다. 무엇보다 고대 세계의 상징체계나 세계관, 그리고 나아가 그들의 문화와 삶의 양식이 현대 신앙인들의 삶에 과연 어느 정도까지 유효한 것인지에 대한 끊임없는 질문이다. 역사적 특수성 혹은 특정 민족주의나 특정의 진리 코드가 어느 정도까지 얼마만큼 보편화되어 현대인들의 삶에 영향을 미치는 진리가 될 수 있는지의 고민이다. 동시에 여전히 시온주의(Zionism)를 강변하고 있는 근본주의 유대인들과 그들을 옹호하고 있는 현대 기독교인들이 과연 어떻게 관계되어 있는지 등의 문제다.

나는 이 글의 장르를 '해석소설'이라고 부르고자 한다. 텍스트 수납의 세속화 과정, 즉 해석을 고민하며 이 글을 썼기 때문이다. '주해'(exegesis)가 '무엇'(what)을 고민하는 것이라면, '해석'(interpretation)은 '어떻게'(how)를 고민하는 활동이다. 해석이란 텍스트로부터 현대의 사람들에게로 넘어가는 과정을 다루는 분야라고 할 수 있다. 특히 나는 하비 콕스가 고민하던 것처럼, 이 책을 통하여 성경을 폐쇄적 종교주의의 세계관으로부터 구출하여 삶의 모든 영역으로 확대 번역하려는, 소위 긍정적 개념의 '비신화화'(demythologization)를 실험해 보려고 한다. 해석의 중심에는, 텍스트가 '사람'과 어떤 구체적 관계를 가지게 되는지, 우리 삶으로의 재현을 향한 퍼포먼스가 어떻게 가능한지에 대한 고민이 있다. 결국 해석이란, 계시로 주어진 텍스트를 앞에 놓고 있는 사람들을 위하여(for), 그들을 바라보고 있는 사람에 의한(by), 동시대를 공감할 수 있는 사람들의(of) 행위이기 때문이다. 온전히 인간적인 수납이 이루어질 때, 신의 계시 목적은 비로소 성취될 수 있다. 오래전에 에벨링이 말한 것처럼, 신에 대한 세속적인 이야기는 세계에 대한 신성한 이야기라고 믿기 때문이다.

그래서 해석은 정치적일 수밖에 없다. 정치적이라는 말은 해석이 현재

살아 있는 청중 혹은 독자들의 반응을 염두에 둔 활동이라는 것이다. 해석은 현대 청중들의 관점에 의해서, 현대 청중들을 위하여, 현대 청중 가운데 한 구성원이 행하는 활동이다. 따라서 정치적일 수밖에 없는 해석 활동은 결코 당시의 공동체가 부여한 권한을 벗어나는 해석의 합법성 혹은 적실성을 주장할 근거가 희박하다. 그렇기 때문에 해석은 언제나 가변적이며, 또한 끊임없이 움직일 수밖에 없기 때문에 태생적으로 불완전하다. 해석이란, 현대 청중을 향하여 그들이 이해할 수 있는 특정 방향으로의 행동 변화를 시도함으로써, 텍스트는 그 청중 속에서 살아나고 청중의 삶과 관계를 맺기 시작한다.

특히 성경 같은 고대 텍스트를 현대 청중이 이해하고 삶의 현장에서 갖는 의의(significance)를 발견하도록 하는 행위가 해석이라고 할 때, 해석은 일반적인 원리나 보편적인 가치를 추출해 내는 활동을 넘어서, 청중들의 삶과 구체적으로 연결되는 적실성(relevance)을 가장 중요한 문제로 다루게 된다. 하비 콕스의 말대로, 오늘날 설교 강단이 무력한 이유는, 이미 일어나고 있는 새로운 현실을 가지고 사람들을 대면하지 않기 때문이며, 또 청중들에게 결단을 촉구하는 구체적인 말보다는 일반적인 말로 전달되기 때문이다. 그러기 때문에 해석자는 텍스트와 현대 청중 사이에서 건강한 균형감각을 유지하면서 적절한 가교를 놓아야 하지만, 텍스트에 대한 해석자의 궁극적인 관심이 과거 전통에 있는지 아니면 사람들과 그들의 구체적인 삶에 있는 것인지 결정해야 한다. 나는 교회가 과거에서부터가 아니라, 미래로부터 역사 속에 돌입하여 오는 실재의 전위대라는 하비 콕스의 외침을 나의 실험적 해석소설로 독자들 앞에 제시하고자 했다.

내가 출발점으로 삼은 해석 대상 본문은 누가복음 15장의 '잃은 아들을 찾는 아버지 비유' 와 16장의 '지혜로운 청지기 비유'다. 두 개의 본문은 문자 그대로 이야기 세계에서 사용되고 있다. 비유의 세계는 망나니 같은 동생을 흔쾌하게 받아 준 아버지에게 꾸지람을 듣고 있는 큰아들의 모습에서 시작된다. 큰아들이 왜 아버지와 마찰을 겪고 있는지, 아버지와는 다른 어떤 전제나 생각들을 가지고 있었는지 등이 갈등의 주요 원인이다. 사실상 역사 속의 이스라엘과 교회는 항상 그 갈등을 직시하지 못했다. 그 어리석음은 현재진행형으로 오늘날 교회의 퇴조와 학원 복음화의 위기가 되고 있다. 누가복음 15장은 그렇게 갈등의 제시 혹은 불안함으로 마무리된다.

그러나 결론 없이 끝나는 비유를 뒤로하고, 독자들은 16장에서 갑자기 '지혜로운 청지기 비유'를 만나게 된다. 청지기 비유 자체는 해석의 초점을 찾아내기가 엄청나게 어려운 본문이다. 무엇보다 쫓겨나는 청지기가 소작인들을 불러 빚을 감면해 주는 행동은 여러모로 이해하기 힘들다. 또다시 주인을 속이는 행동이기 때문이다. 그러나 주인은 칭찬하고 나섰다. 칭찬을 하는 근본적인 목적이 무엇인가? 단순히 주인은 청지기가 자신의 미래를 준비하는 '약싹빠름'에 대한 지혜를 냉소적으로 동의하는 것인가? 그러나 그것은 적어도 문맥 속에서 갈등 해소의 좋은 방식이 되지 못한다. 비도덕적인 일탈을 장려하는 행위이기 때문이다. 적어도 누가 신학에서 그러한 해석은 용납될 수 없다. 그래서 나는 무엇보다 아버지에게 책망을 듣고 있던 큰아들의 모습과 주인에게 쫓겨날 경고를 받고 있는 청지기, 그래서 빚 감면을 실시하고 칭찬을 듣는 모습을 주목했다.

왜 그리고 어떻게 그런 극적인 변화가 필요했을까? 그런 독특한 설정이 화자의 의도 속에서 어떤 의미를 갖고 고안된 것인가? 나는 이 소설에서 청지기의 지혜로운 빚 감면 행위를 통하여, 15장의 큰아들의 갈등구조를 해소하는 형식을 취하고 있다.

이 소설에서는 15장과 16장 사이에 놓여 있는 침묵의 공간을 이야기 세계의 핵심으로 삼았다. 그 공간은 신학적 상상력이 동원되는 공간이다. 두 본문 사이의 틈(gap)을 채워 넣는 신학적 작업은 곧바로 해석과 설교를 염두에 둔 행위다. 갈등의 원인을 그 틈에서 발견하고, 이야기의 흐름이 극적인 반전을 이루게 된다. 이야기 세계에서의 반전은 주인공 김현준의 충격과 자기성찰을 통하여 시작된다. 지속되는 현실적 갈등 속에서 자아 및 인간에 대한 알아차림 혹은 깨어남이 시작된다. 반전을 이루는 구체적인 행위는 16장에서 청지기의 소작인들에 대한 빚 감면 행동으로 절정을 이루듯이, 김현준의 다른 식구들에 대한 뼈아픈 재발견에서 고조된다. 빚 감면 행동이라는 극적인 반전이 이루어진 것처럼, 다른 식구들과의 궁극적인 갈등 해소와 구체적인 화해가 이루어지고 그 과정에서 적절한 복음이 제시되고 있다.

《모차르트가 흐르는 강》은 장남인 김현준과 그의 가족 이야기, 특히 어머니의 작고와 관련하여 한 가정의 복잡하게 얽힌 내면세계와 그 갈등구조를 이야기 세계의 기본 소재로 삼았다. 물론 그 이야기 세계는 누가복음 15장과 16장을 염두에 두고 꾸민 가공의 세계다. 그런 이야기 세계는 현재를 살아가며 현재적 문제를 가지고 씨름하는 청중들과 가장 가까이 밀착되어 있는 평범한 삶의 세계다.

나는 이야기 세계 속에 일어나는 갈등구조를 풀어나가는 과정에서 직접 신학적인 개념을 사용하지 않았다. 대신 모차르트 음악이라는 좀더 대중적이고 현대적인 개념을 도입했다. 그것은 본회퍼가 말한 '거룩한 세속성'(holy worldliness)이다. 독자들은 그의 음악세계에 대한 감상이 무엇보다 매우 신학적으로 의도된 것임을 잘 알 수 있을 것이다. 여러 다양한 음악 장르에 대한 감상을 통해, 이야기 세계 속에서 형성된 갈등이 점차 치유되고 풀리는 것을 경험하게 된다. 따라서 모차르트의 음악은 현실적 갈등의 세계에 초월적인 그리고 추상적인 목소리를 가장 구체적으로 끌어들이고 삽입하는 틀이다. 모차르트 음악이야말로, 고전 텍스트의 세속화를 위한 수단이 되고 있다.

일반적으로 '초월'의 세계를 말하고 있는 텍스트가 어떻게 '내재'의 삶을 담으며 어떻게 구체적인 삶으로 이해될 수 있는지를 살펴보면서, 동시에 '내재적' 음악세계가 얼마나 '초월적' 목소리를 담을 수 있는지도 알게 되었다. 신의 성육신(incarnation)이 나사렛 예수의 모습이듯이, 초월과 내재는 지속적인 왕복운동을 통해, 신과 인간들의 삶을 통전적으로 이해하도록 도와준다. 역사 안의 예수는 신과 인간의 왕복운동에 대한 가장 이상적인 모델이다. 내재의 세계 안에서 초월적 신은 인간을 가장 자유롭게 하기 위하여 항상 나타난다.

어머니의 장례식 전후에 펼쳐지는 복잡한 삶의 갈등은 바로 누가복음 15장의 큰아들이 당면하고 있는 심리적 갈등이다. 그리고 작품 세계 속의 동생과 결국 화해를 이루고 대화를 회복함으로써 누가복음 16장의 청지기는 합법성을 가진 인물로 살아나게 되는 것이다. 물론 작품 세계에서는 두 형제가 화해를 이루고 진정한 대화 파트너로 회복되면서, 한걸음 더 나아가 공동체의 진정한 존재 목적인 재분배 행위의 실질적 방법을 모색하고 있다. 그것이 친구를 사귀라는 신적 명령의 본질이며, 아버지가 칭찬하는 이유가 된다. 물론 청지기는 가상적인 이스라엘의 모습이라 할 수 있고, 또 동일하게 현재 지상 교회의 당위적인 모습이라고 할 수 있다.

참고로, 나는 독자들이 《모차르트가 흐르는 강》을 좀더 정확하게 이해하고 감상하기 위하여, 나의 앞선 글 《그리스인 조르바가 읽는 누가 여행 이야기》(IVP)도 읽어 볼 것을 권한다. 이는 성경 텍스트를 현대 문학이론으로 감상한 것인데, 《모차르트가 흐르는 강》의 두 축인 누가복음 15장과 16장을 감싸고 있는 소위 누가의 "중앙 부분"(9장 51절부터 19장 44절까지)의 문맥이 어떻게 흐르고 있는지를, 니코스 카잔차키스의 《그리스인 조르바》 시각으로 읽어 낸 것이다.

《그리스인 조르바가 읽는 누가 여행 이야기》가 현대인의 시각으로 성경 텍스트가 어떻게 읽혀질 수 있는지, 개인적인 수행(performance) 가능성에 대한 실험작이었다면, 《모차르트가 흐르는 강》은 성경 텍스트에 대한 개인적 수행 가능성을 바탕으로, 현대인의 삶을 창조적으로 '재구성'(reconstruction)해 보려는 의도를 가진다. 즉 텍스트에 대한 문학적 해석을 바탕으로, 이야기 세계의 등장인물들이 독자들의 구체적인 삶에 직접 뛰어 들어가고, 동시에 독자들이 자신의 창조적 상상력을 가지고 이야기 세계에 새롭게 참여하도록 하는 것이다.

해석은 처방전이다. 텍스트는 말과 글이 아니라 언제든 삶으로라야 살아난다. 해석은 삶을 위한 것이다. 마치 텍스트가 삶을 위한 것이듯. 나의 실험적인 글이 독자 혹은 동료들에게 걸림돌이 되지 않았으면 좋겠다. 오히려 아름다운 화해 공동체를 꿈꾸는 아버지의 미소를 보게 되기를 간절히 바랄 뿐이다.

마지막으로 한마디. 나는 나에 대한 신의 사랑을 한 번도 의심해 본 적이 없다. 그러나 신은 나에게 모든 것을 결코 다 드러내지 않는다. 내가 그렇게 바라지도 않는다. 그의 전부를 내가 다 알 수는 없다. 따라서 신에 대한 나의 주장과 진리의지는 진리 주변을 적당하게 맴도는 유사한 종류들이다. 우리들의 모든 주장은 서로 유사할 뿐이다. 유사하다고 해서 결코 본질을 벗어났다고 말할 수 없다. 유사한 것이지 아닌 것이 아니다. 동시에 신과 진리에 대한 다른 사람의 주장이나 의지 역시 그러하다고 생각한다. 조금씩 서로 다를 수밖에 없기에 오히려 그것은 진실하고 나는 그것을 존중한다.

나는 신을 믿기에 오직 인간을 최고의 가치로 삼고 또 세상의 삶을 사랑한다. 세상을 사랑하기에 예수를 통해 신이 보였던 눈물과 상처를 오늘도 나는 해석한다. 그러므로 나는 존재한다. 해석이라는 꿈을 따라 사는 동안, 적어도 그 꿈을 따라 살기로 행동하는 노력과 노력하고 있는 자신을 바라보는 것으로, 이미 나는 가장 행복한 사람이다. 나는 오직 내 꿈의 노예일 뿐이다.

인용 및 참고 자료

《코란》 암소의 장(김용선 역, 명문당, 2002).

노베르트 엘리아스, 《모차르트: 한 천재에 대한 사회학적 고찰》(박미애 역, 문학동네, 1999).

니코스 카잔차키스, 《그리스인 조르바》(이윤기 역, 열린책들, 2003).

_____________, 《오딧세이아 I, II, III》(안정효 역, 고려원, 1993).

다이 호우잉, 《사람아 아, 사람아》(신영복 역, 다섯수레, 1992).

레기날드 링엔바하, 《하느님은 음악이시다》(김문환 역, 분도출판사, 1993).

미셸 파루티, 《모차르트》(권은미 역, 시공사, 2001).

민은기, "모차르트 음악의 정격연주를 위한 이론적 검토," 한국서양음악회편 《서양음악학》
　　　제6호, 2003:125-156.

볼프강 모차르트, 《모차르트, 천 번의 입맞춤》(박은영 역, 예담, 2002).

설동훈, "고아수출국 세계 4위 오명 벗자," 네이버 블로그.

에바 & 폴 바두라, 《모짜르트 연주법과 해석》(김성남, 이성균 역, 현대음악출판사, 2000).

요한 볼프강 폰 괴테, 《파우스트》(박찬기 역, 삼성출판사, 1989).

움베르토 에코, 《장미의 이름 상, 하》(이윤기 역, 열린책들, 2003).

음악지우사, 《명곡해설 라이브러리 9. 모차르트 II》(김병현 역, 음악세계, 2003).

이경희, "모차르트 수용관의 시대적 변천 II," 한국서양음악회편 《서양음악학》 제6호,
　　　2003:11-47.

이남재, "모차르트의 오페라 서곡에 나타난 18세기 기악 음악 구조의 변천," 한국서양음악
　　　회편 《서양음악학》 제6호, 2003:157-184.

조셉 캠벨 & 빌 모이어스, 《신화의 힘》(이윤기 역, 이끌리오, 2003).

최병연, "유등천," 네이버 블로그.

칼 바르트, 《칼바르트가 쓴 모짜르트 이야기》(문성모 역, 한들, 1999).

폴 맥가, 《모차르트, 혁명의 서곡》(정병선 역, 책갈피, 2002).

피터 셰퍼, 《아마데우스》(신정옥 역, 범우사, 1999).

필립 솔레르스, 《모차르트평전》(김남주 역, 효형출판, 2001).

한스 큉, 《모짜르트, 음악과 신앙의 만남》(주도홍 역, 이레서원, 2000).

홍세원, "모차르트 오페라의 음악사적 의미," 한국서양음악회편 《서양음악학》 제6호, 2003: 107-124.

홍영표, "멸종위기종 미호종개의 현황 및 보존," 국립중앙과학관 자연사연구실, 2003.

http://blog.naver.com/chacha2e/70023808696

Alfred Einstein, *Mozart, His Character, His Work* (New York: Oxford University, 1978).

Arthur Hutchings, *A Companion to Mozart's Piano Conertos* (New York; Toronto: Oxford University, 1963).

C. M. Girdlestone, *Mozart's Piano Concertos* (London: Cassell, 1978).

Charles Rosen, *The Classical Style: Hydn, Mozart, Beethoven* (New York; London: W. W. Norton & Company, 1997).

David Grayson, Mozart, *Piano Concertos Nos. 20 and 21* (Cambridge: Cambridge University, 1998).

H.C. Robbins Landon, ed., *The Mozart Compendium* (New York: Schirmer Books, 1990).

Maynard Solomon, *Mozart, A Life* (New York: Harper Perennial, 1995).

Mikhail Bakhtin, *Problems of Dostoevsky's Poetics* (Minneapolis: University of Minnesota, 1984).

Simon Keefe, ed., *The Cambridge Companion to Mozart* (Cambridge: Cambridge University, 2003).

Wolfgang Hildesheimer, *Mozart* (New York: Vintage Books, 1983).